本书资源

读者资源

本书附有数字资源，获取方法：

第一步，关注"博雅学与练"微信公众号；

第二步，扫描二维码标签，获取资源。

一书一码，相关资源仅供一人使用。

读者在使用过程中如遇到技术问题，可发邮件至 em@pup.cn。

教辅资源

本书配有教辅资源，获取方法：

第一步，扫描右侧二维码，或直接微信搜索公众号"北京大学经管书苑"，进行关注；

第二步，点击菜单栏"在线申请"—"教辅申请"；

第三步，准确、完整填写表格上的信息后，点击提交。

Principles of Business Model
商业模式学原理

魏炜 李飞 朱武祥 ◎ 著

图书在版编目（CIP）数据

商业模式学原理 / 魏炜，李飞，朱武祥著. —北京：北京大学出版社，2020.11
ISBN 978-7-301-31597-2

Ⅰ. ①商… Ⅱ. ①魏… ②李… ③朱… Ⅲ. ①企业管理—商业模式—研究 Ⅳ. ①F272

中国版本图书馆CIP数据核字(2020)第167087号

书　　　名	商业模式学原理 SHANGYEMOSHIXUE YUANLI
著作责任者	魏　炜　李　飞　朱武祥　著
责任编辑	裴　蕾
标准书号	ISBN 978-7-301-31597-2
出版发行	北京大学出版社
地　　　址	北京市海淀区成府路205号　100871
网　　　址	http://www.pup.cn
电子邮箱	编辑部em@pup.cn　总编室zpup@pup.cn
新浪微博	@北京大学出版社　@北京大学出版社经管图书
电　　　话	邮购部010-62752015　发行部010-62750672　编辑部010-62752926
印　刷　者	北京市科星印刷有限责任公司
经　销　者	新华书店
	720毫米×1020毫米　16开本　21.75印张　　492千字 2020年11月第1版　2024年8月第7次印刷
定　　　价	58.00元

未经许可，不得以任何方式复制或抄袭本书之部分或全部内容。
版权所有，侵权必究
举报电话：010-62752024　电子信箱：fd@pup.cn
图书如有印装质量问题，请与出版部联系，电话：010-62756370

推│荐│序│一

商业模式：从模式到原理

真实的企业发展与商业进步，让我们意识到：21世纪企业之间的竞争，已经不是产品与价格的竞争，甚至不是服务的竞争，而是商业模式的竞争。事实上"商业模式"这一概念及其相关术语由来已久，它之所以能在众多商业概念的"大浪淘沙"中留存至今且历久弥新，主要因为它回答了"组织如何持续地获取竞争优势"和"组织如何进行革新"这两个关键问题。[①] 正如人们常说的那样，方向比努力更重要，选对了路，就不怕路途遥远；选对了路，路途也不再遥远。商业模式不成熟一直以来都是创业失败率居高不下的一个重要原因。而对于成熟的组织，在日益变化、动荡的商业环境中，其转型升级的关键往往也在于商业模式的不断自我革新。

商业一定是源于实践的，没有经营与管理实践上的成效，我们无法真正获得经验并得出结论。西方发达国家商业实践总结出来的理论启蒙了包括我在内的许多中国企业经营者和管理研究学者，我们花了三十多年时间引进、学习与消化，同时将这些理论应用到中国企业的经营与管理实践中。正是这三十多年的学习和努力，终于在今天，中国的领先企业站到世界舞台上，并逐步成为全球领先者；伴随而来的，是中国管理研究领域也开始有学者站在世界舞台上，并成为引领者。近年来，商业模式理论研究方兴未艾，学科的发展也围绕系统、企业运作、价值、财务及盈利、战略及营销、交易结构等多个视角逐步演进，魏炜老师和朱武祥老师无疑是其中的佼佼者。

---

① 〔日〕三谷宏治. 马云雷，杜君林译.《商业模式全史》. 江苏凤凰文艺出版社，2016.

法国文学家纪德曾说："如果没有勇气远离海岸线，长时间在海上孤寂地漂流，那么就难以发现新大陆。"拿到魏炜、李飞和朱武祥三位老师的书稿，我的内心是欣喜的。围绕着"利益相关者的交易结构"这个概念内涵，三位老师构建并呈现了一个较为完整、系统、独立的商业模式体系——魏朱商业模式六要素模型，该模型包括交易主体、交易方式和交易定价等交易相关参数。

在阐述交易基本原理的基础上，他们较为系统地厘清了业务系统、定位、盈利模式、关键资源能力、自由现金流结构和企业价值这六个相辅相成、相互影响的商业模式构成要素，并回答了"如何基于共生体视角理解商业模式""如何从经济学视角解释商业模式""如何进行商业模式设计""商业模式是如何创新、演进和重构的""当前存在哪些常见的商业模式"等诸多重要问题。他们还为商业模式的分析和设计提供了一套可视化的工具——魏朱六要素商业模式画布。六要素模型围绕"呼应客户价值主张，提供生活解决方案"，形成一个"始于定位，止于企业价值"的封闭循环。另外，将生动、有趣的商业案例"夹叙夹议"地深嵌于理论阐述也是本书的一大特色。正是通过这些鲜活的商业案例，本书生动地展示了商业模式如何对我们的理想生活产生重要的意义。相信这对商学院的本科生、研究生、MBA/EMBA等学员以及企业管理者更好地厘清和理解商业模式的内在逻辑将有所裨益。

上海开市客（Costco）最近开张的盛况，引发了现象级的讨论，焦点就在于商业模式。开市客的制胜关键是付费会员制。有别于传统的免费会员制，企业通过付费会员机制先期回笼了资金，同时通过少而精的大规模单品采购压低了成本，使开市客有能力在严控毛利率的情况下保证较高的净利率。开市客让我们看到，即使在传统线下零售业，商业模式也可以有如此精彩的创新表现。

事实上，在两种情况下，商业模式显得格外重要：初创企业进入一个成熟市场时；成熟企业寻求提升突破时。对于初创企业，要想进入一个全新市场，则需要建立一种全新的商业模式；要想进入一个成熟市场，当然不能采用这个市场的原有套路来与占据优势地位的大公司竞争，初创公司必须找到新的利益相关者和新的交易结构。创业板对上市企业提出"两高六新"标准，其中一个"新"就是指"新商业模式"。

对于成熟企业，在一个既定的商业模式下，在管理上倾注心力，全力推动业务发展却难以更上一层楼，这种情况是很多企业面临的困局。这时，与其在管理模式上较劲，不如回头审视尘封已久的商业模式，看看是否可以调整改善业务活动的基本逻辑，或许会有柳暗花明和豁然开朗的感受。

本书出现得恰逢其时，其最大的价值在于：三位老师将商业模式研究发展为一门独立的学科，并遵循学科发展的逻辑展开相关因素、原理及案例的推演与呈现，这一方面丰富了管理学科领域的知识边界，另一方面也使得管理者在实践中能够应用更加系统的有关商业模式的理论知识。三位老师的努力和坚持，可期可赞，我们乐见其成。

在本书里，三位老师厘清并解释了商业模式的创新现象，探寻了商业模式的设计逻辑，提炼了设计工具并指导创新实践，以区别于传统的战略、营销、组织、财务的视角和方法，建构了一门研究企业业务活动利益相关者的交易结构的全新学科。

这是一本重要的学科奠基之作，也是一本很好的入门和操作之书，特此推荐。

陈春花

北京大学王宽诚讲席教授、国家发展研究院 BiMBA 商学院院长

推│荐│序│二

基础管理学科的学术创业

俗话说,"十年磨一剑"。然而,磨一把好剑可能不止需要十年的时间。从魏炜和朱武祥两位教授开始研究商业模式,到这本与李飞博士合作的《商业模式学原理》面世,已接近二十年的时间了。在长期的学术研究和实践检验后,作者终于推出《商业模式学原理》,令人欣慰。

一场学术创业之旅

自本书作者十多年前出版《发现商业模式》起,我就开始关注其相关研究了,时至今日,几位作者一直在进行一场学术创业之旅。"学术创业"一词,由国际管理学会前任主席陈明哲教授提出,近年来在管理学者圈子里影响很大,但真正能做到学术创业的学者少之又少。

陈明哲教授提出,"学术创业"包括三方面:差异化探索、合法性构建和资源调动。从差异化探索来说,进行学术创业首先要研究现有理论未回答的问题,其次要与现有理论对话而非对抗。正如几位作者在本书绪论中介绍的那样,"商业模式"这个研究主题在国际学术界并非真正的主流和最大的热门。然而,国际上和国内一直有几位学者长期坚持研究商业模式,持续与管理学传统理论对话,并重点研究传统理论未涉及的商业模式设计和创新等问题，实现了差异化探索。

从合法性构建来看，一个新的学科被接受的前提是创造价值，包括学术价值、教学价值和社会价值。就商业模式学而言，由于相关研究的复杂性难以用传统的定量方法进行研究，其学术价值长期被低估。不过，从教学价值和社会价值来看，商业模式相关课程非常受欢迎，而相关实践创新更是层出不穷。需要指出的是，商业模式课程过去更多是在MBA和EMBA层面开展，而随着其学术价值被认可，商业模式课程未来应该更多在本科和硕士层面推广。

从资源调动方面看，一个学科的产生和发展既要吸引其他领域学者进入本领域进行研究，也要吸引具有影响力的社会人士参与讨论。在资源调动方面，本书几位作者做了大量努力，通过国际论坛、师资培训、企业研讨等形式，使得对商业模式领域感兴趣的学者和企业家越来越多，形成日益壮大并密切互动的社群。

借助陈明哲教授关于学术创业的三方面框架（见图1），我们可以发现，作者在"商业模式学"的差异化探索、合法性构建和资源调动等方面都做了大量努力。也许"商业模式学"在今天还不广为人知，甚至不被部分同行认可，但可以期待的是，"商业模式学"应该是当前管理学理论与实践结合探索过程中最接近成功的努力之一。

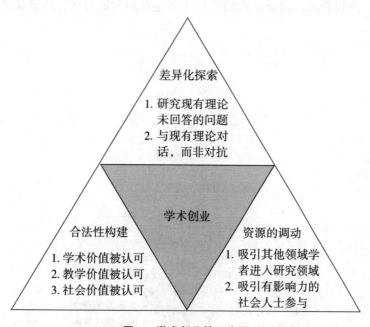

图1　学术创业的三方面

一个基础管理学科

我十多年前走上讲台教授"管理学原理"的时候,我讲的是管理四要素:计划、组织、领导和控制。经过十多年的教学、研究和实践,我不再讲授这四个要素,而是从企业的内和外以及人和事维度,分解出用户、组织、产品和市场四个要素。在我看来,企业的战略既不是"计划"出来的,也不是"控制"成功的,而是由构成企业的各个要素共同演化而成的。同样,我认为,现在和未来的管理学原理教学,不应再基于以计划和控制为主体的线性管理思路,而应基于系统性和动态性的非线性实践思维,重点讨论战略、组织和模式等内容。

战略和组织是管理学的两大传统模块,战略重点关注企业的发展方向等宏观层面,组织重点关注企业的组织能力等微观层面。为此,很多学校都会开设"战略管理"和"组织管理"两门必修课。然而,如果说战略回答了企业要做什么(What)的问题,而组织回答了谁来做(Who)的问题,那么企业应该如何做(How)的问题却没有得到充分的讨论。在我看来,商业模式回答的就是企业的发展方式,或者说该如何做的问题(见图2)。

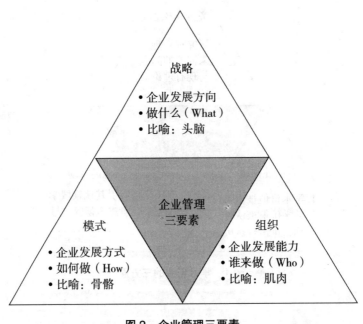

图2　企业管理三要素

本书把商业模式定义为：从事业务活动的利益相关者的交易结构。从事什么样的业务活动是战略讨论的重点，利益相关者是广义的组织讨论的重点，而交易和交易结构正是商业模式讨论的重点。从这个意义上说，商业模式与战略和组织一起，不仅是构成企业管理的重要内容，也是企业的战略目标和组织愿景得以实现的重要基础。

近年来，在管理学的研究中出现了宏微观结合的趋势。很多学者试图把战略话题和组织话题结合起来进行研究，但目前看到的研究成果仍然是二者分离的居多。究其原因，可能是一些学术研究的话题没有能够与实践紧密结合。在实践中，战略和组织一定是紧密结合在一起的，而结合点应是商业模式重点关注的具体业务和交易。因此，随着与商业模式相关的教学和研究的开展，未来的管理学应该能够更加贴近企业的实践，成为真正"立地顶天"的学问。

路江涌

北京大学光华管理学院管理学教授

推|荐|序|三

商业模式与系统工程

20世纪90年代以来，伴随着互联网及网络经济的快速发展，依靠引入新的商业模式来保持企业的持续竞争优势变得越发重要。企业界和学术界都在谈论商业模式，但对商业模式的理解却比较模糊，也很不一致。例如，有些人认为商业模式是赚钱的方式，而有些人认为商业模式是做生意的方式。

商业模式的概念于1957年就正式出现在文献中，但1999年以后才开始受到管理学研究者的广泛关注。现在商业模式已经成为一个十分热门的研究领域，有20余种不同的理论派别。不同的学者对商业模式的理解、定义和描述方法也不同，尚未形成共识，需要学术界持续开展系统而深入的研究。

企业是一个复杂系统，涉及战略、运营、营销、组织、人力资源、金融等多方面。将商业模式仅仅视为盈利模式，显然是片面的。虽然企业经营的动机和目标是盈利，但实现盈利需要完成的经营活动包括研发、设计、生产、营销、物流、售后服务等。企业的商业模式应该是各个环节经营活动模式（如研发模式、采购模式、生产模式、营销模式等）的总和。商业模式作为新概念、新领域，应该与已有的管理概念、理论有所区分，就尚未探知的重要领域，揭示内在规律，指导商业实践以提高效率、提升效益。

我与乔晗教授和胡毅教授在中国科学院大学经济与管理学院组织了一个商业模式系列研讨班，较为系统地梳理了国内外主要的商业模式研究的理论体系、方法体系以及进一步的研究方向，综述和分析了制造业、汽车、能源、建筑、房地产等八大行业的商业模式实践。在研究商业模式的过程中，我们结合中国科学院大学的学科优势，把系统工程方法与商业模式研究结合起来，逐步形成了商业模式领域有特色的研究方向。企业所处的商业生态是动态变化的，以系统工程的视角研究企业商业模式问题，能够以全局的视角、交互的结构、计量的工具给企业提供基于商业实践，又具有商业本质的概括性商业模式模型，为企业提供更加精准的决策支持。

北京大学汇丰商学院魏炜教授和清华大学经济管理学院朱武祥教授从2004年就开始研究商业模式，是国内最早研究商业模式的两位学者。他们互补的知识结构，专注的研究投入，与企业广泛深入的接触交流，使他们在商业模式领域的研究独树一帜、特色鲜明、著述丰富，形成了以商业模式六要素为核心的"魏朱模式"。本书另一位作者李飞是中国科学院大学经济与管理学院的博士研究生，也是一位具有丰富商业实践经验的企业高管。这样的作者组合，使得本书在理论深度和企业实践方面值得期待。

本书有以下三方面主要特色：

第一，魏朱商业模式理论根植于众多企业实践的案例研究，与中外其他商业模式理论相比，其视角和工具方法更独特，研究更系统深入。魏朱商业模式与制度经济学理论紧密结合，具有较强的内在的逻辑性和体系性；尤其引入了交易成本概念，为商业模式理论分析、设计、创新提供了坚实的微观基础。围绕交易成本概念，作者又进一步创新地提出了交易价值、交易风险及价值空间等概念，形成了基于制度经济学理论的比较完整的商业模式理论体系，第一次有效地将制度经济学和商业模式理论融为一体。

第二，在此之前，研究者都将商业模式看作围绕一系列价值创造的活动组合，只能见到"事或活动"，难以见到活动背后具体的"人"，即活动主体。但是，实际经营活动都是由背后若干具有独立利益的活动主体决策和推动的，是每个活动主体基于自身利益、资源能力、企业策略等为寻求帕累托最优结果而开展合作、交易的过程。这一点正是商业模式的本质逻辑。魏朱商业模式理论恰恰是围绕这个根本逻辑构建的，因此，其更容易让作为具体活动主体的企业和企业家更深刻地感受理论对构建商业模式的价值，也更便于理解和应用。

第三，在以往的研究中，相关学者并没有清晰地阐述战略和商业模式的关系，经常各说各话，或者混淆二者的内涵，令研究者在研究和实践过程中产生不少困惑。本书不但清晰地阐述了二者之间的互补关系，而且进一步拓展了价值空间的内涵，分别围绕企业、生态系统、生态群三个层面，提出了战略、商业模式和共生体三度空间概念，为企业家和学者提供了三个思考企业未来发展的视角，这对管理学理论也是一个重要的创新和发展。

　　本书的出版，是魏朱商业模式理论成熟的标志，对推动商业模式研究的发展大有裨益，对业界思考优化、升级乃至重构商业模式有很好的指导价值。本书也可以作为高等院校和研究机构的教师、研究生的必备教材和参考书。

汪寿阳

发展中国家科学院院士，中国科学院大学经济与管理学院院长

推 荐 序 四

企业经营的两个原理：
商业模式学与管理学

多年来，我一直在商学院从事管理学原理的教学工作。最近，我开始研究创新，特别是突破性创新（也被称为颠覆性创新或非连续性创新，三种概念的定义略有差异）。熊彼特很早就提出五种创新类型：产品创新、生产工艺创新、市场创新、材料创新、组织创新。人们更关注技术、产品这类"硬"科技的突破性创新，商业模式创新很长时间以来被管理学界冷落。商学院教学研究更多地集中在战略、营销、生产与物流供应链、组织与人力资源等环节，对商业模式缺乏重视，开设商业模式课程的商学院更是凤毛麟角。

现在大家越来越意识到，商业模式创新与技术创新、产品创新同样重要，且不可割裂。一方面，技术研发和产品创新本身就有模式。好的研发模式，能显著提高研发效率、降低研发成本和风险，例如早期的CVC（Corporate Venture Capital，企业风险投资）模式、现在的众筹和众包模式。另一方面，技术创新、产品创新转化为效益，也需要模式。因此，商业模式是一个客观存在，商业模式关注的问题在业界普遍存在。

商业模式和管理学之间，既有非常明显的区别，又有紧密的联系。首先，管理学关注经营活动目标设定、行动计划、预算、协调、监督、评估、奖罚等的基本原理，它与各个专业领域相结合，形成了战略管理、营销管理、财务管理、生产运作、人力资源管理等不同的管理职能学科，并构成了管理学的学科体系。商业模式与这些专业领域的研究都不同，它从交易结构的角度，解构了企业内外各利益相关者之间的关系。这些关系驱动的是价值增值，优化目标是帕累托最优，衡量的是价值增值的结构效率，这些与管理学强调的投入产出比、企业目标和利润最大化都有一定的区别。

二者又有非常紧密的联系。首先，商业模式的创意、设计、实施和管理仍然需要管理学原理的支撑。再好的商业模式，也需要企业管理者的运营和执行，只有二者相结合才能让企业既发挥出结构效率，又发挥出管理效率。如果企业只追求管理效率而不考虑结构效率，发展的速度就会受到限制；若只关注结构效率而缺乏管理效率，往往会成于策划，败于执行。其次，不同的企业商业模式对应不同的管理方法，比如选择科层交易的商业模式和选择平台化交易的商业模式，在计划管理方面采用的方法的颗粒度、精确度和指向性的要求是完全不同的。因此，不同的管理方法，要恰当地与不同的商业模式情境匹配。最后，管理能力的优势能够成为商业模式创新的重要因素之一，比如连锁经营的企业一旦建立了很强的商业地产判断能力，就能够构建包含连锁业务和地产业务在内的新商业模式，发挥管理能力的杠杆作用。

好的商业模式，配合有效的竞争策略和管理，能把好的战略、技术和产品高效率地转化为经济效益。好的战略、技术、产品和竞争策略，没有好的商业模式，仍然可能被淘汰。就像一个身体特别好的人跳高，采用跨越式，最多跳到2米，而采用背越式，可以跳到2.45米。

因此，我们可以理解，为什么近年来商业模式创新成为企业发展最受关注的领域之一，特别是受互联网和全球化等多重因素的影响，新的商业模式不断涌现，让人应接不暇。

什么是商业模式？判断一种新的商业模式是否会成功，应该考虑哪些因素？商业模式创新本身的原理、原则和规律是什么？本书试图回答这些问题。国内目前已经出版了不少关于商业模式的书，本书作者也出版过多本商业模式方面的著作。但我认为本书更有价值，表现在以下几方面。

首先，本书更加严谨和系统。本书是集三位作者在商业领域研究和应用二十多年经验的大作。传统上，大众认为商业模式就是一种赚钱的方式，其实不是这么简单。本书对商业模式概念进行了严格定义，对相关的要素和逻辑关系进行了系统论述，提出了商业模式六要素模型——业务系统、定位、盈利模式、关键资源能力、现金流结构和企业价值，并对每一个要素进行了非常充分的阐释。我认为，本书可以作为案头必备的商业模式"小百科全书"。

其次，本书包含了作者的许多独到见解和真知灼见。本书作者，特别是魏炜教授和朱武祥教授，从事商业模式研究数十年，提出了在该领域很有影响力的魏朱六要素模型。他们多次与国际商业领域的专家、教授进行交流，在各大高校和企业极力推广商业模式的应用，取得了非常突出的成就。

最后，本书有大量鲜活、具有代表性的案例。这些案例涉及商业模式的很多方面，大大增强了本书的可读性，对很多其他专业的读者也具有启示意义。

本书为商业模式基本原理做了奠基性的工作，无疑是一次非常有价值的尝试。许多人认为中国人缺少创新，特别是突破性创新，我不太认同这个观点。研究发现，许多突破性创新来自商业模式创新，而商业模式创新理论和实践研究，在中国越来越活跃，甚至在某些领域已领先国际。

本书就是一个明证！

廖建桥

华中科技大学管理学院管理学教授

推│荐│序│五

商业模式学与平台化组织

近十年来，科技创新进入大爆发阶段。几乎所有行业的科技都在创新，更为重要的是，互联网、物联网、云计算、人工智能、区块链、5G等信息、智能数据科技的革新和广泛应用，正在改变企业、产业、行业和社会。在智能化、数字化时代，管理面临四大挑战：人类工作智能化、关系日益模糊化、组织日趋复杂化、新生代追求个性化。一方面，业态重塑、分工重组、流程重造、新零售、新媒体、新教育等新经济业态不断出现，传统制造业也在转型升级，企业经营活动过程定制化、智能化、数字化，人工数量及成本日益减少；另一方面，企业正在被重新定义，出现平台、生态型企业，以及众筹、众包、共享等新模式，创新人才、创意人才的重要性日益增大。在新的企业定义下，再造组织、激活组织，激发个人、团队的积极性和创造性变得日益重要。

越来越多的企业开始进行组织和模式的变革。工业化时代的企业内部科层管理模式，正在被新的赋能服务交易型组织模式改造或替代。此外，工业化时代的企业组织与人力资源，关注的是企业内部。但新技术、新业态、新模式使企业的边界大为扩展，大大超出传统的组织和人力资源管辖的范围。很多行业头部阵营已形成，例如乳业领域的蒙牛、伊利、飞鹤，养殖业的温氏集团、新希望，头部企业主导的产业链整合基本完成，数据智能化正在贯穿全产业链。产业链及商业生态不仅是产供销活动，还包括供应链金融、保险、消费金融等多样化的金融服务。

产业链、商业生态的活动主体一方面具有分工细化、碎片化的趋势，另一方面具有动态聚合、平台化的趋势。事业合伙人、内部创业、项目型合作、经营主体资源能力多样化合作模式等中间型组织越来越多，交易性质更显著。例如，海尔为了打破组织惰性、激活创新，适应需求个性化，采取企业平台化、员工创客化的策略和模式，在产品开发环节实施"创客"模式，在销售环节实行"人单合一"模式；新奥能源将企业定义为战略投资人、业务自主体、职能自主体三者的组合，构建了"战略投资人＋业务自躯体＋智能自躯体"交易模式；新希望集团为了解决原主业组织惰性，实现针对消费升级确定的新业务战略，实施了"原主业内部活动环节及项目的PK模式＋新业务领域外部草根知本平台"的交易模式；小米科技利用其在智能手机业务积累的用户、社群、供应链管理、品牌、资金等资源能力，在智能硬件生态链业务中，采取为符合条件的创业企业赋能的交易模式。

从以上实践可以看出，企业内外部利益相关者交易结构的设计和交易关系的管理日益重要，组织及人力资源管理变革与商业模式创新日益融合。从商业模式和组织管理的关系来看，伴随企业商业模式的创新，企业组织管理的实践乃至一些组织管理原则也在发生变化。第一，商业模式创新带来组织管理边界的变化。传统的组织管理聚焦于组织边界之内，而新的商业模式将组织边界之外的事情纳入企业组织管理的范畴。比如在交易类型中，除了市场交易和科层交易，还存在中间型交易。以OEM（Original Entrusted Manufacture，代工生产）模式为例，这样的商业模式要求企业的管理边界进入产业链，而组织管理的外延也会随之发生变化。第二，在组织的边界之内，因为企业的商业模式不同，组织管理的方式也有很大差别。同样一项业务，以设备销售为主的2B的商业模式，和以核心设备直接开设门店提供服务的2C模式相比，商业模式不同，对组织能力的要求不同，对组织管理方式的选择也完全不同。第三，随着商业模式的变化，组织管理关注的核心问题（即企业与员工的关系）会产生全新的变化。传统科层制的组织管理模式、形态各异的合伙人制度、数字化驱动的平台化管理，共同构成了丰富多样的组织管理模式。这是企业应对创新和不确定性的积极反应，同时也对组织管理变革提出了全新的要求。在数字化的大趋势之下，我将新商业模式对组织管理的要求概括为平台化管理，具体包括关系多样化、能力数字化、绩效颗粒化、结构柔性化和文化利他化。这五方面在原有的关系、能力、绩效、结构、文化等组织要素基础上，进行了"升维"和"微粒化"，重新定义了组织管理的内涵。

魏炜和朱武祥两位教授，对商业模式创新敏感，对商业模式研究执着。他们自2004年开始合作至今已十五年有余，每两年就有新著问世，成果丰富，基本完成了从商业模式定义、模块构成、方法描述到框架设计的完整体系。

本书是魏朱商业模式研究成果的深化，将推动商业模式的深入研究、普及教学和广泛应用；本书的成果还有助于拓展组织与人力资源变革研究的新方向，即从业务活动分工方式及利益相关者视角研究企业组织变革和人力资源管理。

希望未来有更多人加入商业模式的研究中，创建和推动商业模式学科的发展，助力商业创新和企业转型升级，推动商业进步。

忻 榕

中欧国际商学院组织与人力资源学教授

推荐序六

战略管理理论的不足与
商业模式学试图解决的问题

我从事战略管理、公司治理、营销战略等领域的教学和研究二十多年，也对近二十年出现的商业模式比较了解。我一直在思考一个问题：表面上看，商业模式是在重复研究着战略管理关注的问题，但为什么商业模式这个概念变得越来越重要，越来越受到投资界、实业界的重视呢？这一定是因为战略管理理论存在不足，而在探讨相同问题时，商业模式独特的视角弥补了这些不足。最近读到魏炜教授等的《商业模式学原理》一书，更加证实了我的上述判断。

战略管理理论存在的不足

战略管理理论研究的初心是解释什么因素导致企业之间的业绩差异，进而提出战略制定的方法和形成持续竞争优势的策略。

波特（Porter）教授从行业竞争结构角度提出行业组织视角的观点，认为决定企业业绩差异的重要因素是企业所在的产业链位置（或行业）、相对于供应商和客户的讨价还价能力、应对现实竞争对手和潜在竞争对手（替代品和潜在新进入者）竞争威胁的能力。波特教授还相应提出了五力模型和价值链分析框架。B. Wernerfelt 和 J. Barney 等则提出了资源能力基础观,认为企业业绩差异的重要因素是企业资源能力禀赋,并提出了核心竞争力概念和 VIRO 框架——资源的价值性、稀缺性、难以模仿性和组织性,但并未进一步讨论如何建立核心竞争力。

战略管理相关教材整合上述两种视角,提出 SWOT 分析方法,帮助企业制定战略。战略分三个层次:一是公司战略层次,回答企业在哪些行业参与竞争,具体的战略思路包括产业链延伸或收缩、横向整合、相关或不相关多元化;二是业务战略层次或竞争战略,回答企业在进入行业后如何竞争取胜,通用的竞争战略包括差异化、低成本,以及差异化与低成本结合;三是职能战略层次,回答企业在各职能领域如何打造支撑公司层战略和竞争战略的资源能力。

然而,现实中不是每个企业都能占据产业链的有利位置。随着时间的推移,有利的位置可能会变成不利的位置。企业占据价值链有利位置的能力和初始资源能力禀赋或多或少会有差异。我们可以观察到一些现象,即使企业已经占据有利位置且初始资源能力禀赋具有优势,也不一定能在竞争中持续获胜。在一些行业中,两家企业虽然战略和产业链位置相同,资源禀赋也相似,但经营业绩差异明显;甚至一些资源禀赋相对不足的企业,经营业绩却超过资源禀赋具有优势的企业。

这表明战略管理理论存在一定的不足。国内外一些学者(如 R. Freeman)早已认识到战略管理理论的不足,即战略思路及战略举措比较宏大和抽象,同行业里不同企业的战略表达可能非常相似。这些战略表达没有深入微观因素和微观机制层面,没有在企业经营管理活动的投入层面、产出层面、外部环境层面和内部运营层面将战略性活动与关键利益相关者关联起来。而正是企业在关键的活动上与利益相关者关联的方式不同,造成了企业间业绩的差异。

商业模式学试图回答的问题

过去二十多年里,商业模式受到管理学术界的关注,发表的相关论文数量日益增多,出现了数十种商业模式定义和构成模块。在众多研究商业模式的学者中,魏炜和朱武祥两位教授提出的魏朱商业模式理论,从企业业务活动的分工方式,以及企业与内外部利益相关者资源能力的交易结构差异因素角度,解释企业业绩差异。这一尝试正好弥补了战略管理理论的不足。

魏朱商业模式理论从企业与利益相关者的交易结构角度探讨企业商业模式，他们认为，同行业中处于相同战略群组的不同企业在公司层战略、竞争战略和职能战略上有相当大的相似性，但正是这些企业的业务活动组织方式，以及企业与利益相关者资源能力的交易结构的不同，造成这些企业间的业绩产生明显差异。

企业与利益相关者在资源能力上的交易结构是企业经营活动的基础架构。魏朱商业模式理论打开了企业价值创造和价值捕获的黑箱，更好地揭示了企业经营业绩、竞争优势差异的微观因素和机制。商业模式差异本身就是差异化的重要内容，是取得并维持竞争优势的重要驱动因素。差的商业模式事倍功半，好的商业模式则可以事半功倍，甚至四两拨千斤！

魏炜教授等的这部《商业模式学原理》在他们过去对商业模式的长期研究和实践积累基础上，对商业模式理论做了系统思考，构建了逻辑自洽的理论框架，包括商业模式概念定义和构成模块的描述，还给出了分析和设计方法。他们的研究成果值得期待。在魏炜和朱武祥以及其他学者的共同努力下，商业模式有望发展为商学领域的一门新学科。我希望并相信商业模式研究和教学在国内商学院能成为一门显学。

田志龙

华中科技大学管理学院二级教授，教育部高等学校工商管理类专业教学指导委员会副主任委员

前言

商业模式是近年来实业界、投资界、公益组织、政府等最为关注的话题之一。很多人对商业模式概念未必精准知晓,但商业模式创新绝不是一个陌生的领域。回溯改革开放的滚滚洪流,以农村改革初期的联产承包责任制为例,同样的劳动力和土地资源投入,农民的角色从集体经济成员转变为独立经营的个体,产出效益天壤之别。这样的变革,从宏观角度,是国家治理和经济体制改革;从微观角度,则是农业生产的商业模式创新。由此开始,在改革触及的行业和领域中,传统商业模式面临巨大的创新变革机遇和价值提升空间。伴随着数字经济的发展,商业模式创新更加层出不穷。能够经历、见证、参与和体验这样一个波澜壮阔、精彩纷呈的时代,是这一代人最大的幸运。

党的二十大指出:"高质量发展是全面建设社会主义现代化国家的首要任务。"新时期中国经济的主要矛盾发生了根本变化,企业的发展也面临发展质量和发展效率的新挑战。从发展质量来看,面对越来越激烈的竞争和同质化的社会生产能力,企业价值创造增量遇到成长上限。在这种情况下,企业价值创造的空间从哪里来?从发展效率来看,每个行业都有各自的规模经济。在一些经济规模较小的行业,存在大量"碎片化"小企业。身处这样的行业,企业该如何突破瓶颈,扩大规模?在具备规模经济的行业,企业如何加快发展节奏,成为领先的头部企业?

面对这两类问题,经典管理理论会给出不同的解决方案。战略管理强调依靠战略机会与企业能力的匹配,获得新的规模空间和差异化的增值空间。但在充分竞争的市场环境下,试图寻找一片蓝海,其难度可想而知。管理学则强调依靠改善管理方法提升效率,创造增量价值,扩展业务规模。但是,如果不考虑技术创新的贡献,经历过市场竞争洗礼的企业,单纯通过优化管理获得价值和效率增量提升的空间越来越小,并且企业的发展规模仍然无法突破规模经济的本质约束。

本书阐述的商业模式学原理针对这两类问题给出了全新的解决方案。这两类问题的答案并不在企业所处的商业生态系统之外，比如出现更大的外部市场机会，或是颠覆性的技术创新，而恰恰在企业当前的商业生态之中；也不在于提升管理水平（这个过程固然重要且永无止境），因为提升管理水平的边际收益递减而边际成本递增。商业模式给出的答案如果浓缩成一个核心词，那就是"结构"。结构决定效率，从而定义价值。2007年，我们从制度经济学中援引交易成本概念，并扩展到交易价值和交易风险的概念体系，简单而清晰地给出商业模式的定义——从事业务活动的利益相关者的交易结构。通过交易结构的重构，在不同的交易主体之间进行交易的重新安排就可以实现多样化的商业模式创新。不同的交易主体意味着不同潜力的交易价值、交易成本和交易风险，在相同的资源禀赋基础上，商业模式带来的交易结构变化可以实现价值增值。对于企业的增长瓶颈来说，商业模式不是将一项业务的规模经济作为研究对象，而是进一步拆分到业务活动层面，在不同性质的业务活动环节，配置不同的交易主体。这样，一些具备规模经济的活动就可以被纳入企业发展范畴，使企业快速扩张。而规模不经济的活动则可以通过分散化的交易，由零散的交易主体来完成。在突破企业增长瓶颈的同时，通过拆解重构交易结构，实现企业的快速增值。

在当前社会发展阶段，人们之所以格外关注商业模式创新问题，与外部环境的变化有关。外部环境对商业模式创新的宽容度和支撑度大大改善，更适合商业模式创新的孕育、孵化和发展。这些变化主要来自以下三方面：

首先是分工。社会经济环境的发展，特别是历经改革开放四十多年的励精图治，作为"世界工厂"的中国，在很多行业已经具备强大的社会生产能力，供给极大丰富，社会分工明确，这是进行大规模商业模式创新的物质基础。社会生产力水平的提高和分工不断细化，使业务活动的颗粒度可以不断细化，从而使商业模式组合数量以指数级增加。

其次是技术进步。信息技术的快速发展及其与各个行业的快速融合，使商业模式创新具备了技术前提。我们可以看到，一些企业一旦其商业模式具备竞争力，就会借助信息技术快速扩大，成长为"独角兽"甚至"超级独角兽"。

最后是人的因素。当今社会，人的因素也在发生根本性变化。在经典管理理论中，人是作为劳动力要素和管理对象去研究的。而在商业模式理论中，单一的个体可以作为企业的内部利益相关者（即员工）与企业交易，表现为员工获得固定工资的盈利模式；也可以是员工没有企业所有权但可以获取与企业进行业务交易的剩余收益的盈利模式。作为劳动力的员工究竟是获取固定收益还是剩余收益，不仅取决于其提供的是资本还是劳动，还取决于交易成本和管理费用（企业内部交易成本）的对比，取决于两种模式下交易价值的高低。商业模式在人格独立性和价值规律两方面无疑都具有更大的宽容度与竞争力。

商业模式创新不仅能够帮助企业实现价值增值和效率提升，从经济学视角看，还具有促进市场机制形成和社会资源有效配置的作用。

首先，商业模式创新可以解决或部分解决市场失灵和企业无效的问题。所谓市场失灵和企业无效，指在既定的交易结构形态下，市场机制无法发挥作用，其主要原因来自交易的外部性、信息不对称、风险和垄断。通过交易结构的重构，可以将外部性涉及的利益相关者及其经济后果通过交易结构的改变内化到整体的交易中；可以使信息不对称、交易风险带来的市场失灵和企业无效，通过交易结构的转化，创造更大的价值增值；可以创造性地在同一个市场上衍生出多样化的商业模式，从而克服垄断带来的损害消费者福利、影响社会资源的优化配置和降低企业经营效率等问题。其次，商业模式创新可以把闲置、低效或者没有交易的资源市场化或企业化，从而提升社会资源的使用效率。最后，商业模式创新可以分为套利型创新和增值型创新。前者利用关键资源能力（指资源及能力，以下统称资源能力）对不同利益相关者的机会成本差异进行套利，后者更多是通过改变交易结构、提升价值来创新。

商业模式创新过程本质上是一个帕累托改进的过程，商业模式创新所追求的价值增值最大化的交易结构，正是利益相关者在各自机会成本约束下福利最大化的资源配置状态。

探索商业模式原理是一段极具挑战和令人着迷的旅程。回顾管理学原理的理论发展历程，其发端于对企业实践的反思、总结和探索，比如早期科学管理思想的鼻祖泰勒（Taylor）；而后其他相关的影响因素逐一被纳入学科研究的范畴中，比如一般管理和行政管理思想、人本主义思想、管理科学方法论等；最终从中抽象出最为核心的管理学要素，包括计划、组织、领导、控制四大职能，构建了管理学原理的基本框架。我们的商业模式学原理理论发展过程大致经历了三个阶段。

第一阶段，从实践中提炼出商业模式概念的定义和构成要素。与管理学研究类似，商业模式研究最初的启发来自企业有别于传统的管理创新和实践。对这些创新和实践的观察，以及对其背后是否存在必然的客观规律的思考，让这个探索过程有了一个良好的开端。从现象特征的总结到商业模式的定义和构成要素的概括，逐步形成了商业模式原理雏形。本书所述的魏朱商业模式定义——从事业务活动的利益相关者的交易结构和对应的六要素模型，正是这个阶段的成果。六个要素既描述了商业模式的特征，又有别于其他管理学科，特别是战略管理、市场营销、组织管理、人力资源管理、运营管理、财务管理等学科。目前，虽然有多种商业模式定义方式，但研究者还没有达成共识。我们认为，好的定义应该具备四个特征：学术抽象性、现实具象性、完整性、普适性。我们提出的商业模式定义完全具备这四个特征。在十多年的商业模式课程教学中，这个定义也已得到业界学员的广泛和高度认可。

第二阶段，理论的演绎和融合。在这个阶段，我们把经济学的研究方法和理论成果引入商业模式理论，特别是制度经济学中关于交易成本的理论。基于此，我们将交易价值、交易风险概念引入商业模式理论，拓展出新的交易理论，并以此作为商业模式原理的价值逻辑和本质规律。在第二阶段，我们让商业模式研究跳出了描述性的局限，为商业模式的价值研究奠定了理论基础，也为商业模式学科的进一步纵向拓展（如建立基于商业模式的会计核算、商业模式财务管理等）提供了理论基础。

第三阶段，商业模式研究突破了企业视角，从企业内部的结构性要素拓展到企业所处的生态系统，让商业模式从具体的工具方法范畴扩展到企业经营哲学和价值观层次。共生体理论是这个阶段的重要突破，它要求企业在考虑自身问题时，首先必须站在共生体的视角考虑生态系统价值最大化，这远不是战略视角的环境分析那么简单。尽管在价值观层面，所有企业都不否认生态共赢，但从学科研究的角度，提供支撑这一价值观体系的方法论是商业模式理论目前所独有的，这使得商业模式学充满系统思考的智慧和共赢思维的格局。

我们自2006年以来对商业模式探索的成果，体现为业已出版的6部学术著作、2部案例集和大量的文章，本书是这些成果的进一步深化和集成。当然，书中难免存在观点偏颇、稚嫩甚至错误之处，希望读者能够坦诚地指出，以利于我们改进。我们希望与各界共同努力，继续深化研究和传播应用，使商业模式成为管理学领域的专门学科。

本书共12章。读者可以根据教学或学习需要，结合经济学等相关学科基础，选择全部或部分章节学习。为了便于学习，每章都设置了学习目标、导入案例、小结、关键术语、讨论案例等内容，供读者选择使用。

作为第一部商业模式学原理教材，本书在编写过程中得到了许多人的支持和鼓励。感谢新疆金风科技股份有限公司武钢董事长和高管团队，金风科技的商业模式创新实践很早就对我们的研究工作启发良多，对本书很多观点的形成颇有贡献。感谢中国科学院大学经济与管理学院汪寿阳院长和乔晗教授，他们的睿智、包容、敬业和对学生的无私奉献令人感动，在商业模式方面卓有建树的研究成果也为本书提供了非常有价值的参考。感谢中国社科院经济研究所张平教授，多年以来和张教授的定期探讨，对我形成和拓展商业模式学理论至关重要。感谢林桂平先生，他在商业模式研究中非凡的洞察力和笔耕不辍的勤奋精神，为本书提供了大量宝贵的观点和素材。感谢张信东先生，从2006年《创富志》杂志创办开始，张先生就以最大的热忱投入商业模式的研究和传播中，搭建了最为活跃的商业模式媒体交流平台。感谢新加坡国立大学商学院周宏骐教授，周教授的学术风格活泼并具有穿透力，为本书中的很多观点贡献了智慧。感谢清华大学经济与管理学院毛波教授，他的务实风格和全力支持总是令人感到温暖。感谢新特能源股份有限公司总经理张建新，他对商业模式的深度思考和实践能力令人敬佩。感谢张振广、王子阳、谭智佳、刘燕妮、华欣、王德伦、王栋、胡勇、汪鹏等年轻而富有活力的伙伴，他们为商业模式的研究和实践创新投入了鲜活灵动的思维与源源不断的动力。还有很多关心、帮助、指导过本书编写和出版的专家、学者、企业家和朋友，在此一并致以最诚挚的谢意！

目录

推荐序一 商业模式：从模式到原理 // 1

推荐序二 基础管理学科的学术创业 // 4

推荐序三 商业模式与系统工程 // 8

推荐序四 企业经营的两个原理：商业模式学与管理学 // 11

推荐序五 商业模式学与平台化组织 // 14

推荐序六 战略管理理论的不足与商业模式学试图解决的问题 // 17

前　言 // 1

第1章　绪　论 // 1

1.1　商业模式的定义 // 3
1.2　商业模式的学科演进与形成 // 4
1.3　商业模式的研究范畴与研究对象 // 9
1.4　商业模式的分类研究 // 19
1.5　商业模式创新研究 // 21
1.6　商业模式的评估 // 25

第2章　交易的基本原理 // 29

2.1　交易的基础概念 // 31
2.2　交易结构：交易价值、交易成本和交易风险 // 39

2.3 价值空间最大化 // 43
2.4 商业模式的动态演进特性 // 47

第3章 商业模式六要素模型 // 53

3.1 商业模式设计参数 // 55
3.2 交易参数的定义 // 56
3.3 商业模式六要素模型 // 62
3.4 商业模式画布图例 // 66

第4章 定 位 // 73

4.1 定位的概念 // 75
4.2 商业模式定位的维度 // 77
4.3 如何进行商业模式定位 // 85

第5章 业务系统 // 95

5.1 业务系统的概念 // 97
5.2 业务系统的构建空间 // 100
5.3 如何构建业务系统 // 108

第6章 盈利模式 // 123

6.1 盈利模式的定义 // 125
6.2 盈利模式的定向问题：收支来源 // 126
6.3 盈利模式的定性问题：收支方式 // 133
6.4 设计良好的盈利模式 // 152

第7章 关键资源能力 // 161

7.1 关键资源能力的概念 // 163
7.2 资源能力的禀赋、获取、转化与应用 // 169

第8章 现金流结构与企业价值 // 179

8.1 定义：自由现金流结构与企业价值 // 181
8.2 现金流结构的功能 // 182
8.3 构建好的现金流结构 // 190
附录：金融工具的商业模式解释 // 198

第9章 共生体与商业模式 // 203

9.1 共生体的概念 // 205
9.2 基于共生体的商业模式设计 // 213
9.3 共生体商业模式思维演进 // 222

第10章 商业模式的经济解释与商业模式设计 // 229

10.1 商业模式设计的工程学原理 // 231
10.2 商业模式设计规则 // 243

第11章 商业模式创新、演进与重构 // 253

11.1 商业模式创新与演进 // 255
11.2 商业模式重构的背景和时机 // 259
11.3 商业模式重构要素与方法 // 264
11.4 商业模式重构的挑战 // 274

第12章 业务系统类型与典型商业模式 // 281

12.1 业务系统的分类 // 283
12.2 平台型商业模式 // 286
12.3 单边平台型商业模式 // 292
12.4 软一体化商业模式 // 300

参考文献 // 307

第1章

绪 论

学习目标

- 了解商业模式理论的发展过程
- 理解商业模式的定义
- 描述商业模式的研究对象和构成要素
- 解释商业模式和其他管理学科的区别
- 了解商业模式创新途径和商业模式评估的研究状况

导入案例

近十年来，商业社会的运作形态及其内在逻辑发生了巨大的变化。以传媒行业为例，传统的报纸媒体企业的经营方式经历了三个阶段的发展变化。第一个阶段是传统报纸媒体业务阶段，报业企业通过新闻的采编、制作、印刷、分销，将报纸送达消费者手中，消费者付费买报获取资讯。第二个阶段，随着社会经济的发展，广告业务成为报纸最主要的收入来源，报纸版面扩充至动辄数十版，制作成本大幅上升，资讯内容丰富多彩，然而消费者所要支付的买报费用不升反降。第三个阶段，随着移动互联网的兴起，报纸业在今天已经被互联网资讯冲击得日渐式微。智能终端上海量的资讯以更精准、更具吸引力的方式呈现在消费者面前，而这些资讯全部是免费的，在某些时候为了吸引消费者的关注，甚至还会向消费者提供福利补贴。

传统企业视为金科玉律的一些准则和信条，在新的商业形态下变得边界模糊和充满挑战，在报业企业这个案例中，谁是它的消费者——广告主还是消费者？报业企业在消费者和广告主之间扮演怎样的角色——谁是它的竞争对手——其他报纸还是移动互联网企业？为什么资讯的生产费用不能由资讯的消费者买单？这一系列问题很难用现有的战略管理或市场营销等管理理论来回答，因为这些问题背后的商业逻辑是商业模式问题。

1.1 商业模式的定义

随着社会经济的快速发展，商业模式已经成为企业发展最受关注的领域之一。从企业实践到学术研究，从主流媒体到网络热点，从移动互联网到传统企业转型，从创新创业到投资金融，各领域、各行业都对商业模式表现出巨大的热忱和关注。中国股票市场创业板对上市企业提出"两高六新"标准，其中一个"新"就是指"新商业模式"。而风险投资专家评价企业的三大标准分别为市场空间、商业模式和管理团队，商业模式在其中占据核心地位。美国管理协会的一项统计研究表明：全球企业的新商业模式开发投入在创新总投资中的占比不到10%，而与之形成对比的是，60%的美国创业成功企业依托的是商业模式创新。种种现象让人们意识到，商业模式是企业获得成功的重要基础，是企业快速发展的核心要素，也是评价与甄别企业优劣的关键标准。那么，究竟什么是商业模式？商业模式的定义是什么？什么是好的商业模式？商业模式包括哪些要素？这些问题伴随着人们对商业模式的认识逐步深入，随之产生不同的答案。

有些观点认为，商业模式就是企业赚钱的方式（Colvin, 2001）；有些观点则进一步将商业模式描述为，"清楚说明一个公司如何通过价值链定位赚钱"（Rappa, 2002）；也有观点将商业模式描述为，在一个公司的消费者、联盟、供应商之间识别产品流、信息流、货币流和参与者主要利益的角色与关系（Weill and Vitale, 2002）；还有人认为，互联网商业模式是公司利用互联网长期获利的方法，是一个包括各个组成部分、连接环节以及动力机制（Afuah, 2002）在内的系统。有的学者（Morris et al., 2006）将商业模式与管理学知识体系联系起来，认为商业模式涵盖战略层面、营运层面和经济层面三个层次，从而把商业模式的范畴定义为：①怎样创造价值；②为谁创造价值；③竞争力和优势来源；④与竞争对手的差异；⑤怎样赚钱；⑥时间、空间和规模等。种种观点，不一而足。不难看出，一方面，商业模式的研究引起了人们的兴趣和关注；另一方面，对商业模式的认知和理解是一个不断演进的过程。以上关于商业模式的定义，特别是当与网络经济相关时，商业模式被直观、狭义地等同于盈利模式，即企业如何盈利。然而实际上，盈利模式仅仅是商业模式的一个构成部分。

商业模式是从事业务活动的利益相关者的交易结构。这个定义涉及三个基本概念。第一，业务活动。企业从事的主要活动分为业务活动和管理活动两大类。业务活动是企业从事的直接增值的活动，包括研发活动、生产活动、销售活动等，由相应的工作流、信息流、实物流和资金流组成。管理活动则是为了驾驭业务活动、实现业务活动的目标而进行的活动。商业模式研究的是业务活动的选择和安排问题。第二，利益相关者。企业的利益相关者包括外部利益相关者和内部利益相关者。外部利益相关者指企业的顾客、供应商、其他合作伙伴等；内部利益相关者指企业的股东、企业家、员工等。商业模式为企业的内外部各种利益相关者提供了一个联结各方交易活动的纽带。第三，交易和交易结构。商业模式中的交易是利益相关者基于自身需求，将拥有的资源能力的权利切割重组后再配置的活动。各利益相关者拥有的资源能力的权利切割重组所形成的交易结构，就构成了商业模式。相关概念将会在后续章节详细介绍。

1.2 商业模式的学科演进与形成

1.2.1 商业模式的早期观点

企业商业模式创新的概念最早来自奥地利裔美国著名经济学家约瑟夫·熊彼特（Joseph Schumpeter）。熊彼特早在1939年就指出："价格和产出的竞争并不重要，重要的是来自新商业、新技术、新供应源和新商业模式的竞争。"熊彼特认为，企业的经营行为就是不断实施创造性破坏——在打破旧有市场格局的同时建立新的市场格局，而且决不把新的市场格局作为目标，而是立即打破已形成的新格局，从而开始下一轮的"创造性破坏"。

奥地利经济学家伊斯瑞尔·M. 柯兹纳（Israel M. Kirzner）从市场过程的角度对企业商业模式进行了研究。柯兹纳认为企业家实质上是一种经纪人，他们不但能够感知机会，而且能够捕捉机会并创造利润。信息的分散、零碎导致的市场交换主体的互相无知，使得市场协调成为一个问题。

经济租金理论认为，"企业经济租金"（rent of enterprise）是指企业所创造的总收益在支付了所有成员的成本后的剩余，是企业总收益减去各个参与企业的机会成本的总和。该理论强调，企业存在的实质是一种有目的地寻求和获取企业经济租金的理性行为。企业寻求和获取企业经济租金的手段，有企业战略设计、制定与选择以及企业商业模式创新等，追求经济租金是企业商业模式变革的核心。

可以看出，商业模式的早期观点发轫于经济学，尽管在这个阶段缺少具象化的商业模式创新与设计的工具，但是这些观点从经济学的角度，非常可贵地揭示了商业模式对企业经营行为的结构性创新的贡献，以及为企业创造经济价值增值的本质规律，由此奠定了商业模式不同于企业战略和管理学的理论基础。

1.2.2 商业模式概念的形成

在商业模式概念的形成阶段，商业模式的研究更加丰富和具体，呈现出各种不同的研究视角和理论观点。而同一时期互联网的蓬勃发展，更是极大地充实了商业模式的研究内容。Timmers（1998，1999）是最早研究商业模式的学者之一，他的创造性工作的重要意义在于指出商业模式是一个包含多方面内容的复合概念：一是关于产品、服务和信息流的体系结构，包括对各种商业活动参与者和他们所扮演角色的描述；二是各种商业活动参与者潜在利益的描述；三是对企业收入来源的描述。Weill和Vitale（2001）定义商业模式为公司的客户、同盟者和供应商之间的角色与关系，描述了主要的产品流、信息流和资金流以及对各种类型参与者主要的利益。

在后续的商业模式研究中，研究者的视角大致可以分为七种。

（1）系统视角

Tapscott等（2000）没有直接定义商业模式，而是提出"b-webs"（business webs）这一术语。b-webs代表了一个由供应商、销售商、服务提供商、基础设施提供商和客户所组成的独特的系统，这个系统中的参与者使用互联网进行商务交流和商品交易。Afuah（2002）也提供了一个以网络为中心的定义方法，认为商业模式是活动组成要素的一种体系结构配置，被设计用于充分利用商业机会。他的框架描述了一种由公司、供应商、候补者和客户所组成的网络的运作和活动的方式。

（2）企业运作视角

Applegate（2001）认为，商业模式是复杂商业的描述，通过商业模式能够揭示商业结构和各结构性元素之间的关系，以及商业如何响应现实世界。Stähler（2002）强调，一个模式总是复杂现实的简化，它帮助人们理解商业的基础或者规划未来的商业。

Magretta（2002）认为，商业模式解释了企业如何运作。Magretta 和 Stähler 都试图区分商业模式和战略的概念。Magretta 解释道，商业模式从系统性的角度描述商业各部分如何组合在一起，不同于战略，商业模式不包括实施和竞争。

（3）价值视角

KMLab 公司认为，商业模式是关于企业在市场中想要如何创造价值的一个描述。它包括企业的产品、服务、形象和营销等，以及基础的人员组织和运营基础设施。Linder 和 Cantrell（2000）定义商业模式为组织创造价值的核心逻辑。Petrovic 等（2001）认识到商业模式是商业系统创造价值的逻辑。Gor dijn 等（2000）比较了商业模式和过程模式，认为确定商业模式是电子商务信息系统需求工程的第一步，商业模式揭示了商业运作的实质。商业模式不是关于过程，而是关于商业活动参与者之间的价值交换。

（4）财务及盈利视角

Afuah（2002）认为，充分利用互联网的企业应该具备互联网商业模式，互联网商业模式描述企业怎样利用互联网以一种可行的方式赚钱，也许短期会亏损，但长远来看将获取利润。互联网商业模式包含了一系列与互联网相关或不相关的活动。Hawkins（2001）描述商业模式为商业企业及其在市场中提供的产品和/或服务之间的商务关系。他认为商业模式是一种构造各种成本和收入流的方式，在基于产生的收入能够支撑自己的意义上使得商业变得可生存。与此类似，Elliot（2002）的定义同样关注了商业关系和成本/收入流，认为商业模式明确了商业投资中不同参与者之间的关系，以及参与者各自的利益、成本状况和收入。Rappa（2002）认为，商业模式是一种商业运作方法，通过如此运作，企业能够生存，即产生收入。商业模式通过明确说明企业在价值链中的位置，阐述企业如何赚钱。

（5）战略及营销视角

荆林波（2001）认为，商业模式是指一个企业从事某一领域经营的市场定位和盈利目标，以及为了满足目标顾客主体需求所采取的一系列的、整体的战略组合。清华大学雷家骕教授的定义为："商业模式是一个企业如何利用自身资源，在一个特定的包含物流、信息流和资金流的商业流程中，将最终的商品和服务提供给客户，并收回投资、获取利润的解决方案。企业把上述一系列管理理念、方式和方法，反复运用，进行集成与整合，从而形成自己的一套管理方法和操作系统。"

Osterwalder（2004）在 Dubosson-Torbay 等（2002）定义的基础上，给商业模式下了比较严格和全面的定义：商业模式是一个概念性的工具，它包括一组元素和它们之间的关系，并可以表示企业获利的逻辑；商业模式描述企业提供给一个或者若干客户群的价值，以及企业及其伙伴网络所组成的体系结构，这个体系结构致力于创造、营销和送达价值和关系资本，并以产生利润和可维持生存的收入流为目的。

（6）交易结构视角

魏炜和朱武祥（2007）提出："商业模式本质上是利益相关者的交易结构。"企业的利益相关者包括外部利益相关者和内部利益相关者两类：外部利益相关者指企业的顾客、供应商、其他各种合作伙伴等；内部利益相关者指企业的股东、企业家、业务单元、经营团队、员工等。交易是利益相关者基于自身需求，将拥有的资源能力的权利切割重组后再配置的活动。

（7）复杂系统视角

汪寿阳等（2015）提出商业模式冰山理论，认为商业模式根植于其所处行业、社会环境和科技发展，是与组织自身条件匹配集成的复杂系统。冰山理论解释了成功的商业模式为何难以复制的命题，揭示了商业模式具有显性知识和隐性知识，需要用系统科学的方法对其进行分析，并提出了用于分析商业模式隐性知识的 CET@I 方法论。

1.2.3 典型商业模式定义及构成要素理论

随着商业模式研究的不断深入和扩展，逐步形成了当前几类比较主流的商业模式定义，以及在相应定义下的主要的商业模式要素组成。

美国宾夕法尼亚大学沃顿商学院 Amit 教授和西班牙 IESE 商学院 Zott 教授在 2001 年发表文章称：商业模式是以用户价值创造为核心的活动系统，主要由活动内容、活动的连接和活动治理三大要素构成。

瑞士的 Osterwalder 博士和洛桑大学的 Yves Pigneur 教授等学者认为，商业模式是企业创造价值、传递价值、获取价值的基本逻辑。他们提出了商业模式九要素模型：重要伙伴、关键业务、核心资源、价值主张、客户关系、渠道通路、客户细分、成本结构、收入来源。九要素模型涉及战略、营销与运营等管理模块。

美国哈佛商学院 Clayton M. Christensen 教授于 2008 年提出了商业模式的四大要素：客户价值主张（指帮助客户完成某项重要工作的方法，强调的是交易方式，也包含产品和服务的价值主张）、盈利模式、关键资源、关键流程。客户价值主张和盈利模式分别明确了客户的价值和公司的价值；关键资源和关键流程则描述了如何交付客户价值和公司价值。Christensen 认为，四要素商业模式框架看起来简单，但各部分之间关系复杂、相互依靠。任何一个要素发生大的变化，都会对其他要素和整体产生影响。成功企业都会设计一个比较稳定的系统，将这些要素以连续一致、互为补充的方式联系在一起。

北京大学魏炜和清华大学朱武祥于 2007 年提出了商业模式六要素模型：业务系统、定位、盈利模式、关键资源能力、现金流结构和企业价值。业务系统指交易结构的构型、角色和关系，其中角色阐明交易主体所从事的业务活动，关系表示交易各方的业务交易和治理交易的关系，构型指从事业务活动的利益相关者因交易而形成的网络拓扑结构；定位强调满足利益相关者需求的方式，也就是与利益相关者之间的交易方式；盈利模式和现金流结构阐明交易定价，盈利模式强调企业与交易各方的收支来源及收支方式，现金流结构强调时间序列上现金流的结构和分布；关键资源能力强调的是支撑交易结构的重要资源和能力；企业价值是未来自由现金流的贴现值。其中，企业价值是商业模式的结果，其他五个要素紧紧围绕利益相关者形成交易结构。魏朱商业模式的定义及要素构成没有涉及战略、营销、运营、财务等其他学科的内容，是一个完整、系统、独立的商业模式体系。

表 1-1 列出了上述各类商业模式模型定义。

表 1-1 商业模式模型定义

魏朱 六要素	Amit&Zott 三要素	Christensen 四要素	Osterwalder&Yves Pigneur 九要素
定位：满足客户需求的方式（交易方式）		客户价值主张：帮助客户完成某项重要工作的方法	
业务系统构型：交易结构的拓扑连接	活动的连接		
业务系统角色（从事某业务活动的主体是谁）	活动治理（由谁从事某项活动）		重要伙伴

续表

魏朱 六要素	Amit&Zott 三要素	Christensen 四要素	Osterwalder&Yves Pigneur 九要素
业务系统关系			
业务系统角色（从事的业务活动是什么）	活动内容（包括哪些活动环节）		关键业务
关键资源		关键资源：可以为客户和公司创造价值的关键要素，以及这些要素间的相互作用方式	核心资源
关键能力		关键流程：一系列的运营流程和管理流程，以确保价值传递方式具备可重复性和扩展性（对应的重要性能是关键能力）	
盈利模式：收支方式、收支来源		盈利模式：收入模式、成本结构	收入来源
现金流结构		盈利模式：利用资源的速度，例如为了实现预期营业收入和利润，需要多高的库存周转率、固定资产及其他资产的周转率，并且还要从总体上考虑如何利用好资源（现金流结构的特征）	
企业价值	设计要素：NICE（创新、锁定、互补、效率）		

　　与其他商业模式定义及构成要素相比，魏朱商业模式的定义和构成要素不仅关注企业内部，也关注企业之外的商业生态系统，强调打破企业边界，分析企业所处生态系统中各个交易活动在价值创造方面存在的问题和提升的机会，根据交易结构的设计重构焦点企业。

1.3　商业模式的研究范畴与研究对象

　　商业模式与传统的管理学科（如战略、营销、组织、财务）的研究视角和方法截然不同，随着商业模式创新的现象越来越多，建构一门全新学科以区别于现有学科，厘清并解释商业模式创新现象，探寻商业模式设计逻辑，提炼设计工具并指导创新实践，成为商业实践和理论研究的一致要求。而这一切，都有赖于对以下三个问题的回答：第一，什么是商业模式，即商业模式的定义及其与其他学科的区别和联系，这是商业模式的内涵问题；第二，如何描述商业模式，即商业模式的构成要素，这是商业模式的外延问题；第三，如何设计商业模式，即商业模式的创新工具，这是商业模式的实践应用问题。这三个问题是构建商业模式学科的基础性问题。

1.3.1 商业模式与管理学科的关系

（1）战略与商业模式

战略是企业实现长期目标的方法。企业战略选择包括加强型战略，如市场开拓、市场渗透、产品开发；一体化战略，如前向一体化、后向一体化、横向一体化；多元化战略，如相关多元化、不相关多元化；防御型战略，如收缩/重组、剥离、清算；支持型战略，如合资、兼并/合并、收购等。在研究内容方面，战略理论的关注点主要在市场、产品、产业价值链定位等企业内部要素对外部环境的调适与反馈。商业模式更注重利益相关者的利益诉求和交易结构以及交易价值的增值。商业模式的关注点超越了价值链的范畴，而且有关内部利益相关者的交易参与和交易结构的形成，是战略理论完全不具有的视角；即便是供应商和物流方等外部利益相关者，在商业模式里的定位与职能也和战略理论差异很大。

战略和商业模式理论都会用到定位的概念，但含义是完全不同的。战略中的定位主要关注为谁、提供什么产品，关注具体的客户及其需求；而商业模式中的定位则主要关注如何满足需求，更关注满足利益相关者需求的方式。因此，诸如选择怎样的客户群体、用什么产品来满足这个群体的需求等，属于战略问题；而诸如是企业自己研发、生产产品，还是外包生产，则属于商业模式问题。

在战略决策中，隐含的前提是市场需求，需要大致确定目标客户群体。而商业模式并没有隐含前提；相反，商业模式是从整个商业生态的交易结构出发，探寻通过结构性优化获得增值空间。因此，先定战略而后定模式，会很大程度地限制商业模式的设计选择集；反过来，先定商业模式，确定好利益相关者和交易结构后再定战略，则有更多切实可行的战略选择集，能够为战略制定提供现实基础，更容易找到企业创新的解决方案。

（2）价值链理论与商业模式

迈克尔·波特（Michael Porter）提出的价值链理论将企业内外价值增加的活动分为基本活动和支持性活动。基本活动涉及企业生产、销售、进料后勤、发货后勤、售后服务。支持性活动涉及人事、财务、计划、研究与开发、采购等。基本活动和支持性活动构成了企业的价值链。假如企业做专业化，分离价值链的不同环节，就变成了通常说的"产业价值链"。价值链理论基于一个既定的产业划分，选择了行业和产业，似乎就自然而然地确定了价值环节，企业所要制定的决策只是根据内外部条件，对价值链环节进行选择。

商业模式并非局限在价值环节的既定选择之中。尽管当前的产业价值链具有其存在的合理性，但是从商业模式的角度看，要按照业务活动以及利益相关者拥有的资源能力的权利，对产业价值链乃至延伸的产业生态进行重新梳理和拆分，也就是重新定义产业链的交易活动和交易对象，这是对原有产业价值链的变革与创新。价值链理论是以活动为中心，商业模式理论则是以利益相关者为核心。同样的价值链活动可以由不同的利益相关者实施，其交易结构也可以截然不同。当今的商业世界，不同产业、不同行业的交互空间越来越大，跨界的交易活动越来越多样化，用既有产业价值链的视角已经难以表达和发现更多的创新机会，而商业模式设计则可以创造新的交易活动。在商业实践中，许多"跨界颠覆"的案例就是商业模式突破产业隐性边界的具体体现。此外，价值链的基本活动有前后时序的潜在假设，但是随着交易活动的拓展、交易方的增多，很多活动的时序已经不是固定的，而是可变多样的，这些都归属于商业模式研究的范畴。

（3）管理模式与商业模式

Robert A. Anthony 和 Vijay Govindarajan 在《管理控制系统》（*Management Control Systems*）一书中提出战略实施框架，其实质上是管理模式的理论体系。该理论框架认为管理模式反映了企业的执行机制，分为战略、组织结构、管理控制、企业文化、人力资源管理和业绩六个要素，管理学的不同子学科属于该体系的不同方面（见图1-1）。战略决定企业的发展方向，是企业实现长远目标的方法和途径。组织结构是按照战略的要求，确定企业内部的职责分工与协同关系。管理控制指的是企业中的管理流程以及相应的制度和方法，常见的有战略规划流程、经营计划流程、预算管理流程、新产品开发流程、销售管理流程、风险管理流程等。企业文化是企业内部员工共同的价观和行为准则。人力资源管理则是那些与人力资源的招聘、培养、选拔、考核和激励等相关的工作。业绩是战略实现的结果。以上管理模式中的要素，都属于企业"内部"要素，在管理执行中大多采用计划指令的方式进行资源配置和行动协同，以经营目标的分解和考核作为员工激励的外在驱动力。

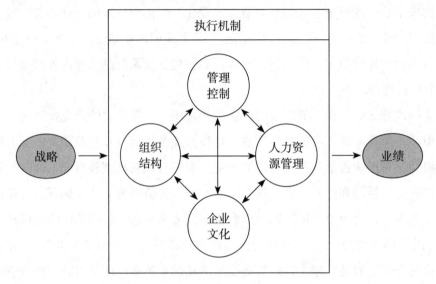

图1-1 《管理控制系统》提出的战略实施框架

商业模式首先把企业活动分为两类：业务活动和管理活动。商业模式的研究对象是业务活动，管理活动是为了驾驭和驱动业务活动所开展的活动。因此，业务活动决定了管理活动。有关商业模式与管理模式的关系，首先，商业模式设计决定了需要的管理能力以及对应的管理模式；其次，管理模式是对商业模式执行的有效加强和互补。

商业模式没有明确的企业"内""外"的概念，管理模式的研究对象——管理者和员工，属于商业模式中的内部利益相关者，在设计业务活动的时候，考虑的重点并不是执行和控制，而是业务活动、资源能力、相关权利的分拆与重构，以期达到最大的交易价值。在商业模式设计中，首先是业务活动中的角色、角色间的关系，以及业务的构型等，而要保障交易的有效运作，则对管理模式范畴内的组织、控制、人力资源、企业文化等要素提出了要求。

简而言之，商业模式研究企业是怎样运转起来的，反映企业的运行机制，是企业的基础结构。企业如同一辆车，商业模式研究的是不同类型的车——发动机、底盘、车身等的结构和配置不同，其使用功能、应用场景、车辆效率也不同。管理模式看重的是企业目标的确定和业绩的达成。类似于驾驶车辆的目的地、路线选择、驾驶风格、驾驶水平和交通规则，确保车辆安全准时到达。因此，商业模式设计应该先于管理模式设计，商业模式调整优化可以从企业定位、业务系统、关键资源能力、盈利模式、现金流结构这五方面的任何一个或多个方面着手，每一个方面的调整都会引起或者要求管理模式进行必要的调整和优化。而管理模式的优化，则能够保证商业模式创新设计得到强有力的执行。

1.3.2 商业模式要素分析

在商业模式的概念内涵上，商业模式是研究"交易结构"的学科；而在概念外延上，需要明确商业模式的系统、独立的构成要素，并且把混杂其间的其他学科的构成要素排除在外。只有这样，才能构建更加坚实和长期的商业模式理论基础。到目前为止，很多学者的商业模式理论的构成要素中包括了很多其他学科的因素，读者需要认真甄别。

（1）战略要素

战略是企业实现长期目标的路径，战略定位主要是确立客户和产品。很多学者的研究关注目标顾客（Gordijn et al., 2001；Bonaccorsi et al., 2006；Osterwalder et al., 2005）、顾客关系（Petrovic et al., 2001; Markides and Charitou, 2004; Dubosson-Torbay et al., 2002）、目标市场（Chesbrough and Rosenbloom, 2002）、产品/服务（Bonaccorsi et al., 2006; Horowitz, 1996; Dubosson-Torbay et al., 2002; Timmers, 1998）等与战略定位相关的构成要素。

有些学者还关注使命、法律因素、技术（Alt and Zimmermann, 2001；Horowitz, 1996）、价值链定位（Rappa, 2001）、范围、差异化和战略性控制（Stewart and Zhao, 2000）、持续性（Rappa, 2001; Chesbrough and Rosenbloom, 2002）、全球核心（Viscio and Pasternack, 1996）等与战略相关的因素。

（2）组织要素

组织指企业内部人、职位、权责之间的关系结构。商业模式构成要素中与组织有关的部分主要有组织形式（Linder and Cantrell, 2000）和组织特征（Horowitz, 1996）等。

（3）营销要素

营销指了解、抓住或创造、实现客户需求的过程。营销在某些商业模式构成要素模型中有所涉及，主要表现为价值主张（Johnson et al., 2008；Chesbrough and Rosenbloom, 2002; Linder and Cantrell, 2000；Osterwalder et al., 2005）、概念（Applegate, 2001）、顾客价值（Papakiriakopoulos et al., 2001）等。

（4）运营要素

运营和企业经营过程密切相关，主要体现为计划、组织、实施、控制等流程。学者们对运营要素的关注体现为过程（Alt and Zimmermann, 2001）、关键流程（Johnson et al., 2008）、协调事项（Papakiriakopoulos et al., 2001）、基础设施管理（Markides, 1999）、公司管理、商业流程模式（Linder and Cantrell, 2000）等。

（5）财务要素

财务包括组织企业财务活动（投资、融资、营运资金）、处理财务关系等管理职能。商业模式构成要素涉及财务的有财务生存模式（Osterwalder, 2004）、财务（Markides, 1999；Dubosson-Torbay et al., 2002）、成本结构（Chesbrough and Rosenbloom, 2002；Osterwalder et al., 2005）等。

综上所述，在商业模式概念外延上，很多学者提出的构成要素涉及战略、组织、营销、运营、财务等其他学科，这容易造成概念的交叉和混淆。众多学者研究中出现的构成要素对应的关系分析如表1-2所示。

表 1-2 商业模式研究的构成要素对应的关系分析

序号	论文	交易主体	交易方式	交易定价	整个交易结构	战略	组织	营销	运营	财务
1	Alt and Zimmermann, 2001			收入	结构	使命、法律因素、技术			过程	
2	Applegate, 2001					概念（描述一个机会）；能力（描述能实现机会的资源集合）				价值
3	Bonaccorsi et al., 2006		产品和服务的生产和交易	收入						成本结构
4	Breusseau and Penard, 2006			成本来源、收入来源、可持续创收		产品或服务；客户				
5	Chesbrough and Rosenbloom, 2002			利润模式	内部价值链结构、价值网络	目标市场、竞争战略		价值主张		成本结构
6	Dubosson-Torbay et al., 2002				伙伴基础设施与网络	产品		客户关系		财务
7	Gordijn et al., 2001	参与主体	价值端口、价值界面、价值交换		价值创造	价值目标、目标顾客				
8	Hamel, 2000		客户界面	价格	价值网络	战略资源、核心战略				
9	Horowitz, 1996		分销	盈利模式		产品、技术	组织特征			
10	Johnson et al., 2008					客户价值主张、关键资源			关键流程	
11	Linder and Cantrell, 2000	渠道模式	基于互联网的商业模式	定价模式、收入模式			组织形式	价值主张	商业模式	
12	Mahadevan, 2000		物流	收入流	价值流					
13	Markides, 1999					产品创新、客户关系			基础设施管理	财务

续表

序号	论文	交易主体	交易方式	交易定价	整个交易结构	战略	组织	营销	运营	财务
14	Osterwalder et al., 2005	合作伙伴		收入来源		价值主张、客户细分、核心资源		渠道通路、客户关系	关键活动	成本结构
15	Papakiriakopoulos et al., 2001		整合竞争			核心能力			协调事项	
16	Petrovic et al., 2001		生产模式、市场模式	价值模式、收入模式	资源模式					资产模式
17	Rappa, 2001			收入流		客户关系模式		客户价值		
18	Stewart and Zhao, 2000				价值获取	价值链定位、可持续性				
19	Timmers, 1998	参与主体利益	信息流结构	收入来源		客户选择、差异化和战略控制、范围				成本结构
20	Viscio and Pastermack, 1996	业务单位	连接			产品/服务结构			管制、服务	利润流
21	Wei and Zhu, 2007	业务系统角色	定位、业务系统关系	盈利模式、资金流结构	业务系统构型、关键资源能力	全球核心				
22	Weill and Vitale, 2001					基础设施、核心能力、关键成功因素				
23	Zott and Amit, 2009	活动系统治理、活动系统内容			活动系统结构					
24	戴天宇, 2016	价值环节	交易方式	盈利模式	商业位势			需求定位		

注：不同学者对同一概念的定义不同，归表取决于具体的概念定义而非字面意思。

1.3.3 商业模式研究对象

从商业模式研究的要素来看，剔除其他学科的重叠要素，商业模式是指利益相关者的交易结构（魏炜和朱武祥，2007），研究对象就是被研究企业，即焦点企业与各方利益相关者的各种交易，其构成至少包括三方面内容：交易主体、交易方式、交易定价。由于商业模式着眼于研究"交易结构"问题，因此交易内容（交易什么）应属于战略（选择）问题而非商业模式问题，不在研究对象范围内。

（1）交易主体

交易主体指的是与谁交易，即"利益相关者"，指的是具备独立利益诉求、有相对独立的资源能力、与焦点企业存在交易关系的行为主体。一般包括外部的客户、供应商、渠道、合作伙伴、代工厂家、研发机构、金融机构，内部的独立部门，以及介于内部和外部的加盟商、直营店等。是否界定为利益相关者，最重要的衡量指标就是相对独立性——是否独立参与了交易（魏炜 等，2012）。

Zott和Amit（2009）认为商业模式要关注两组因素：设计要素（design elements）和设计主题（design themes）。设计要素包括活动系统治理（activity system governance），指该由哪些人和哪些部门管理活动系统。

此外，Gordijn等（2001，参与主体），Linder和Cantrell（2000，渠道模式），Dubosson-Torbay等（2002，伙伴基础与网络）也将交易主体纳入商业模式构成要素中。

（2）交易方式

交易方式指企业与利益相关者以怎样的方式交易，例如租赁、授权、信息处理、提供产品还是服务、相互之间签订什么样的合约等。同样的交易内容，如果交易方式发生改变，企业价值可能会产生巨大差别。比如现款交易和按揭交易，对房地产企业来说其交易价值有天壤之别。

很多学者把信息流结构（Timmers，1998）、生产模式、市场模式（Petrovic et al.，2001）、客户界面即与客户的交易方式（Hamel，2000）等与交易方式密切相关的因素也列为商业模式的重要构成要素。

（3）交易定价

交易定价指企业与利益相关者如何就价值进行分配，即企业的收入、成本结构，具体包括四个方面。第一，定向。价值的流向是怎样的，收入从谁那里获取，成本支付给谁，哪些成本由其他利益相关者承担等。第二，定性。收支计价的方式，是按照时间计价、按照使用量计价，还是按照价值增值比例计价等。第三，定量。价格高低的确定。第四，定时。提前支付、分期付款还是分段支付等，定时不同，现金流结构就不同，交易效率也会不同。

不同学者对交易定价的表述存在差异，有的学者通盘考虑收支，如盈利模式（Johnson et al., 2008）、利润模式（Chesbrough and Rosenbloom, 2002）；有的学者只关注收支的一方面，如收入模式（Linder and Cantrell, 2000；Petrovic et al., 2001）、收入来源（Timmers, 1998）；有的学者关注定价模式（Linder and Cantrell, 2000）。此外，还有学者关注收入是否具有可持续性，如 Brousseau 和 Penard（2006）认为与交易定价相关的有成本来源、收入来源和可持续创收三个构成要素。值得指出的是，有些文献虽然提到成本结构，但主要是从财务角度进行分析（Chesbrough and Rosenbloom, 2002；Osterwalder, Pigneur, and Tucci, 2005）。

一些观点把交易定价或盈利模式与商业模式画等号，实际上，商业模式除了交易定价，还包括交易主体和交易方式，交易定价只是商业模式作为交易结构的一部分。对于这点，很多学者持类似观点（Johnson et al., 2008）。

有些学者虽然在商业模式中不考虑交易定价，认为收入模式和商业模式在概念上截然不同，但是在商业模式设计中，却将收入模式作为一个重要考虑因素，认为收入模式是商业模式设计的补充（Zott and Amit, 2009）。

（4）整个交易结构

有些学者将商业模式视为整个结构，如 Zott and Amit（2009）将商业模式看成一个活动系统，并将其分为活动系统内容（企业应选取什么活动）、活动系统结构（这些活动应如何连接和排列）和活动系统治理（该由哪些人和哪些部门管理这些活动）三个要素。其中活动系统结构是基于整个交易结构的构成要素。

综合很多商业模式理论研究的观点，在商业模式构成要素上，交易主体、交易方式和交易定价是商业模式的重要组成部分，是商业模式概念外延的核心构成要素。

1.4 商业模式的分类研究

商业社会实践的创造性，以及商业模式可调整参数的多样性，产生了纷繁复杂的商业模式形态，除了商业模式形态本身的差异，考虑到不同企业的资源禀赋、价值判断、需求偏好等差异，几乎没有两家企业的商业模式是一模一样的。然而从归纳和研究的角度来看，商业模式可以根据不同的分类方法区分出若干类别。

在商业实践中，按照交易双方的类型，商业模式可以分为企业对企业（B2B）、企业对消费者（B2C）、消费者对消费者（C2C）、企业对政府（B2G）等形态；按照焦点企业业务系统的类型，商业模式可以分为硬一体化（以获得所有权的方式向产业链两端延伸）、软一体化（不获得所有权但同时增大对产业链两端的控制力）、平台型（包含单边平台、双边平台和多边平台）、专注型、全能型、合伙人商业模式等；按照交易方式，商业模式可以分为线下模式、线上模式和线上对线下（O2O）型等；按照自有资源能力的杠杆率，商业模式可以分为轻资产和重资产模式；按照关键资源能力，商业模式可以分为资源型、用户型、技术型、能力型等；按照盈利模式的差异，商业模式可以分为固定收益模式、剩余获取模式、收益分成模式、拍卖模式、顾客定价模式、组合计价模式等。

在理论研究方面，学者们提出了八种主要的分类方式。

第一类：Bambury（1998）提出一种基于形成路径的商业模式分类体系。他从新经济出现的商业模式与旧经济中已有商业模式的差异出发，将互联网中的商业模式分为两个大的类型：移植于真实世界的商业模式（transplanted realworldbusiness model，简称"移植模式"）和互联网与生俱来的商业模式（native internet business model，简称"禀赋模式"）。他提出一个经验性的分类，识别 8 种移植现实世界商业模式和 6 种互联网与生俱来的商业模式。

第二类：Dreisbach（2000）提出一种基于提供品（offering）形式的商业模式分类体系。他认为企业提供的商品可以分为产品、服务、信息三种，因此可以将互联网商业模式分为基于产品销售的商业模式、基于服务销售的商业模式和基于信息交付的商业模式三种。

第三类：Tapscott 等（2000）提出一种基于商业网（b-webs）的商业模式分类体系。他认为在电子商务时代，不同产业间的供应商、分销商、服务商、基础设施以及顾客使用网络将彼此的商业合作与交易关系紧密契合，形成一个特殊的商业结构——商业网。商业网可以根据自身的经济控制（economic control）程度和价值集成（value integration）程度分为五类。

第四类：Timmers（1998）提出一种基于价值链的商业模式分类体系。他认为商业模式的分类可以分三个步骤进行：一是价值链分解（deconstruction），即识别价值链中的要素，他沿用了波特的价值链；二是建立交互模式（interaction）原型，根据双方信息关系，分为一对一、一对多、多对一、多对多四种交互模式，从而在价值链的各个环节上形成许多商业模式原型；三是价值链重构（reconstruction），将商业模式原型进行组合，得到新的商业模式。

第五类：Dubosson-Torbay等（2002）在总结Timmers（1998）、Tapscott等（1999）、Amami（1999）、Pigneur（1999）分类方法的基础上，添加一些新的因素，提出了一种基于多重分类标准的商业模式分类体系。

第六类：Rappa（2001）提出一种基于价值主张和价值实现的商业模式分类体系。他在自己的学术网页上对互联网中存在的商业模式进行总结，得出五种基本的商业模式类别；在每种基本的商业模式类别下，又进一步划分出2～8个子模式。

第七类：Smith（2000）提出一种基于营销战略的商业模式分类体系。该分类体系的实用性较强，能够指导互联网企业制定营销战略，从而创造出能够吸引潜在用户访问自己网站、了解自己产品的更多灵活手段。

第八类：Weill和Vitale（2001）提出一种基于"原子商业模式"的商业模式分类体系。他们对互联网上的商业模式进行总结，得出八种"原子商业模式"，而这些原子商业模式的不同组合方式就构成了各种不同的企业商业模式，任何复杂的商业模式都可被分解为几个原子商业模式的结合。

大多数文献中关于商业模式分类的描述是非结构性的，这使得准确识别和区分具体的商业模式、评价每个商业模式所需的资源和基础设施变得十分困难。Hawkins（2001）认为，目前有关商业模式的文献缺乏关于分类的系统性研究，有关商业模式的分类很不严格。

1.5 商业模式创新研究

1.5.1 商业模式创新动力研究

（1）技术推动视角

Timmers（1998）、Amit 和 Zott（2001）等早期研究者认为，以互联网技术为代表的新技术是商业模式创新的主要动力。随后，Kodama（2004）、Faber 等（2003）、Yovanof 和 Hazapis（2008）等学者的研究也表明，在更广泛的信息与通信技术领域，产业模块化和产业融合等技术变化推动了美国、欧洲国家和日本相关企业的商业模式创新，而且商业模式创新有助于企业在更大程度上获得技术变化所带来的收益。此外，Willemstein 等（2007）的研究也证实了企业内部技术的提升是推动生物制药企业商业模式创新的动力之一。

（2）需求拉动视角

德勤咨询公司于 2002 年在对 15 家企业的商业模式创新进行研究后发现，推动商业模式创新的主要动力并不是大家通常认为的技术、法规和社会经济变化，而是企业为了满足消费者长期拥有但被忽视或未得到满足的需求而进行的努力，比如美国西南航空提供的廉价短途航空旅行服务，星巴克提供的消费者可承受的奢侈和能够放松、交谈及参与的聚会场所。

（3）竞争逼迫视角

IBM 于 2006 年对世界范围内 765 个 CEO 或公司高管进行了调查，结果发现大约 40% 的 CEO 或公司高管担心竞争对手的商业模式创新有可能从根本上改变行业前景，他们希望自己的公司能够参与和掌控这种创新。Venkatraman 和 Henderson（2008）深入研究了压力促进商业模式创新的作用方式，发现技术和经营方式的变化会给企业带来压力，当这种压力累积到一定程度或达到临界点时，企业就会产生商业模式创新的需要。

（4）企业高管视角

Linder 和 Cantrell（2000）对 70 名企业高管的访谈和对二手资料的整理表明，高管是推动企业商业模式创新的主要动力，接受调查的 70 名高管把他们 30% 左右的创新努力放在商业模式创新上，有些甚至把商业模式创新置于传统创新之前。

（5）系统视角

Mahadevan（2004）从价值创造的角度考察了不同因素对商业模式创新的影响。结果表明，随着行业内竞争的加剧和现有客户需求的变化，企业现有商业模式价值趋于减小，从而要求运用新技术或利用外部环境变化带来的机会去实施价值创造的新策略，其结果就是商业模式创新。

1.5.2　商业模式创新途径

（1）商业模式创新途径的方向性研究

从最早给出商业模式定义的 Timmers（1998）开始，到 Mahadevan（2000）；Afuah 和 Tucci（2001）等学者，先后考察了电子商务模式分类方式，讨论了企业从传统商务模式向电子商务模式转变的问题。

对商业模式研究产生较大影响的 Amit 和 Zott（2001）采用案例研究的方法，对美国和欧洲 59 家互联网企业的商业模式进行了问卷调查和统计分析，结果发现效率、互补性、锁定性和新颖性是互联网企业价值创造的来源，因而也是企业改进其商业模式的方向。

还有一些学者把研究范畴从企业内部扩展到整个企业生态系统。例如 Miles 等（2006）从企业组织形式出发，考察了企业商业模式创新途径问题，认为企业间合作经营是推动企业商业模式持续创新的动力和方向；Venkatraman 和 Henderson（2008）研究发现，现代企业商业模式变革与工业时代有所不同，现代企业的商业模式变革不仅要求内部调整，还要求建立充满活力的企业外部生态系统。

（2）基于创新程度视角的商业模式创新途径研究

Linder 和 Cantrell（2000）把企业商业模式创新分为四种类型：一是挖掘型，即在不改变商业模式本质的前提下挖掘企业现有商业模式的潜力；二是调整型，即通过改变产品／服务平台、品牌、成本结构和技术基础来调整企业的核心技能，提升企业在价格／价值曲线上的位置；三是扩展型，即把企业的现有商业逻辑扩展到新的领域；四是全新型，即为企业引入全新的商业逻辑。Osterwalder（2004，2007）进一步阐明了企业特征与商业模式创新程度的关系。通过案例研究，Osterwalder把商业模式创新分为存量型创新、增量型创新和全新型创新三类。

除了商业模式的创新程度，Mahadevan（2004）还考察了商业模式创新的可持续性问题。根据商业模式创新的程度和可持续性，Mahadevan把企业分为当前领导者、趋势创造者、新进入者、模仿者和跟随者，并着重讨论了前三者的创新策略。

（3）商业模式要素创新研究

Weill等（2001）强调改变要素之间关系的重要性，提出"原子商业模式"的概念，并指出每个原子商业模式都具有战略目标、营收来源、关键成功因素和必须具备的核心竞争力这四个特征，通过改变原子商业模式的组合方式就可形成新的商业模式。

还有一些学者更重视探讨改变原有商业模式要素的途径。例如，Voelpel等（2004）认为商业模式创新要从客户、技术、组织基础设施和盈利四方面进行系统考虑，同时强调商业模式创新思维的系统性和与外部环境匹配的重要性。

Osterwalder（2004，2007）更具体地指出，在商业模式这一价值体系中，企业可以通过改变价值主张、目标客户、分销渠道、客户关系、核心能力、价值结构、伙伴承诺、收入流和成本结构等因素来激发商业模式创新。

1.5.3 商业模式创新实施研究

（1）基于战略规划的商业模式创新实施研究

Osterwalder（2007）把商业模式创新的过程分为环境分析、商业模式设计、组织规划和商业模式执行四个阶段。环境分析阶段的主要任务是使规划团队成员就商业模式的社会、法律、竞争、技术等问题达成共识，然后规划商业模式框架。商业模式设计阶段的主要任务是根据商业模式的构成要素来描述新的商业模式，企业可以选择一个或几个商业模式原型进行测试。在组织规划阶段，企业根据商业模式的构成要素将商业模式分解为业务单元和具体流程，同时规划支持商业模式执行的基础信息系统。

商业模式执行阶段就是将设计好的商业模式付诸实施。

德勤咨询公司于 2002 年也构建了一个类似的三阶段（机会分析、模式设计和计划实施）商业模式创新分析框架。在详细说明实施步骤时，德勤咨询公司重点强调了高层管理者在商业模式创新尤其是实施中的作用。

Voelpel 等（2004）则把创新实施研究的重点放在商业模式创新规划上，构建了一个基于客户测试、技术测试、企业基础设施测试和财务测试的商业模式创新实施循环框架。

（2）基于持续改进的商业模式创新实施研究

Morris 等（2005）明确定义了商业模式基础层、专有层和规则层的概念，但没有说明从基础层商业模式向专有层商业模式和规则层商业模式递进的方式。随后，于 2006 年 Morris 和 Schindehutte 等学者陆续发表文章称，商业模式创新就是企业在逐步加深对自身的商业逻辑认识的基础上，不断完善和调整自己的商业模式。商业模式创新就是从基础层商业模式向专有层商业模式和规则层商业模式的逐步递进的过程。

Chesbrough（2006）从商业模式升级的角度详细介绍了企业优化其商业模式的方法和步骤。他把商业模式分为大众化、部分差异化、市场细分式、能获得外部支持、能整合企业创新和能动态适应市场六种，并认为商业模式能否提升取决于现有商业模式是否能够创造足够的利润、企业是否有足够的开放程度以获得外部资源，以及企业是否愿意出售自己不需要的非核心资源。为了让商业模式的划分和升级具有可操作性，Chesbrough 明确提出了衡量这六种商业模式的标准，分析了每种商业模式与上一层次商业模式的关键区别，并认为这些关键区别就是提升商业模式的着眼点。与此同时，Chesbrough 还强调开放性对提升商业模式的作用，认为这六种商业模式的总体趋势是促使企业不断趋向于开放式创新和管理。

（3）基于 IT 变革的商业模式创新实施研究

Timmers（1998）；Kodama（2004）；Venkatraman 和 Henderson（2008）等学者都谈到 IT（Informotion Technology）系统在商业模式创新中的作用，并强调 IT 系统建设要与商业模式创新相匹配。

2006 年，IBM 指出，IT 变革是商业模式转变的一个内在因素，同时也决定商业模式转变的可行性。在商业模式创新中，企业技术人员应该配合企业管理者从三方面实施商业模式创新的行动，即理解商业模式的系统构成、用商业思维对企业现有的 IT 模式进行创新、建设柔性化和响应化的 IT 基础设施。

（4）其余相关研究

Linder 和 Cantrell（2000）首先辨识公司可以在哪些方面改变商业模式，然后提出转变模式来协调和引导公司商业模式的改变。根据改变公司原有运作方式的程度，转变模式可以分为四种类型，即实现模式、更新模式、扩张模式和旅行模式（journey models）。

Tapscott 等（2000）强调了商业模式设计中要遵循一定的战略步骤，提出了将目前的商业模式转变到 b-webs 商业模式的六步骤方法，并提供了相应的指导。

Petrovic 等（2001）指出，现实世界商业模式的改进和转变与改变管理者心智模式（mental model）的能力有关，这一点常常被人们忽视。因此，他们通过一个系统的商业模式概念将双循环学习（double-loop learning）引入心智模式，以提供一个整体、广泛、长期和动态的观察来帮助重新设计商业模式。之后，Auer 和 Follack（2002）对此方法进行了比较清晰的描述，将商业模式的改进分为三个阶段，分别是理解商业模式阶段、辨识互联网对商业模式影响阶段和转变商业模式阶段。

Papakiriakopoulos 等（2001）提出了一种构建电子商业模式的方法，包括四个步骤：第一步是定义商业模式的环境和范围，即辨识利益相关者和描述他们的战略。第二步是描述参与者之间的关系和流（主要有财务流和信息流）以捕捉价值链概念；第三步主要是识别市场中的竞争特性；第四步是构造一个"反馈链"，其目的是检查和收集所有的信息资源。

Wang 等（2009）提出了在开放式背景下商业模式创新的理论框架。随着商业的发展，企业仅仅依赖自身研发的封闭式模式已经无法满足发展的需要。该理论帮助企业在开放式背景下建立相应的商业模式，从而更好地使用内部和外部的资源，从而实现企业的价值。

1.6 商业模式的评估

商业模式评估的目的主要有：与竞争者的商业模式比较，帮助公司改进商业模式，识别商业模式创新中的风险和压力，评判创新的商业模式的可行性和盈利水平。商业模式评估的标准依赖于评估目的。在商业模式评估方面，一些有代表性的研究介绍如下。

Hamel（2000）识别了确定商业模式利润潜力的四个因素。一是功效，指在何种程度上，商业模式是一个传递客户利益的有效的方式；二是独特性，指在何种程度上，商业模式是独特的，商业模式越相似，超过平均利润的机会越小；三是合适度，指商业模式元素之间的匹配程度；四是利润推动器，指在何种程度上，商业模式能够充分利用一些有潜力产生高额利润的方法。

Weill和Vitale（2001）提出了对商业模式的盈利和生存有影响的关键因素，分别是：客户关系、客户数据和客户交易的所有权级别；有关客户、产品、市场和成本的关键信息的享用权；从原子商业模式的联合到开始运作电子商务的过程中产生的冲突，如渠道冲突、能力冲突、基础设施冲突和信息冲突等。

Afuah和Tucci（2001）从三个层次衡量商业模式：一是盈利性因素，包括收入和现金流，如果公司商业模式的盈利性优于其竞争对手，则意味着它具有竞争优势；二是盈利性预测因素，包括利润率、市场份额、收入增长率，公司商业模式的盈利性预测因素也反映了公司是否具有竞争优势；三是商业模式组成部分，包括客户价值、客户范围、定价、收入来源、关联活动、实现、能力和持久性等，这是对商业模式综合性的衡量。

Gordijn（2002）的商业模式评估方法是其e3-value方法的一部分。通过评价商业模式所有参与者的价值并创造一个利润表，Gordijn用定量的指标评估商业模式的经济可行性。商业模式的可行性意味着所有参与者能够制造利润或增加经济效用。此外，Gordijn还介绍了使用假设分析来分析商业模式，这将帮助相关利益者理解商业模式对其参数（如金融、未来趋势或客户行为）的灵敏性。

Dubosson-Torbay等（2002）使用平衡计分卡方法（balanced scorecard approach）来评价商业模式。他们对自己提出的商业模式框架的四个组成要素进行评价，每个要素分别用一些量化指标来度量。

Osterwalder（2004）提出了一套对其构建的商业模式本体论（business model ontology）进行评估的方法，包括四个定性方法和两个定量方法。但这不是对具体商业模式的评估，而是对所建立的商业模式架构是否合理和有效的评估，因此与上述学者的研究角度有所不同。

Zott和Amit（2008）研究了公司的产品市场战略和商业模式之间的匹配程度，设计了一个模型来分析产品的市场战略和商业模式对公司绩效可能产生的影响。研究发现商业模式加上强调差异化、成本领先或提早进入市场的产品市场战略，可以提高公司绩效。结果显示，商业模式是产品市场战略的一种补充，而非替代品。

Clark（2009）提出了一个全面评价商业模式中的经济、文化和战略各方面的分析框架，用以检测该商业模式的国际适用性，即商业模式在海外市场的表现。Clark定义了一种金字塔形的分级制度，研究了商业模式中三种不同的层面——企业、文化和经济。该理论有助于评估相关商业模式在国际市场上的表现。

小　结

近年来，商业模式备受关注，对商业模式理论的研究方兴未艾，其学科发展从系统、企业运作、价值、财务及盈利、战略及营销、交易结构等多个视角逐步演进，商业模式构成要素成为重要的研究对象。商业模式与战略、价值链、营销、运营、财务、管理模式等要素既有区别又有联系。作为独立的学科，商业模式要素必须具备研究要素所要求的独立性和系统性。包括交易主体、交易方式、交易定价、交易结构等在内的要素成为商业模式研究的主要内容。商业模式带来的企业创新研究主要集中在创新动力、创新途径和创新实施三个领域。针对商业模式评估，一些学者提出了有代表性的评估方法。

关键术语

商业模式；业务活动；利益相关者；交易结构；商业模式要素；交易主体；交易方式；交易定价；商业模式创新；商业模式评估

讨论案例

"相互保"是由蚂蚁保险与信美人寿通过支付宝蚂蚁保险平台推出的一款重大疾病保障的保险产品。在"互联网+"与"保险互助"的双重光环下，"相互保"在短时间内吸引了2 000万人加入，成为现象级的保险产品。

与传统商业保险相比，"相互保"的商业模式极具特色。芝麻信用在650分以上的蚂蚁会员参保不需要提前支付保费。参保与退保不需要经过复杂的人工服务与审核环节，通过手机简单操作即可完成，退保的损失也不大。参保后客户可享受30万元的重大疾病保额，包括恶性肿瘤在内的100余种大病保障。一旦患病，客户可一次性领取保障金，其他参保成员分摊保障金费用。与传统商业保险在投保时计提管理费不同，

"相互保"在发生赔付时才收取管理费，费用比例为每期保障金的10%，无赔付发生则不收取管理费。每月公示拟赔付案件、用于大病赔付的比例高、流程公开透明，再加上支付宝平台的流量优势和品牌优势，产品一经推出就取得了巨大的市场反响。

然而，这款寿险产品在上市41天后匆匆下架。究其原因，是其商业模式本身存在长期的风险隐患，规模一旦扩大，风险很容易失控。因为投保没有传统商业保险的人工服务和审核过程，存在恶意骗保、带病投保的风险隐患。同样，由于分摊费用不高，退保不会产生很大的损失，也为后期可能出现的退保埋下风险隐患。尽管"相互保"的寿命周期很短，产品本身存在不足，但其爆发式的增长，反映了这一新的商业模式在保险市场上的竞争力。

讨论题

1. "相互保"的商业模式有哪些优势？
2. "相互保"是否应该下架？
3. 从"相互保"的下架思考，商业模式创新应当遵循怎样的规律？

第 2 章

交易的基本原理

学习目标

- 理解商业模式研究的交易的概念
- 理解并准确运用与交易相关的一系列名词概念
- 熟练掌握交易价值、交易成本和交易风险的定义及其相互关系
- 解释商业模式价值分类和商业模式策略选择
- 了解商业模式的动态演进特征

导入案例

在乘坐飞机的时候，我们常常会听到诸如本航空公司是某一航空联盟的成员企业的说法。三大航空联盟集中了全球60%以上的运力：其一是星空联盟（Star Alliance），有28家盟友航空公司，其航班涵盖1 329个国际机场，年旅客量逾数亿人次，中国国际航空公司正是加入了这个航空联盟；其二是天合联盟（Sky Team），有19家盟友航空公司，其航班涵盖516个候机室，年旅客量达5.16亿人次；其三是寰宇一家（One World），有13家盟友航空公司，其航班涵盖1000多个目的地。

加入这些航空联盟，航空公司能够给乘客，特别是常客提供更加优质的服务，乘客可以在同一家航空公司购买多段由联盟不同成员承运的航班，也可以在一家航空公司的柜台办理值机、中转、行李托运等一系列服务。联盟成员可以共享包括贵宾室、值机柜台等在内的机场设施。

除了以上福利，航空公司加入航空联盟后，通过"代码共享"（code-sharing），可以提高航线上座率，节约成本，提高运营效率。航空联盟可以为航空公司提供包括统一的订票系统和收益管理、地勤合作、共用机场设施、协调航班、共同的飞机零部件订购或租赁等在内的服务，还能够帮助航空公司绕过复杂的航空市场壁垒，在国际市场快速扩大航线经营范围，进入并拓展新市场。

航空联盟的出现，在航空公司和乘客之间形成了一种新的竞合关系，改变了传统航空市场简单的交易结构，降低了航空公司之间的无序竞争和重复建设带来的交易成本，同时提升了交易价值。

交易是商业模式的核心概念，商业模式对交易的研究，既不在于交易的行为与过程，也不在于交易的标的或内容，而在于交易的形态及其结构。只有搞清楚商业模式中交易的概念和原理，才能真正理解商业模式中交易结构的定义。本章主要讨论商业模式中的交易及其相关概念。

2.1 交易的基础概念

市场营销学中交易的定义是"买卖双方价值交换所构成的行为"；经济学中交易的定义是"通过价格机制的作用在不同的生产要素所有者之间发生的资源配置过程"。前者更关注交易发生的行为，由此延伸出如何更大程度地促进交易行为发生的学科体系；后者则聚焦于商品—货币的交换和所有权的转移，以及由此带来的市场变化和效用增加的过程。而商业模式研究的交易问题，并不是如何促成单次或重复多次交易的发生，也不是交易给市场均衡带来的变化和影响，而是交易各方形成的能够保持长期持续交易的相对稳定的交易形态。这一交易形态是利益相关者基于自身需求，将拥有的资源能力的权利进行切割、重组、再配置后形成的业务活动所构成，被称为交易结构。要更好地理解商业模式问题，就要对与交易、交易结构及商业模式相关的基础概念加以定义。

2.1.1 利益主体、利益相关者与焦点企业

讨论商业模式问题，离不开利益相关者。而要理解利益相关者的概念，则必须从利益主体的定义入手。利益主体指在交易中具有资源能力禀赋的独立主体。它分为：外部利益主体，如企业上游原料供应商、竞争对手、客户、用户、政府、金融机构等；内部利益主体，如企业内部从事业务活动的研发、采购、销售等部门，或者小的项目组，甚至个人；还有一类介于内部和外部之间的利益主体，如志愿者、加盟商等，可以称之为类内部利益主体。

针对某利益主体 A，与其有交易关系的利益主体均被称为利益主体 A 的利益相关

者。利益相关者同样分为外部利益相关者、内部利益相关者和类内部利益相关者三类。利益主体和利益相关者的区别在于是否存在交易关系。而在商业模式设计创新的过程中，即使是不存在交易关系的利益主体，也可能因其拥有的资源能力禀赋而存在交易价值。

在进行商业模式分析时，怎样的利益主体才是利益相关者呢？利益相关者的评判标准主要有三方面：具备独立的利益诉求和责任界定，有相对独立的资源和利益的输入输出，可独立进行价值衡量。从这些标准出发，不仅传统意义上的供应商、渠道、顾客等是利益相关者，某个企业内部部门（如采购部门）也可以被看作利益相关者——界定的标准是，它与其他部门之间存在可界定的交易关系，以及可以独立进行的责任划分。

焦点企业是指在众多利益主体中，商业模式所要研究的目标企业。在一个交易关系中，如果一方是研究对象，那么其他外部各方就是外部利益相关者，而从事内部交易的主体就是内部利益相关者。

2.1.2 活动、能力、资源、效率与角色

（1）活动

企业的活动可以分为两大类：直接增值的业务活动，为了实现业务活动而开展的管理活动。活动之间稳定、系统的连接，组成了流程。业务活动之间的连接是业务流程，管理活动之间的连接是管理流程。业务活动由业务所对应的工作流、信息流、实物流和资金流组成。常见的业务活动包括研发活动、设计活动、生产活动、销售活动等。所有的企业都不能脱离业务活动，业务活动的需求，决定了管理活动的安排。商业模式研究的是业务活动的选择问题，即利益主体从所处的商业生态系统中选择从事哪些业务活动，业务活动有哪些利益相关者，与利益相关者的交易及交易结构是怎样的等。因此，一个利益主体可以从事多个活动，如一般制造型企业会从事研发、采购、生产、销售、服务等；一个利益主体也可能只从事某一个活动，如金融机构在交易中通常只从事融资这一项业务活动；多个利益主体也可能从事同一个活动，比如企业的营销活动，既可以由负责大客户直销的销售人员承担，也可以同时由负责渠道销售的经销商承担。

管理活动是企业驾驭业务活动、为业务活动提供支持的活动，是为了实现业务活

动目标而进行的计划、组织、领导、激励和控制等一系列活动。业务活动和管理活动之间既有区别，也需要相互匹配。多个业务活动可以匹配同一个管理活动，比如经营计划这个管理活动可以覆盖企业的多个业务活动；单一业务活动也可以匹配多个管理活动，比如研发设计活动这个业务活动需要匹配从计划到控制等一系列管理活动。

（2）能力、资源与效率

能力和资源可以衡量利益主体在活动环节的投入产出水平，效率则是对投入产出比的衡量。

能力与利益主体的产出有关，分为效果和效率两个部分。能力的效果一般用业务规模来衡量，业务规模越大，活动的产出水平越高，能力越大。能力的效率指投入产出比，投入产出比越高，能力的效率越高。能力的效果和效率并不一定一致，换言之，达到业务活动效果最大化或效率最大化，所需要的利益主体的能力是不一样的。在交易中，有时需要利益主体具备快速扩大业务规模的能力，有时则需要利益主体具有较高的投入产出比。

资源与利益主体会影响活动的投入。企业资源可以分为有形资源和无形资源，也可以分为支持型资源和输入型资源。有形资源包含机器、设备、厂房、土地、原材料等；无形资源则指企业拥有的客户关系、数据、信息、品牌、商标、专利等。支持型资源包括场地、设备、人员等，在会计核算中一般属于间接成本；输入型资源包括半成品、原材料、数据、信息、数据等，在会计核算中一般属于直接成本。资源可以通过成本进行衡量和比较，成本包括会计成本和机会成本。在某些活动中，一些利益主体可能要支付较高的成本才能获得所需的资源，而另一些利益主体获得这些资源的机会成本非常小，这就为交易的设计创新提供了可能。

（3）角色

角色是拥有既定资源能力的利益主体在交易结构中的功能。角色的定义包含三方面：第一，角色是从事某一项或某几项活动的利益主体，是类的概念，如销售角色、研发角色；而利益主体是角色的实例，如具体的销售员或研发人员。第二，角色直接从事一些活动。一个角色可能从事多个活动，也可能从事某一个活动；同一个角色也可以由多个利益主体扮演。确定了利益主体在交易中承担的功能、投入的资源能力，就可以定义一个利益主体在商业模式中所扮演的角色。角色的定义不同，给利益主体带来的拓展的价值空间就可能完全不同。第三，角色之间存在交易活动，恰当的角色设计，会激励利益主体将其拥有的、在整个商业生态系统中最具比较优势的能力或者最具成本比较优势的资源发挥到极致，提升交易的整体价值增值，从而惠及相应的利益主体。

案例 2-1 ［连锁店长的角色设计］

开设连锁店，店长是非常重要的角色，而对店长的激励是保留优秀店长的关键。店长在任职初期的收入增长率比较高，但随着业务逐渐稳定，店长的收入增长变缓，店长的工作热情和积极性也会下降。与此同时，随着店长管理店铺的时间增长，店长会积累一定的个人财富、社会关系和管理能力。因此，企业应当设计店长在整个交易结构中的"角色"，激励他把这些不断增长的个人财富、社会关系、管理能力等资源能力继续投入整体商业模式中。

某连锁企业是这样设计的：把一个店的权利来切割为经营权、分红权和投资权，其中经营权和分红权属于店长，投资权则开放给公众投资人（包括店长）。投资权需要用资金购买，如果连锁企业上市了，这些投资权可以转化为购买原始股的权利。通过购买投资券，店长积累的个人财富可以用于投资多个店面，而连锁总部可以用这些钱继续开店，扩大规模。

对于店长个人积累的社会关系和管理能力，该连锁企业采取了"多级别、小连锁"的模式。一个店长在管好一家店后，可以升为高一级的主管，管理多家店并持续升级。而店面也分社区店和旗舰店，二者对店长的要求不一样。

通过这种交易方式，店长在管店过程中积累的个人财富、社会关系和管理能力等持续回流。这种方式既妥善安排了店长，又为连锁店的不断升级提供了内生动力。店长积累的资源能力，若没有被充分利用，就会形成浪费，甚至导致人才流失、自行创业等不利局面。通过增加投资权，店长的角色增加了"投资者"的属性，于是店长可以把个人财富投入交易结构中。通过"多级别、小连锁"的设计，店长的角色又增加了"管理者"的属性。通过角色设计，店长"个人的"资源能力，被转变为"整个交易结构的"资源能力。

企业选择的业务活动是商业模式构型的基础，业务活动的拆分、组合、选择和交易的丰富组合，形成了形态各异的交易结构。能力与资源要素不但决定了利益相关者从事业务活动的可行性和投入产出水平，也是被识别、拆分、组合、交易并通过交易实现重新配置的客体。交易中不同利益相关者承担的角色不同，其功能和定位也不同。

而衡量商业模式优劣的一个重要标准就是在该交易结构下的投入产出比，也就是交易的效率。

2.1.3 交换、合作与交易

交易包括交换和合作。交换指买卖双方交易产品或服务的行为。在一次交换中，交换双方都希望能够获得最大的价值剩余。

卖方的价值剩余 = 卖方的交易价值（价格 × 销量）− 卖方的交易成本 − 卖方的货币成本。

同理，买方的价值剩余 = 买方的交易价值（效用 & 收入）− 买方的交易成本 − 买方的货币成本。

因为是一次交易，所以买卖双方都希望压缩对方的剩余而最大化自己的价值剩余。

研究交易各方投入的资源能力、从事的业务活动及交易，可以得到，任何两个或多个交易主体的交易的整体价值增值 = 交易价值 × (1 − 交易风险概率) − 交易成本 × (1 + 交易风险概率 × 2) − 双方总的货币成本 × (1 + 交易风险概率 × 3)。

无论是交换还是合作，利益主体各自的价值增值公式与利益主体因交易而形成的整体价值增值公式的逻辑是一样的。

商业模式研究的交易是利益相关者基于自身需求，将拥有的资源能力的权利切割重组后进行配置的活动。因此，交易的内容并不仅仅是产品或服务，还包括利益相关者拥有的资源能力。根据主体关系的不同，交易可以分为业务交易关系和治理交易关系两类。业务交易关系主要面向交易内容。治理交易关系指一方交易主体拥有另一方交易主体的所有权，包括剩余收益权和剩余控制权。无论哪类交易，都有三种不同的交易性质。第一种是市场交易，是焦点企业与利益相关者之间基于市场竞争的交易，具有不存在特定关系资产的投资、相互依赖程度低、以最少的信息交易、价格充分反映交易信息等特征。第二种是科层交易，一般发生在企业内部利益相关者之间，主要特征是交易是在命令、指挥、控制的情况下完成的。当然，具有这种性质的交易也可以发生在企业与外部利益相关者之间。第三种是混合交易（也称中间交易），是一种介于科层交易和市场交易之间的交易，具有存在特定关系资产的投资、有数据和知识的交流共享、有互补资源能力、治理机制有效等特征。市场交易和科层交易的对比见表2-1。

表 2-1 市场交易和科层交易的对比

	市场交易	科层交易
原理	总交易成本是各自的销售管理活动和采购管理活动带来的成本	总交易成本是管理两个内部利益主体交易的成本
计算公式	卖方管理销售活动的成本 + 买方管理采购活动的成本	管理或协调两个内部利益主体交易的成本之和

强调不同交易类型的意义在于，传统的交易理论注重的是交易内容的整体产权转移带来的价值增值，强调同一个交易内容对不同利益主体的收益和机会成本不同；而商业模式的交易理论强调的是不同交易方式带来的价值增值，这不但包括对交易内容整体产权的不同切割转移，还包括对交易内容的切割转移过程中涉及的交易各方所有权的交易。因此，商业模式中的交易概念更综合。我们将基于这个概念的交易理论定义为新交易理论。本书所有交易理论均按此定义。

2.1.4 颗粒度

交易的基本要素包括：主体、活动、资源、能力、角色等。这些要素在应用中有不同粗细的颗粒度。颗粒度指概念的细化程度。概念的细化程度越高，颗粒度越细或越小；概念的细化程度越低，颗粒度越粗或越大。颗粒度有助于对各种交易要素进行不同视角和不同层次的拆分、配置和重组，因此灵活掌握颗粒度的粗细是非常重要的商业模式创新设计能力。交易基本要素的颗粒度如表 2-2 所示。

表 2-2 交易基本要素的颗粒度

	细粒度（颗粒度缩小）	粗粒度（颗粒度放大）
主体	焦点企业内部的业务主体	生态系统
活动	收集供应商名录；联系供应商；洽谈要求和细节；招投标；确定供应商；签订采购合同	采购
资源	机器、设备、土地、厂房、矿产	实物资源
能力	市场调研能力；消费者行为研究能力；品牌管理能力；渠道管理能力；客户关系管理能力；新媒体营销能力	营销管理能力

概念的颗粒度在应用中有放大和缩小两个方向。颗粒度放大指从关注焦点企业"上堆"到关注企业与其利益相关者，即整个商业生态系统。生态系统的每个交易主体都处于一定的业务活动环节，也有各自的资源投入及能力状况。同样的客户需求可以有

不同的满足方式，因此两个不属于同一行业但满足同样需求的生态系统，可能存在一定程度的竞合关系，这会影响企业在交易中的角色选择。颗粒度缩小指从关注企业"下切"到关注一个活动，将一个活动环节细分为更小的多个活动环节，每个小的活动环节又有其投入的资源能力。缩小颗粒度会使对利益主体的分析更加透彻，找到可能被忽略或未被充分交易的资源能力，有利于更加细致地评价当前投入的资源能力并显现其异质性，从而带来交易设计和交易优化的可能。

传统的工业社会追求规模化生产带来的竞争优势。在新的商业环境下，颗粒度越来越小，使得更多的商业模式创新成为可能。例如，传统的广告采取大众传媒广而告之的方式，其中的浪费是很大的，而随着移动互联网技术的发展，用户的颗粒度越来越精细，出现了针对用户个性特征的广告推送，创造了巨大的价值空间。而在位企业由于存在经营惯性，缺乏对更大颗粒度的商业生态系统的洞察和了解，在商业模式创新方面乏善可陈。这导致很多传统企业被跨界的新兴企业取代。

2.1.5 交易基础概念的综合应用

先来看一个案例。

案例 2-2 ［波音 787 的创新商业模式］

波音公司是全球最大的民用和军用飞机制造商之一，作为成立于 1916 年的百年企业，波音已经成为全球航空航天业的领袖企业。在民用航空领域，波音 B 系列机型（如波音 737、747、777 等）取得了巨大的市场影响力。

波音的商业模式大致经历了三个阶段。第一个阶段，波音采用垂直一体化的商业模式，从机型设计开发、零件制造到整机总装，大部分生产环节均由波音独自承担。第二个阶段，波音把一些替代性强的非关键零部件交由供应商负责，自己更关注整机设计和关键环节的控制。针对飞机的数百万个零件，波音通过详细的规则说明书，向全球 5 000 多家供应商提出精确的要求，供应商按规格设计生产零部件，然后运到波音总装工厂进行装配。由于零部件若出现不兼容的情况就必须重新设计，因此这是一个漫长的反馈过程。这种模式下的供应商过于被动，实际上，供应商们可能更了解提高生产效率，以及让自己的零部件更好地支持整机制造的方法。

在市场竞争中,波音持续面临竞争对手的挑战,甚至一度被空客赶超。空客A380客机发起了对波音747的挑战,前者快速占领了市场份额。2003年,全球100座级以上民用客机市场,空客交付量占54%,订单数占52%,超过了波音。波音在2003年年底启动波音787项目,发起了反击。波音787最大的卖点是它的复合材料比重高达50%,这使得波音787比同级别飞机节油达到20%。2005年,波音787获得了354份订单,这是波音自2000年以来首次实现在新飞机订单上超越空客,成功逆转了局面。

更具有重大意义的是波音787采用了全新的商业模式,推动波音供应链变革进入第三个阶段。在波音787项目中,波音重构了业务系统,改变了与供应商之间的交易结构。在波音787项目上,波音对供应商开放了除尖端技术以外的其他技术资料和数据,将供应商引入了前期设计和预制造环节。波音在设计波音787前,收集航空公司客户提供的相关数据,分享给合作伙伴,并将环节进行切分,匹配最擅长这个环节的供应商。波音提供主设计图,标注相关设计要求,比如什么位置要焊接着陆装置。然后,这些合作伙伴协作进行设计开发。波音提供了与达索系统公司共同开发的实时协作系统——全球协作环境。合作伙伴可以通过这个系统随时随地访问和修订设计图,以及在大规模生产前,解决零部件组件冲突和兼容的问题。通过这种方式,波音只负责生产数百万零部件中的10%,其余均由合作伙伴负责。同时,波音只面对全球23个一级供应商,核心供应商数量与过去相比大为减少。各个一级供应商从二级、三级供应商处取得零件,组装成模块化的机体部分,各个模块最终被汇集到波音在华盛顿的埃弗雷特工厂进行最终的总机组装。比如,意大利阿莱尼亚飞机公司负责中央机身和水平安定面等部件的制造,美国沃特飞机工业公司负责机身部分的制造和组装,中国供应商承担方向舵、垂直尾翼等零部件生产。通过模块化制造方式,波音787的组装周期只有3天,而波音777则长达13~17天。

在这个模式下,波音更像一个平台的维护者,协调供应商之间的合作。波音由以往集中管理供应商,转变为协调控制业务活动。这激发了供应商的内在能力,提高了整个交易的效率。

在案例2-2中,波音重新构建了和供应商之间的交易结构,对各自的业务活动进行了重新分配,供应商额外承担了设计和预制造的职责。这在一定程度上将一个完全的外部利益相关者变成了介于内外部之间的"类内部利益相关者",提高了交易效率。我们从案例2-2中可以看到,明确基本概念对商业模式创新与设计的重要意义。

第一，清晰地界定内部、类内部和外部利益相关者，为分析不同商业模式的价值增值能力提供了参与主体基础。关注同一个利益相关者在内部、类内部和外部之间的流动，为商业模式的演化和重构提供了动态分析工具。

第二，一些观点认为，业务活动的内包或外包商业形态就是商业模式本身。然而，在没有设计好交易结构之前，利益相关者尚未明确，业务活动也不确定，单独讨论一个活动的外包、内包决策问题是没有意义且缺乏价值指向性的，反而会限制商业模式的创新空间。比如传统的企业信息系统决策的核心是判断采用内部建设运维还是外包，而波音787所依靠的"全球协作环境"这个新的业务活动究竟属于内部建设运维还是外包，基于传统的集成制造的信息系统模式无法给出回答。只有把利益相关者概念引入交易结构，才能明确内包、外包的问题。因此，交易结构设计首先是划定利益相关者，其次才是设计它们之间的交易关系。

第三，传统的战略和组织理论强调一体化与专业化的对立，但一体化的形态只包括行业内部的横向一体化和纵向一体化，并不能分析和解释"全球协作环境"这样的利益相关者及其交易形态。交易结构理论能够为理解企业商业模式提供全面的视角，甚至针对专业化、一体化或多元化的不同选择，分析其交易关系之间的交易结构安排，相比单纯从战略选择角度考虑更能洞见其机理，也更准确和重要，更能指导企业的经营决策。

2.2 交易结构：交易价值、交易成本和交易风险

2.2.1 基本概念

一个交易结构的优劣，其评价基本要素是交易价值、交易成本和交易风险。交易价值形成交易生态系统的利益主体聚合体的总收入，关注的是交易各方形成的生态系统，而不仅仅是交易中的某一方。交易成本是交易各方为了满足需求、达成交易、维持交易及分配利益而牺牲的经济价值，简而言之就是交易各方为达成交易而产生的代价。交易主体、交易结构、交易内容等因素均会影响交易价值和交易成本。交易风险则是可以用概率来表示和衡量的交易结果的不确定性。

案例 2-3 ［无人智能餐厅的交易结构］

无人智能餐厅正成为餐饮与人工智能技术相结合的热点和趋势。无人智能餐厅可以实现智能点餐、智能备餐、智能结算、智能收餐、智能清洗等诸多功能，还可以延伸至根据消费者的点餐特点提供智能营养健康管理服务。对于传统的餐厅来说，无人智能餐厅有效地降低了餐厅的用工成本，提高了备餐效率，加快了用餐周转。这对餐厅特别是具有一定规模的快餐企业来说，有非常大的价值。

无人智能餐厅作为一项新的技术，在推广上可能存在不同交易结构的选择。一种交易结构是提供无人智能餐厅服务的公司销售整套解决方案给餐厅。这样的销售方案，作为创新的技术，其价格肯定不菲，而能够降低成本和提高效率，以及带来真正的使用效果，对餐饮业主来说仍存在一定的不确定性，由于业主有疑虑和初始投资较高，这种交易结构的效率是比较低的。

另一种交易结构则是由无人智能餐厅的服务企业，负责对传统的餐厅进行整体的投入改造，除了技术应用本身，甚至对适合无人餐厅的经营策略也进行调整，比如减少餐品品类数量、优化餐厅功能布局等。这样，餐厅业主只需要很少甚至不需要新增的投入，就可以将餐厅转型为一家科技型餐厅了。由于效率提高、成本降低带来的收益增加，餐厅可以采用分成的方式，让企业收回投资。当然这种模式要成立，还需要一些前提：第一，服务企业必须具备较强的资金实力，或者引入具备投资能力的企业参与；第二，服务企业具备一定的餐饮运营的经验，能够选择具有增值潜力的餐厅并提高运营收益。

如果在这个交易结构中除了引入资金方，还引入了专业的餐饮运营公司，那么无人餐厅的交易结构又可以变成另一种模式：由资金方提供技术改造的资金，无人餐厅服务公司进行餐厅改造，餐饮运营公司对原业主的餐厅进行托管，原来的业主拿固定的无风险收益，超额收益除了回报餐厅改造的投入，还可以作为餐饮运营公司的收益。

可以看出来，无论是技术应用、投资风险，还是运营收益，这些问题的解决都可以通过不断衍生的交易结构来应对和化解，整个交易结构正是这样不断演化形成的。

从无人智能餐厅的例子可以得出以下两点启示：

第一，商业模式的动态特性。交易结构和利益相关者的确定是一个不断循环、不断修正的过程。在交易结构中，利益相关者会拓宽交易价值，但也会提高交易成本。

可以通过调整交易结构降低交易成本，而这样做同时可能带来新的交易风险。为了降低交易风险，可以引入新的利益相关者，而这也有可能带来新的交易结构的变革。如此循环往复。考虑到环境的变化以及利益相关者在交易结构中的地位会随着交易推进而改变，这种不断循环、不断修正的过程可能更复杂，而整个商业系统也正是在这种变化中不断发展进步的。

第二，商业模式的相对价值比较。与交易价值、交易成本和交易风险的绝对值相比，不同商业模式带来的相对值更为重要。商业模式的选择既不可能也无必要穷尽所有利益相关者和交易结构的情境与组合。事实上，企业只需在几个可行的商业模式之间做出比较，最终确定交易价值、交易成本、交易风险等方面更加有利的选择即可。

2.2.2 商业模式价值与效率

交易价值、交易成本构成了对交易结构及其价值的基本描述，其逻辑如图 2-1 所示。

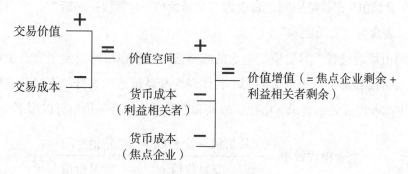

图 2-1 价值增值逻辑关系

每一种交易结构都创造了对应的交易价值及一定的交易成本，两者之差为交易结构的价值空间。除了交易成本，包括焦点企业和利益相关者在内的交易参与各方都要付出货币成本，比如原材料采购成本、内部管理费用等。价值空间减去货币成本就是交易结构为所有利益相关者实现的价值增值，等于焦点企业剩余加上利益相关者剩余。如果一项交易结构创新能够提升交易价值，或者降低交易成本，就会提高价值增值，这就是商业模式的价值。

案例 2-3 中的无人餐饮服务公司提供了无人餐厅的智能技术应用，实现了成本降低和效率提高，这是商业模式为利益相关者带来的交易价值；而公司与餐饮业主进行的谈判，甚至公司对餐厅的运营管理费用等，都是商业模式运行的交易成本。交易价值和交易成本之差构成了价值空间。此外，公司经营过程中产生的餐饮直接成本就是焦点企业必须付出的货币成本。价值空间扣除这些货币成本之后，就是价值增值。

由以上分析可以得出：

价值增值 = 交易价值 × (1− 交易风险概率$_1$) − 交易成本 × (1+ 交易风险概率$_2$) − 货币成本 × (1+ 交易风险概率$_3$)

= (交易价值 − 交易成本) / 交易价值 × 交易价值 − 货币成本

= 价值空间 / 交易价值 × 交易价值 − 货币成本

= 商业模式效率 × 交易价值 − 货币成本

这个价值增值公式适用于各种利益主体，可以是某个内部或外部利益主体，也可以是焦点企业；可以是焦点企业内部利益相关者之间、焦点企业与外部利益相关者之间、外部利益相关者之间，也可以是以焦点企业为中心的生态系统。

从这个公式可以得出，不同的商业模式存在效率差异，商业模式的效率可以定义为"价值空间 / 交易价值"。价值增值受三方面因素的影响：商业模式效率，表现为"价值空间 / 交易价值"；战略空间，表现为"交易价值"；管理控制能力，也就是企业的组织能力，表现为"货币成本"。

对不同市场的选择，其实质是企业的战略选择，所以战略决定了焦点企业创造的具体是什么价值和某个产出价值的大小，体现为交易价值的高低。不同商业模式的差异，可以用商业模式效率表示。由此，战略和商业模式结合的价值可以用下式表示：

$$商业模式效率 = \frac{交易价值 − 交易成本}{交易价值} = \frac{价值空间}{交易价值}$$

从战略定位和商业模式效率基于交易价值视角的推论公式，可以得到以下一些推论：

第一，同样的商业模式对不同的产品、客户等有同等比例的放大作用，其乘数因子就是商业模式效率。例如，同样是连锁加盟模式，应用于珠宝销售、家电销售或水果销售，其商业模式效率（价值空间 / 交易价值）是类似的。所以，商业模式选择决定了价值空间的潜在规模和企业整体的结构效率，可以用商业模式效率来评价不同类型的商业模式。

第二，对不同的客户和产品而言，同样的商业模式因效率相同而具有相似的放大作用，企业应尝试把该商业模式应用在能产生更大企业价值的产品和市场上。仍以无人智能餐厅为例，同样的创新商业模式，应用于路边夫妻餐饮店，由于没有增加流量，也没有降低成本，能够带来的增量收益微乎其微；但是应用于规模和流量较大的快餐店，能够创造的价值就是非常可观的。把该商业模式应用于后者，所产生的企业价值就会远远大于应用在前者的效果。

第三，对同一市场而言，不同的商业模式具有差异化的效率，放大作用并不相同，因此要选择效率更高的商业模式。例如同样是小饰品的销售，摆地摊、小饰品连锁经营店、淘宝网店三种不同的商业模式对小饰品市场的放大作用不同，最终能达成的企业价值也不同。

对企业而言，其具备和调动的资源能力是有限的，因此，其涉及的市场和商业模式组合是一个有限集，其中的市场空间和商业模式效率共同作用最大的组合将是最优的选择。

2.3 价值空间最大化

一个好的商业模式总是能为焦点企业及其利益相关者创造最大的价值增值，即实现焦点企业剩余与利益相关者剩余之和的最大化。那么，具有什么特征的商业模式才是价值空间最大化的呢？

2.3.1 价值维度的商业模式分类

交易的价值空间的大小取决于两方面的因素：价值创造和价值耗散。所谓价值创造，是指与传统商业模式相比，新的商业模式带来的商业生态范围拓展。新商业模式的价值是获得一个新的增量市场空间，意味着交易价值的提高。价值耗散是指在既定的市场空间里，一部分价值并没有分配给焦点企业及其利益相关者或其他的商业生态参与者，市场空间通过一种无序的方式分配，参与交易的各利益相关者获得的回报总和低于获得的价值空间总和。高耗散意味着利益相关者所创造的价值很大一部分被耗散在交易成本上，在商业模式效率公式上表现为高交易成本。

按照价值创造和价值耗散两个维度，可以把商业模式分为四大类（见图2-2）：高创造，高耗散；高创造，低耗散；低创造，高耗散；低创造，低耗散。

	价值耗散	
	高	低
价值创造 高	高创造，高耗散	高创造，低耗散（好商业模式）
价值创造 低	低创造，高耗散	低创造，低耗散

图 2-2　商业模式分类

好的商业模式的标准是：高价值创造，低价值耗散。这种商业模式使焦点企业及其利益相关者能够创造巨大的交易价值，而交易成本的耗散又能够得到较好的控制，使得企业及其利益相关者能够获得较好的发展。一个极端的情况是，垄断在短期内同样可以实现焦点企业的高价值创造、低价值耗散。但从长期而言，垄断的高价值创造、低价值耗散是以其他利益相关者的低价值创造、高价值耗散为代价的。垄断通过资源独占、不平等竞争极大地破坏了创新。在对资源和价值的分配上，垄断不利于商业生态系统的可持续发展。为了保持长期的商业生态和谐，一个好的商业模式还必须增加一个维度的价值评判：价值共享。只有建立在共赢基础上的商业模式，才能持久和增值。因此，一个完整的好的商业模式的标准是：高价值创造，低价值耗散，价值共享。

由于商业模式对企业价值起到的是乘数作用，因此绝对的价值创造和价值耗散高低是没有意义的，只有在相同市场空间下，两种模式相对价值高低的比较才有意义。

2.3.2　商业模式的策略选择

面对不同的市场需求和交易结构，焦点企业寻求价值增值最大化，其路径和策略选择具有多样性。针对市场和交易结构这两个方面的差异，在商业模式设计方面，可供选择的策略如图 2-3 所示。

	需求	
商业模式	相同	不同
相同	管理效率最大化 价值空间最大化	价值增值最大化
不同	交易价值相同，交易成本不同 / 交易价值不同，交易成本也不同	焦点企业价值最大化
	交易成本最小化	价值空间最大化

图 2-3 商业模式设计策略

（1）相同需求，不同模式

面对相同的市场空间，焦点企业在可以选择不同的商业模式的情况下，寻求价值增值最大化有两种策略。

第一种策略是交易成本最小化：交易价值相同，交易成本不同。

当交易结构为交易各方提供的交易价值基本类似，除了治理结构，各个利益相关者所扮演的角色也基本一致时，治理结构的选择就会成为直接影响交易成本的主要因素。通过治理结构的改变，寻求交易成本最小化，是谋求价值增值最大的有效途径。

以农业合作社为例，荷兰阿斯米尔拍卖合作社让花农会员拥有合作社的"控制权"和"剩余收益索取权"，剩余收益的返还按对合作社交易额的贡献比例分配。这样一方面有效提升了花农会员的积极性，另一方面使花农联合起来对抗市场的其他垄断力量，提高了风险共担能力。由于花农的利益具有很强的同质性，集体决策的成本并不太高，因此这种商业模式的增值空间就比零散的花农间买卖要强大得多。

第二种策略是价值空间最大化：交易价值不同，交易成本也不同。

针对同一种市场需求，如果参与商业模式的利益相关者组成不同，或者相同利益相关者所承担的角色和形成的关系不同，那么有可能带来交易价值和交易成本都发生变化的情况，此时选择商业模式的策略主要是价值空间最大化。

案例 2-4 ［施乐复印机］

20世纪50年代中期，静电复印术面世了。用这种技术复印出来的复印件页面干净整洁，复印速度也非常快，每天可以复印数千张，远远快于当时主流的复印机。然而，与主流复印机300美元的售价相比，采用静电复印术的复印机（静电复印机）制造成本是2 000美元。当时复印机厂家盛行的做法是采用"剃须刀—刀片"模式：以一个比复印机设备成本稍高一点儿的价格卖出，目的是吸引更多的客户购买；而对配件和耗材则单独收费，并且通常会在其成本之上加很高的差价以获取高额利润。显然，由于成本过高，静电复印机很难照搬这种商业模式。在经受各种质疑之后，静电复印机最终采取了一种新的商业模式，并于1959年推向了市场：消费者每个月只需支付95美元就能租到一台静电复印机，每个月内如果复印数量不超过2 000张，就不需要再支付任何其他费用；如果超过2 000张，则超过2 000张的部分，每张再支付4美分。如果客户希望终止租约，只需提前15天通知公司即可。这种模式的效果好得出奇：用户的办公室一旦安装了这种复印机后，由于复印质量很高且使用方便，用户每天而不是每个月都要复印2 000张以上！这意味着从租赁的第二天起，绝大多数复印机多复印一张，就可以带来额外的收入。此后十几年，该公司收入增长率一直保持在41%，净资产回报率也一直长期稳定在20%左右。到了1972年，原本一家资本规模仅3 000万美元的小公司已经变成年收入高达25亿美元的商业巨头——施乐（Xerox）公司！

与原来复印机厂商"剃须刀—刀片"模式相比，施乐公司对复印机的商业模式进行了彻底变革，其交易价值大幅提高，而交易成本明显降低，价值空间无疑更大，由此成就了其商业辉煌。

（2）不同需求，相同模式：价值增值最大化

针对不同的市场和客户，如果采取类似的交易结构，由于结构相同其交易成本结构也比较类似，此时商业模式策略的最佳选择是价值增值最大化。当然，在不同的市场，焦点企业和利益相关者付出的货币成本绝对值大相径庭，因此也不具备可比性。

同样是特许经营的商业模式，如果都采取上缴固定加盟费，焦点企业（总部）获取固定收益，利益相关者（加盟商）获取剩余收益，那么即使一个是做餐饮、一个是做运动服装销售，这两个特许经营的交易成本结构显然也是类似的。由于餐饮和运动服装市场需求的差异性，在特许经营商业模式的交易参数（包括加盟形式、需要上缴的加盟费、管理深度等）选择上，应当以交易价值增值最大化为原则。一方面商业模式要激励各利益相关者努力扩大价值空间，比如超额累进的加盟商激励；另一方面要尽最大可能降低交易成本和货币成本，比如总部负责统一信息系统、规模化采购等。商业模式各利益相关者总的价值增值是否达到最大,决定了不同模式竞争的胜负。

(3)相同需求,相同模式:管理效率最大化

如果在相同的市场,商业模式也类似,那么整个交易结构及其交易价值和交易成本也是类似的。此时,决定企业竞争优势差异的就是企业战略取向和管理能力的差异。在这种状况下,焦点企业应寻求管理效率最大化,企业的价值增值空间主要来自管理能力和管理效率。

(4)不同需求,不同模式:焦点企业价值最大化

焦点企业如果面对的是独特的市场需求空间,采用的也是完全不同的商业模式,那么战略的差异性就使这些焦点企业具备天然的竞争力。在这种状况下,至少在中短期内,企业是可以以焦点企业价值最大化为商业模式选择的策略。在利益相关者可接受的范围内,由于缺乏可替代性,商业模式价值增值最大化的均衡点,一定与焦点企业价值最大化的均衡点重合。

2.4 商业模式的动态演进特性

2.4.1 商业模式演进的驱动力

从商业模式策略的选择可以看出,商业模式价值最大化并不等于焦点企业价值最大化。商业模式价值和焦点企业价值的不一致,为商业模式的动态演进提供了逻辑基础。商业模式动态变化的驱动力可以是外生的,也可以是内生的。

外生的市场、环境、经济、政治等条件会改变利益相关者等的资源禀赋,会对商业模式产生巨大的影响。比如,中国互联网企业的兴起是建立在电信行业三大运营商的基础之上,早期的三大运营商既是网络基础设施的运营商,又对通话和短信等通信核心业务具有绝对控制力;而在数据业务方面,三大运营商除发展自己的应用之外,还鼓励互联网企业为提高数据流量而开发各类应用。随着互联网应用的不断普及,特别是移动互联网技术的进步,互联网企业一跃成为市场增长最快的领域,而三大运营商的增长速度则明显下降。移动互联网企业对三大运营商的通信业务产生了巨大的挑战。外部条件的变化使得三大运营商稳定不变的商业模式遇到了极大的挑战。

内生的力量也会推动商业模式的演进或者重构。交易结构中的所有利益相关者都有独立的利益诉求和资源能力禀赋。假如存在两种可选的商业模式：一种是商业模式价值较大，而焦点企业价值较小；另一种是商业模式价值较小，但焦点企业价值较大。那么，焦点企业一定愿意选择后者。能否实现这个选择，很大程度上取决于焦点企业与其他利益相关者的实力对比和风险分担。

以家电实体连锁零售企业为例，当零售商壮大之后，占据优势地位的零售商一定会提高家电厂商的进场费。而当家电厂商的微利在扣除零售商的渠道费后有可能变为亏损时，有实力的家电厂商就会建立自己的专卖店渠道。尽管家电厂商建立专卖店渠道和与零售商合作相比，就商业模式整体来说是不经济的，但对家电厂商而言却是实现企业价值最大化的合理选择。而从零售商的角度出发，如果它与家电厂商合作，商业模式价值将达到最大，其企业价值也足够大；但由于零售商要进一步提高企业价值，就难免会失去一些合作伙伴的支持。最终的均衡结果取决于双方资源能力禀赋在交易结构上的博弈。

2.4.2 商业模式演进与利益相关者实力

同样的交易结构，尽管在当时市场环境和利益相关者的实力对比、利益诉求的前提条件下是最优的，但随着环境发生变化，利益相关者通过交易结构产生的实力积累带来的利益诉求变化，有可能使得原有交易结构不再适应新的发展需要。这时就有必要对原有交易结构进行演进或革命性的重构。当然，动态地对交易结构进行设计，是另一个具有前瞻性的制度安排。

当资源能力禀赋支撑下的利益分歧还没有达到足以使交易结构解体时，商业模式更多体现出演进的特点。举例来说，携程的商业模式建立在酒店、机票等旅游资源预订的中介服务上，其中必要的一点就是收取酒店、机票的佣金。随着其市场能力越来越强大，携程在与酒店等的谈判过程中越来越强势，砍价能力越来越强，其酒店合作伙伴由此产生了分化：一些酒店仍然选择与携程合作，另一些则绕过携程发展自己的会员系统，还有一些则从一开始就把重点放在自己的会员系统上。酒店合作伙伴的分化并不会对携程的商业模式产生颠覆性的变革，但会对携程商业模式的演进产生一定的影响。

当资源能力禀赋支撑下的利益分歧强大到足以使交易结构解体的时候，商业模式将很有可能进行彻底的重构。举例来说，IBM 推出的开放性 IBM PC 兼容架构采取了英特尔的芯片、微软的操作系统和其他供应商的元器件，取得了巨大的市场成功。然而，IBM这个交易结构在成就自己的同时，也培育了英特尔、微软和康柏等竞争对手。当英特尔和微软成为Wintel联盟的两大主宰，而康柏先于IBM推出386桌上型个人电脑时，IBM终于意识到事情的严重性。然而，形势已不可逆转，最终IBM的PC（个人电脑）部门被卖给了联想。

因此，以具备独立利益诉求和资源能力禀赋的利益相关者作为商业模式分析的核心，我们能够全面、动态地分析商业模式运行的逻辑，预测商业模式运行的前景。这为商业模式的动态演进和重构提供了可行的理论分析工具。

2.4.3 商业模式演进与商业生态进化

如果将视野放得更宽，现代企业之间的竞争已经不再是个体之间的竞争，而是商业生态和模式效率的竞争。处于一个落后生态企业群体中的领先企业，仍有被新的商业生态和更有效率的模式淘汰的可能。因此，每个主体在追求价值增值最大化的过程中，如果仅仅从自身出发而对其他交易者漠不关心，有可能出现囚徒困境的情况。交易主体若只从自身出发，其状态改变只能依赖于单方面的行动，无法通过集体的设计或策略实现更优的均衡，只能解决企业在既定环境下如何采取行动以增进自身利益的问题。然而，现实的商业环境是动态变化的，每个主体的策略改变均会带来其他主体的相应改变。这时就需要从共生体整体视角进行协调，形成某种交易结构和规则机制，从而最大化生态系统的价值增值。

小 结

商业模式研究的交易是交易各方形成的、能够长期持续的、相对稳定的交易形态，即交易结构。与之相关的基本概念包括利益主体、利益相关者、焦点企业、活动、能力、资源、效率、角色与颗粒度等。交易结构可以用交易价值、交易成本和交易风险来衡量。一个好的商业模式能为焦点企业及其利益相关者创造最大的价值增值。而焦点企业在不同的市场需求和交易结构的背景下，寻求价值增值最大化的路径和策略选择是不同的，并且会驱动不同的商业模式的动态演进。

关键术语

交易结构；利益主体；利益相关者；焦点企业；活动；能力；资源；效率；角色；颗粒度；交易价值；交易成本；交易风险

讨论案例

永辉超市创办于2001年，生鲜经营是其最大的特色：永辉各门店的生鲜经营面积达到40%以上，生鲜品种一应俱全，生鲜销售额占总销售额50%以上。永辉在生鲜领域的成功有几个秘诀。

由于生鲜产品难以标准化、经营损耗大，国内许多大超市不敢直接经营生鲜产品，主要依靠批发商供货或与生产商联营。永辉坚持所有生鲜产品直营，在全国建立20多个采购基地，现款直接采购。这种对传统交易结构的改造，使永辉兼具了质量和成本方面的竞争优势，也增进了与农户之间的信任关系。比如水果采购，永辉常常包下整个果园，自己进行水果的分级采摘。针对生鲜保质期短、损耗大的特点，永辉要求随时理货、补货，集中管理和陈列。与许多超市高达20%的损耗率相比，永辉生鲜产品的损耗率最低可控制在3%左右。为了实现新鲜低耗，永辉采取密集布点、频繁配货的策略，一天的配送频率可以多达3次。这些策略保证了产品的新鲜、高品质，再加上专业的商品陈列、气氛营造，永辉让渡给客户的价值比较高。

员工流动率高是超市业的一大顽疾。永辉经营生鲜，需要一个高效率、专业化的执行团队，然而一线员工干着最脏、最累的活，却拿着最低的薪水，缺乏积极性和干劲，这样根本无法实现快速周转、降低损耗、服务顾客等一系列目标。针对这种情况，永辉超市设计了一套针对员工的"合伙人制"。

第一，增量利润的再分配。总部与经营单位根据历史数据和销售预测设定业绩目标。如果实际经营业绩超出目标，则增量利润按比例在总部和合伙人之间进行分配。经营单位一般以门店或柜组为单位。分红机制让每一位基层员工的收入与品类或部门、科目、柜台等的收入挂钩。如果设定利润或毛利分成目标，员工就会尽量避免浪费、降低损耗。

第二，公司给经营单位下放更多权力，人员招聘、解雇都是由经营单位所有成员决定的。这样避免了忙闲不均，极大地降低了管理成本，员工流失率显著降低。在定价方面永辉也赋予一线员工很大的自主权。生鲜价格一日数变，能够快速响应多变的市场状况，避免浪费，获得更大的收益。

第三，在生鲜领域十分重要的买手，是超市在供应链底端的代理人。他们具备丰富的生鲜知识和经验，熟悉菜品特征和产地情况，容易被其他企业"挖墙脚"。永辉对这些专业买手给予股权激励，向买手们发放股权，借此将他们稳定在企业内，保证买手团队的稳定。

讨论题

- 永辉超市的商业模式是如何实现更大的交易价值的？
- 永辉超市如何把企业员工转变为参与交易的利益相关者？
- 生鲜领域的交易成本有哪些？永辉超市的交易结构是如何降低其交易成本的？

第 3 章

商业模式六要素模型

学习目标

- 理解和掌握商业模式设计的影响参数
- 熟练掌握商业模式六要素模型
- 熟悉商业模式六要素之间的关系
- 能够绘制商业模式系统图

导入案例

某技术公司拥有一项生态肥技术。化肥厂如果应用这项技术，每吨肥料成本可以降低500元，毛利率可达30%。应用这样一项非常有竞争力的技术，是否就能够获得良好的经济效益呢？这还要看它的商业模式。对这项技术至少有两类商业模式可以应用。

第一类，以这项技术为核心，建立工厂，形成产能，销售化肥。这是一种最常见的商业模式。这种商业模式涉及融资设计，以及与化肥产业链条上各利益主体，包括经销商、农户等的交易结构设计。采用这种商业模式，企业能够获得行业平均效率。

第二类，用这项技术与化肥厂合作。采用这类商业模式，交换的资源能力是相对确定的，利益主体也是确定的，至少有三种不同的交易方式可以采用。第一种方式：将技术卖给化肥厂。医药企业经常采用这种方式，将研究成果作为产品卖给厂家。采用这种交易方式，企业可以一次性获得收益，技术公司和化肥厂是一次性交易。第二种方式：授权使用，收取知识产权使用费。这相当于把技术研发、生产、销售等业务环节加以切割，其中化肥厂负责生产、销售等业务活动环节，而技术公司通过研发控制全局，获得长期收入，技术公司在现金流结构上属于多期收入。第三种方式：把技术封装后，将作为核心配方的物料交给化肥厂生产。化肥厂必须使用技术公司的品牌，并通过已有的渠道销售，技术公司可以把利润的大部分（如70%）分给化肥厂。这种交易方式将业务环节切割为技术研发、配方封装、生产、销售，将资源能力切割为品牌、资金、产能、销售能力等。技术公司负责技术研发、配方封装等业务环节，拥有品牌的资源能力。显然，第三种方式是可口可乐的做法。可口可乐将浓缩液生产出来后，在全世界选择合作伙伴。合作伙伴按照可口可乐的统一品牌和系统进行销售。浓缩液生产厂和瓶装厂是两家公司。

以上几种商业模式的差异体现在业务系统的构型、现金流结构、收支方式等参数上。改变交易结构中的这些参数，就会形成形形色色的商业模式。

3.1 商业模式设计参数

企业要进行商业模式创新，就要对交易结构进行设计，回答一项资源能力在多个利益主体之间应如何交易的问题。一般来说，交易可以通过12个参数来描述：交易主体、交易内容、资源、交易方式、构型、角色、能力、关系、收支方式、收支来源、现金流结构、价格。

这12个参数构成一笔交易的基本要素。参数的变化会形成丰富的交易组合，最终交易各方实现的价值增值是不同的。

尽管一些参数（如价格）在战略管理中也会出现，但它们在商业模式设计中的应用和在战略管理领域中的应用既有区别也有联系。

（1）交易主体

在战略管理中，交易主体是焦点企业自身，虽然也考虑客户、员工、供应商、服务商、竞争对手等交易主体，但战略管理的参与方是既定的。战略管理是从既定的企业个体的角度出发，在由包含其他各交易主体的内外部环境中寻找最佳战略适配的过程。而商业模式中的交易主体，则是站在整个交易结构的角度来定义的。在该定义下，交易主体可以被分拆、配置和重组。对交易主体的创造性定义，是商业模式设计的重要特点。

（2）交易内容

在战略管理中，交易内容往往是既定的。企业在做战略决策时，选择了产品和顾客，也就选择了交易内容。战略的作用主要在于确定所选择的业务（产品和顾客）和业务所处的市场。交易内容虽然不是交易结构的必需部分，却是可以影响交易结构设计的重要变量。正如本章导入案例中提到的，同一种生态肥技术，可以拆分成不同的交易内容，由此决定了不同的交易结构和交易效率。实际上，战略和商业模式也是可以互相影响的。此外，同样的交易内容可以通过不一样的交易结构来实现；同一个交易结构也可以产生不一样的交易内容。

（3）定价

在战略管理中，定价往往指反映市场定位的价格，即企业的目标市场和市场定位，以及差异化价值带来的溢价水平，反映的是价格的高低。而在商业模式中，定价更多被视为一种交易结构的安排，包括定向（收支来源）、定性（收支方式）、定时（现金流结构）和定量（价格）。前三个参数影响交易的效率和价值创造。

在商业模式视角下，这些参数都是可以调节和设计的变量。而在战略管理领域，这些参数的确定是决策的前提，是在既定的交易结构下，对价值创造的追求和提升。

3.2 交易参数的定义

每个既定的利益主体都具备一定的初始资源能力，并以不同的形式体现为交易对象的不同属性。如果把任何一个活动切分为输入、处理和输出三个环节，则资源作为交易对象或者交易对象的某个属性，一般处于活动的输入、输出环节。能力则是一个衡量活动处理过程效率和效果的指标。对活动的不同切割，对活动的输入、处理、输出的不同产权（权利）配置，就形成了各种商业模式。

3.2.1 交易主体、交易内容和资源

交易主体是参与交易的利益相关者。从较粗的颗粒度视角，可以将焦点企业作为一个利益主体考虑。从更细的颗粒度视角，焦点企业内部还存在多个有交易关系的利益主体，可以分别讨论。

资源可以是活动的基础（厂房、设备、技术、资金、人力资源等）和投入（原料、半成品、数据等），也可以是活动的输出（产品、服务等）。用于交易的资源被称为交易内容。交易内容可以分为四类：第一类是产品或服务；第二类是生产要素，如设备、厂房等；第三类是经营资源，包括客户、数据、品牌、资质、渠道；第四类是经营能力，包括规划设计能力、营销能力、风控能力等。常见的交易内容有原料、半成品、

产品、服务、信息等。除了产品和服务，交易内容的另外三个层面（即生产要素、经营要素、金融）也同样可以出现在交易中，并成为交易内容。交易内容在财务上体现为产品或服务的直接成本。

3.2.2 角色和能力

角色是拥有资源能力的利益主体在交易结构中承担的功能，是从事一个或多个活动的主体。能力可以用角色的产出规模和投入产出效率衡量。角色是交易结构设计中的重要参数，角色的设计可以重构业务活动，决定价值空间，激发利益主体在交易中的动力。因此，确定角色是商业模式设计的重要基础工作。关于角色的相关内容在第2章中有详细阐述。

3.2.3 交易方式

交易方式也就是交易的满足方式。传统的管理理论强调分析利益相关者是谁、它的需求是什么、用什么产品或服务来满足需求等，但对满足需求的方式则考虑不多。但事实上，同样的利益相关者、同样的需求，采取不同的满足方式，会带来不同的价值增值。

举例来看，某大型设备整机制造厂商需要与关键大部件厂商协作进行供应链配套生产，因为运输费用较高，传统的交易方式是整机厂选址建厂后，大部件厂商靠近整机厂商建厂，方便配套制造。但大部件厂商担心一旦投入固定资产，整机厂商就会压低采购价，而如果同时服务其他整机厂，建厂选择在多个整机厂的中间位置，物流成本又比较高。这个典型的决策场景考虑了利益相关者、需求、满足需求的产品或服务，但没有考虑满足需求的方式，因此效果并不好。

从交易结构角度解决这个问题，可以对交易方式进行重新设计，不仅可以考虑满足需求的产品和服务，而且可以考虑满足需求的方式，即提供大部件供应能力的方式，从而更好地解决这个问题。具体来说，转换满足需求的方式可以这样操作：把大部件厂所需的资源能力中的厂房资源配置给整机厂，整机厂负责厂房建设，然后将厂房租赁给大部件厂商使用；将设备、管理团队、运营资金、技术等其他资源配置给大部件厂商，大部件厂商租赁厂房，负责运营。如果交易条件不好，大部件厂商随时可以撤走,撤走时只需带走设备和管理团队,而不用担心被整机厂压价。对整机厂来说,这种方式一方面保障了长期稳定的合作;另一方面即使一家大部件厂商终止合作,更换大部件厂商也更容易。通过资源能力的切割和重新配置,设计出一种新的交易方式,可使交易成本大幅下降,实现价值增值。

3.2.4 构型

构型指利益相关者因交易而形成的网络拓扑结构或联结方式。不同的交易方式,体现为不同的构型,交易构型的差异会对共生体内各个主体在交易中的价值增值与价值获取造成不同的影响。常见的构型包括双边平台、单边平台、软(纵向或横向)一体化、硬(纵向或横向)一体化等。

双边平台一般联结着两类利益相关者,平台企业承担汇集信息、制定交易规则、促进交易等功能,如淘宝、Facebook、iTunes等都属于双边平台。双边平台在构型上体现为两边多对多、中间汇集的交易方式。图3-1是Google业务最开始的基本构型。一边是规模庞大的互联网用户,用户提出搜索请求,Google通过网页搜索,反馈相关网页。另一边是广告主提交广告申请,并按点击量支付广告费。Google在搜索页面的右侧显示与用户搜索内容相关的广告。这种构型降低了广告主和用户之间的搜寻成本。

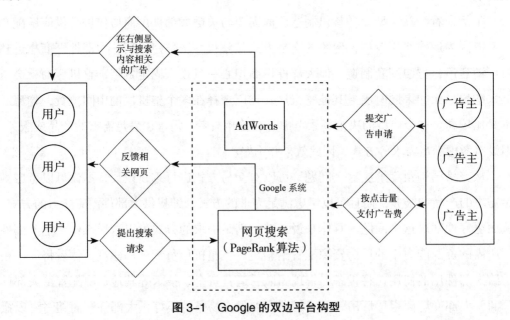

图 3-1 Google 的双边平台构型

单边平台指把每个具备单独要素能力的环节或多个环节的组合（以达到范围经济边界为限）转换为以各环节为中心的业务自主体（以达到规模经济边界为限），并搭配具备互补资源能力组合的平台。平台和业务自主体的总和，被称为单边平台商业模式。从构型来看，单边平台是一对多、平台与自主体之间标准的交易方式。

案例 3-1 ［洗衣店的单边平台构型］

传统的洗衣店一般采取"直营＋连锁加盟"模式。各个分店采购设备，收取客户衣物并在店内洗涤。这种模式对分店的要求比较高，会遇到以下瓶颈：第一，产能利用率不足。每个分店的面积基本为一两百平方米，除一些开在多个小区结合点的分店之外，大部分分店很难充分利用产能。第二，优秀店长匮乏。分店需要处理从收取、洗涤、配送到分发等多项服务，需要多个工作人员，对店长的要求比较高，使得优秀店长的供给成为很大的瓶颈。第三，优秀店铺稀缺，租金高昂。近年来，由于零售终端竞争激烈，小区附近良好地段的店铺租金急剧上涨。第四，存在劳动力成本上涨、现金流无法集中、环保问题等瓶颈。

因此，"直营＋连锁加盟"模式表面上看是一对多，但界面比较简单，总部与分店之间的联系较为薄弱，存在"总部弱、分店强"，总部掌控能力不足的瓶颈。实践证明，在小区采取"直营＋连锁加盟"模式的洗衣店成长都比较困难。

有一家公司，按照单边平台的构型设计，对洗衣店的业务活动环节进行了切割，开创了一种新的商业模式——"非常4+1"。这家公司把洗衣店的业务活动切割为收取衣物、洗涤衣物、集中派发衣物、分散派发衣物4个环节，把收取衣物和分散派发衣物配置给小区分店（收衣店），而把洗涤衣物配置给集中的洗涤中心，集中派发衣物是洗涤中心与收衣店的交易界面。每天下午，洗涤中心的物流车按顺序前往4个收衣店，派发前一天洗涤好的衣物，收取下一天要洗涤的衣物。这就基本解决了上述问题。

第一，1个洗涤中心配备4个收衣店，产能匹配。第二，洗涤中心投资，运营家庭化，降低了对店长的要求。去掉收衣环节的洗涤中心，管理更为集中和专注，效率更高。第三，收衣店不需要太大面积，投资选址门槛降低。收衣店只需10平方米就可以开工，一些退休老人或者赋闲在家的家庭主妇就可胜任。第四，收衣店可招本地普通员工，招工难度和用工成本降低。第五，联网卡可实现现金流集中。第六，可复制性强。

> 采取这种"非常4+1"模式之后，该公司在一年多的时间里开了300多家洗涤中心，发展迅猛，而且模式还在持续升级，价值增值有了较大的提升。

3.2.5 关系

根据交易主体之间的关系，交易可以分为业务交易关系和治理交易关系。关于业务交易和治理交易的具体定义参见第2章。在交易结构设计中，交易关系是重要的参数，对交易效率至关重要。治理交易与业务交易的有效配合可以实现交易双方的价值增值最大化。治理交易和业务交易有各自的适用情况，如果使用错位就会出现"搭便车""道德风险""利益错位""激励方向与公司战略不匹配"等问题。交易主体之间的控制权并不是单纯由治理交易关系决定的，通过业务交易也可以实现控制。而治理交易关系中的剩余控制权和剩余收益权也是可以灵活设计的。控制权和收益权不一定是统一的，也可以是分离的，例如优先股只拥有收益权没有控制权。权力配置的核心原理是：贡献的性质决定收益的性质。如果在特定资源能力作用规模范围之内，投入量大小不影响产出（即固定贡献），则应配置固定收益；反之，如果特定资源能力的投入量大，产量高，是可变贡献，则应该相应地获得剩余收益。这个核心原理在不同情况下有不同的表现形式，对交易结构的设计配置也不同，下面列举其中四种。

第一，一般来说股权对应剩余收益，因此只有当利益主体的贡献是可变贡献时才采取股权的方式。如果业务交易存在较高的交易成本，有些贡献虽然是固定贡献，但可以大幅降低交易成本，也可以配置为股权。比如特色小镇的开发要使用村民的宅基地，虽然土地是固定贡献，但为了降低与村民的交易成本，股权配置也是合理的。

第二，股权激励的方式与角色贡献一样，可以是多元的。有些收益与投入的资本挂钩，可以长期持有；而有些收益与人的工作贡献挂钩，人离开就无法继续获得。

第三，控制权与剩余收益索取权不一定一一对应，同股未必同权。某些家族企业继承人拥有控制权上的一票否决权，但绝大部分分红则被分给管理团队和公众股东。

第四，收益不一定按出资比例分配，可以按不同维度的贡献衡量，如按供应量分配的生产者合作社，按销售量、使用量、融资额分配的消费者合作社等。

3.2.6 收支来源

收支来源一方面可以指企业的收入、成本来自哪些资源能力，另一方面可以指来自哪些利益主体。在某些情况下，收入可以转化为成本，成本也可以转化为收入，这都是交易方式创新的思路。收支来源设计是交易结构设计的要素之一。

传统的人力资源管理活动由人力资源部门完成，企业要向员工支付薪酬、保险、奖金等。如果转换交易方式，则有可能使员工变成收入的环节。比如针对连锁加盟商，企业总部可以为加盟商培训员工，并收取一定的培训费。

3.2.7 收支方式

收支方式与定价方式有很多种分类，比如可以按收益性质分为固定收益、剩余收益、分成收益，也可以按计价形式分为进场费、过路费、停车费、油费、分享费等，还可以按组合方式分为产品组合计价、消费群体组合计价（包括团购、拼团等）、时间组合计价、顾客定价、拍卖等。不同的收支方式和定价方式，其实质是不同交易结构的制度安排，会带来不一样的交易价值。

3.2.8 现金流结构

同一笔收益，在不同时间段的收入或者支出，将体现为不同的现金流结构。现金流结构存在很大的设计空间。我们也可以根据现金流状况，设计企业的金融方案。一个初始投资金额很大的业务，回收期又比较长，可以通过商业模式设计，将大额的初始投资以长期固定收益形式引入新的投资者或金融方案，而业务的日常运营以支付固定租金的方式开展。这样能很好地调整现金流结构。

3.2.9 价格

价格是双方通过交易创造的价值增值的分割依据，由供求决定。

3.3 商业模式六要素模型

对交易设计参数的不同设定，会形成形态各异的商业模式和战略。而一种商业模式的构成，可以通过六个要素来定义和描述。这六个要素形成了一个概念清晰完整而有别于其他管理学科的体系，并且涵盖了商业模式设计参数的选择结果，具体包括定位、业务系统、关键资源能力、盈利模式、现金流结构和企业价值。这六个要素相辅相成，相互影响。业务系统强调整个交易结构的构型、角色和关系；定位强调满足利益相关者需求的方式，也就是交易方式；盈利模式强调收支来源和收支方式及相应的结构，从而也包括了价格；关键资源能力强调支撑交易结构的重要资源能力；现金流结构强调在时间序列上按利益相关者划分的现金流的结构比例关系和分布形态。这五个要素都可以看作业务系统在不同侧面的映射或反映。最后的企业价值是商业模式构建和创新的目标与最终实现的结果。商业模式六要素模型一方面全面涉及交易主体、交易方式和交易定价等交易相关参数，并紧紧围绕"利益相关者的交易结构"这个概念内涵；另一方面并没有涉及战略、组织、营销、运营、财务等其他学科的要素，是一个完整的、统一的商业模式体系。商业模式六要素模型如图 3-2 所示。

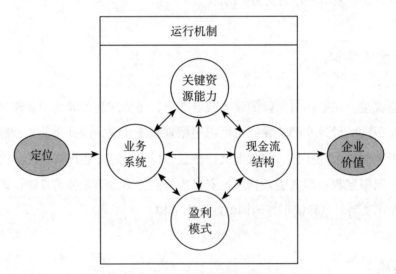

图 3-2　商业模式六要素模型

3.3.1 定位

一家企业想要在市场上获得胜利，首先必须明确自身的定位。定位是企业满足利益相关者需求的方式。其中的利益相关者，实质是广义的客户，包括内部客户（如员工）、外部客户（如供应商、消费者、服务提供商）、直接客户、间接客户等，以及类内部客户（如特许经营门店、外包服务、外协加工等）。

在定位的定义中，关键词既不是利益相关者，也不是需求，而是需求满足的方式。比如，同样是满足消费者喝豆浆的需求，可以开连锁店卖豆浆，可以卖豆浆机让消费者自己操作，也可以开社区体验店现磨现卖等，这就是定位的差异。定位决定了企业应该提供什么特征的产品和服务来实现客户价值。定位是企业战略选择的结果，也是商业模式体系中其他部分的起点。

企业选择怎样的方式与某类利益相关者交易，影响因素是与该类利益相关者的交易价值与交易成本。交易成本由三部分组成：搜寻成本、讨价还价成本和执行成本。好的定位能够降低其中的某一项或某几项交易成本。例如，连锁模式增加了与客户的触点，降低了客户的搜寻成本；中介模式为交易两边的客户缩小了谈判对象的规模，降低了讨价还价成本；网上支付突破了银行时间、地点的限制，为客户降低了执行成本；整体解决方案模式为客户减少了交易商的数量，同时降低了搜寻成本、讨价还价成本和执行成本。

3.3.2 业务系统

业务系统指交易结构中的构型、角色和关系，包括企业需要从事的业务活动环节、各利益相关者扮演的角色，以及利益相关者的业务交易关系和治理交易关系。业务系统的构造可以从行业价值链、企业内部价值链及内外部利益相关者的角色等层面来理解。这三方面的不同配置会影响整个业务系统的价值增值能力。

业务系统是商业模式的核心。高效运营的业务系统不仅是赢得企业竞争优势的必要条件，同时也有可能成为企业竞争优势本身。一个高效的业务系统能够根据企业定位识别相关的活动并将其整合为一个系统，然后根据企业的资源能力分配利益相关者的角色，确定与企业相关价值链活动的关系和结构。围绕企业定位建立的这样一个内外部利益相关者相互合作的业务系统，将形成一张价值网络，该价值网络明确了客户、供应商和其他合作伙伴在影响企业通过商业模式而获得价值的过程中所扮演的角色。

3.3.3 关键资源能力

业务系统决定了企业的业务活动，而要完成这些业务活动，企业必须掌握和使用一整套复杂的有形资产与无形资产、技术与能力，即关键资源能力。关键资源能力是支撑交易结构背后的重要资源能力。构建任何一种商业模式的重要工作之一就是明确企业商业模式有效运作所需的资源能力，以及如何才能获取和建立这些资源能力。

不同的商业模式要求企业具备不同的关键资源能力，同类商业模式的业绩差异主要源于关键资源能力水平的不同。对商业模式的关键资源能力的理解需要强调两点：第一，关键资源能力是相对于商业模式而言的，只要它们的商业模式相同，不同行业的企业就可能需要具备同样的资源能力组合；第二，概念中重点强调要使交易结构成立，企业"必须"具备的资源能力，是一个先验的判定而不是事后的判断。在建立或设计一家企业的商业模式之前，可以先判断它需要具备的资源能力，然后去寻找具备这些资源能力的利益相关者，谋求合作，从而形成整个交易结构。

3.3.4 盈利模式

盈利模式包括盈利的来源（收支来源）和计价方式（收支方式），指企业如何获得收入、分配成本、赚取利润。盈利模式是在给定业务系统中各业务活动所有权和业务活动结构已确定的前提下，企业利益相关者之间利益分配格局中企业利益的表现。良好的盈利模式不仅能为企业带来收益，更能为企业编织一张稳定共赢的价值网。客户怎样支付、支付多少，创造的价值应当在企业、客户、供应商、合作伙伴之间如何分配，是企业盈利模式所要回答的问题。

同样一个产品，盈利来源可以有很多种：直接让渡产品所有权、卖掉产品，这是传统的销售；只让渡产品使用权，企业仍然保有所有权，出租产品，收取租金，这是租赁；销售产品生产出来的产品；作为投资工具，例如将产品的金融衍生品卖给固定收益基金，企业得到流动资金，基金公司获得一个有固定收益的证券化资产包等。

计价方式也有很多种，例如，销售时以销售台数计价；租赁时以时间计价；投资时把整个收益分为固定和剩余两部分，以价值计价。盈利来源不同，计价方式也会有所不同。

3.3.5 现金流结构

现金流结构指利益相关者划分的企业现金流入和现金流出的结构，以及相应的现金流在时间序列上的分布形态。现金流结构是企业经营过程中产生的现金收入扣除现金支出后的状况，其贴现值反映了采用特定商业模式的企业的投资价值。不同的现金流结构反映了企业在定位、业务系统、关键资源能力及盈利模式等方面的差异，体现了企业商业模式的不同特征，并影响了企业成长的快慢。好的现金流结构，能够实现早期投入较少、后期获得持续稳定的较高回报。

相同盈利模式可以对应不同的现金流结构。比如同样是为手机卡充值，可预存话费，也可月结。前者首先使用的是用户的资金，运营商提前获得充沛的现金流投入用户服务；后者则是先服务后收费，运营商需要先将自己的现金流投入运营服务。在客户初期投入较大的情况下，借助金融工具、分期付款或融资租赁，可以降低客户一次性购买门槛，这无疑会吸引更多的客户；在客户每次投入不大又重复消费的情况下，预收款同时配以高质量的服务，能够在保持甚至提高客户满意度的同时缓解企业的现金流压力。

3.3.6 企业价值

企业价值是商业模式的落脚点。评判商业模式优劣的最终标准就是企业价值的高低，对于上市公司而言，则直接表现为股票市值。对商业模式的评价，也可以用焦点企业的关键资源能力的效率来衡量。

商业模式六要素模型无论是对传统行业还是对现代信息技术下的新兴行业都适用。这六个要素互相作用、互相决定。相同的企业定位可以通过不同的业务系统得以实现；相同的业务系统也可以有不同的关键资源能力、不同的盈利模式和不同的现金流结构。商业模式的构成要素中只要有一个要素不同，就意味着商业模式是不同的。一般来说，某一个要素的变化会带来其他要素的变化。一个能对企业各个利益相关者有贡献的商业模式，要求企业在六要素模型框架的指引下，反复推敲、实验、调整和实践而产生。

3.4 商业模式画布图例

3.4.1 业务系统图

为了让读者更深刻地理解企业的商业模式,也为了方便行文表述,并为商业模式的分析和设计提供一套可视化的工具,本书采用统一的图例系统展示企业的业务系统,详见图 3-3。

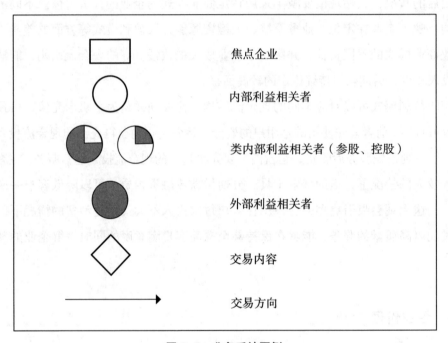

图 3-3 业务系统图例

采用图例系统之后的业务系统和商业模式更直接且容易理解,本书将采用这套图例系统阐述业务系统。关于这套符号系统的具体应用可以参看本章图 3-1。

3.4.2 六要素商业模式画布

完整的商业模式可以用魏朱六要素商业模式画布一或二(见图 3-4 和图 3-5)描述。图 3-6 是一个示例。

业务系统图		
角色	内部利益相关者、外部利益相关者	
企业背景资料	商业模式定位	盈利模式
基本情况： 企业生命周期阶段： 公司战略定位： 公司营销定位： 公司业务收支结构： 组织结构（可以单独作为一页）	满足客户需求的方式： 1. 产品／服务／解决方案／赚钱工具 2. 产权的切割重配 3. 交易过程 4. 满足客户需求方式的价值主张 关键资源能力 关键资源： 已具备资源：　　分数（0～10分） 关键能力： 已具备能力：　　分数（0～10分）	收支来源（可以分别按照利益主体、资源能力、业务三类划分）及结构 收入： 成本： 盈利来源： 收支方式及结构： 现金流结构 企业价值 企业估值：

图 3-4　魏朱六要素商业模式画布一

企业背景资料	商业模式定位	业务系统图	盈利模式
基本情况 1. 成立时间： 2. 主营业务： 3. 主要产品： 4. 营收规模： 5. 员工人数： **企业生命周期阶段** 起念/成长/扩张/稳定/衰退 **公司战略定位** 1. 顾客需求： 2. 产品价值主张： 3. 顾客价值感受： **公司营销定位** 1. 顾客需求： 2. 产品： 3. 顾客价值感受： **公司业务收支结构** 1. 收入结构： 2. 成本结构： **组织结构：** 可以单独作为一页	**满足客户需求的方式** 1. 产品/服务/解决方案/赚钱工具： 2. 产权的切割重配： 3. 交易过程： 4. 满足客户需求方式的价值主张： **角色** 内部利益相关者 1. 2. 3. 外部利益相关者 1. 2. 3. 类内部利益相关者 1. 2. 3. **关键资源能力** 关键资源： 1. 4. 2. 5. 3. 6. 关键能力： 1. 4. 2. 5. 3. 6.	**业务系统构形** □ 焦点企业 ○ 内部利益相关者 ◐ 类内部利益相关者（参股、控股） ● 外部利益相关者 ◇ 交易内容 → 交易方向 **已具备资源：** 1. 4. 2. 5. 3. 6. **已具备能力：** 1. 4. 2. 5. 3. 6.	**收支来源及结构** 1. 收入或支出来自或支付给哪些利益相关者，收支结构： 2. 盈利来自哪些资源能力： **收支方式及结构** 1. 固定、剩余、分成 2. 进场费、过路费、停车费、油费、分享费 3. 拍卖 4. 顾客定价 5. 组合计价 **现金流结构** 1. 初期现金流出量 2. 产生正现金流阶段 3. 现金流入状态描述 4. 常见金融结构（融资方式）描述 **企业价值** 关键绩效指标：人均利润/销售额、资产回报率、未来三年营业额、利润增长率等 | 指标名称	指标值
---	---
		  企业估值 公开市场估值/私募融资估值/自我估值

图 3-5 魏朱六要素商业模式画布二

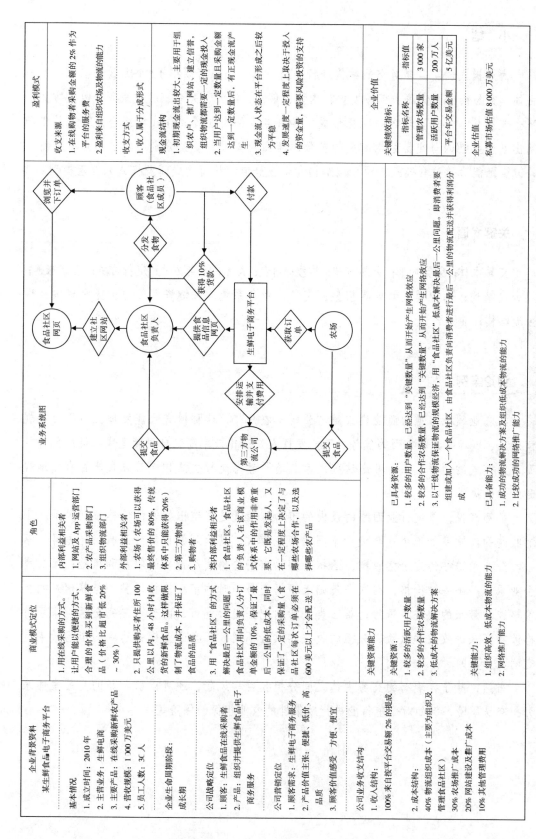

图 3-6 美国生鲜电商网站 Famigo 的商业模式

小 结

商业模式创新需要对交易结构进行重新设计,交易可以用12个参数来描述:交易主体、交易内容、资源、交易方式、构型、角色、能力、关系、收支来源、收支方式、现金流结构、价格。参数的变化形成了各种丰富的商业模式和战略组合,可以从中归纳出6个显性的与交易结构有关的参数,即商业模式六要素分别为定位、业务系统、关键资源能力、盈利模式、现金流结构和企业价值,从而构成商业模式六要素模型。

关键术语

交易主体;交易内容;交易方式;构型;角色;关系;收支方式;定价方式;收支来源;现金流结构;商业模式六要素模型;定位;业务系统;关键资源能力;盈利模式;现金流结构;企业价值

讨论案例

在农业领域常见的商业模式是"公司+农户",这种模式既能发挥公司平台在规模效应、市场能力等方面的优势,又能发挥农户工作效率高、自我管理成本低的优势。而商业模式的选择,除了考虑这些因素,还要考虑交易主体和交易方式能否有效地规避经营风险。

举例来说,养殖行业面临的最大的市场风险就是养殖出栏时的价格波动风险。下游收购的肉制品加工企业会设计不同的商业模式,其达到的市场效果有明显差异。第一类企业承诺按约定价格收购,承担全部的市场价格波动带来的收益和风险;第二类企业承诺一个基础价格,在这个基础上根据交易当时的市场价格调整,与养殖户共担价格波动带来的收益和风险;第三类企业则完全随行就市,由养殖户完全承担市场价格波动带来的收益和风险。分担的收益和风险不同,三类商业模式达到的市场效果是有明显差异的。

当然,除了在现有的交易主体之间分担收益和风险,还可以引入新的交易主体来分担交易风险,例如对养殖行业进行政策性的农业担保、保险等。

讨论题

- 加工企业三种商业模式分别会吸引哪些农户?
- 三种商业模式的效果如何?为什么?
- 引入的新的交易主体是如何分担收益和风险的?

第 4 章

定 位

学习目标

- 掌握商业模式定位的概念及其与战略和营销定位的差异
- 理解商业模式定位的维度
- 掌握进行商业模式定位的方法

导入案例

WeWork 被称为联合办公空间的鼻祖，创立于 2010 年。它在全球 16 个国家五十多个城市做着"二房东"的生意，将整层租来的写字楼隔成小间零售出租，估值却比全球最大的"写字楼二房东"雷格斯（Regus）的股票市值还要高近百亿美元，而后者的出租面积是前者的十三倍多。WeWork 吸引的是自由职业者及初创小型团队这样的客户群。2010 年，经历了金融危机的美国，很多繁华地段的写字楼闲置，而大量失业并自主创业的白领和专业人士需要一个办公场所，因此 WeWork 模式在这种背景下被迅速复制到美国多个城市。

WeWork 的商业模式是"二房东+自由创业者社群"。所谓二房东就是"整批零租"，即按折扣价格租下整层写字楼并装修，间隔出开放的流动工位、专属工位、专属办公室三种空间，配置合理的功能性公共区域和一定的服务，包括 7×24 小时全天开放、免费 Wi-Fi 和限量免费打印、可租用的会议室及付费邮寄服务等。与传统写字楼分割商不同，WeWork 可以按天、月出租，租户甚至可以在 WeWork 的不同办公点间随意切换。

而自由创业者社群营造，则是建立会员企业的线上虚拟社区，鼓励外部机构或会员企业举办各种活动，包括会员的产品展示、商务合作、创业辅导、找投资等，WeWork 举办这些活动但并不收取佣金，其主要目的是用最低的成本维持场地的热租率。

WeWork 不是像雷格斯那种中规中矩的写字楼分割出租商。它主要针对的是律师、财务、会计等咨询服务业的合伙公司，或大公司的小型分公司和办事处。WeWork 的办公企业之间交集甚少，也不涉足专业孵化领域。它抓住的是大众创业者办公需要的独立空间，和单独创业过程中的互帮互助。其盈利模式非常单一———仅收取场地租金。2014 年，公司的营业收入达到 1.5 亿美元，营业利润率为 30%，租金约占总营业收入的 94%，企业受到投资人追捧。2017 至 2019 年，软银（SoftBank）分多次投资超过百亿美元给 WeWork 并成为其最大股东，企业估值一路抬高到 470 亿美元。

然而在 2016 年到 2018 年，WeWork 的营收虽然从 4.36 亿美元增长到 18.21 亿美元，但其净亏损也从 4.29 亿美元扩大到 19.27 亿美元。这一高增长高亏损模式倍受质疑。随着其 IPO 失败，企业估值迅速跌落至 28 亿美元，并与软银陷入了诉讼纠纷。

从 WeWork 的案例中，我们可以看到定位的价值所在。很多学科都会涉及定位的概念，对定位的定义各有不同。企业是否找到了能够带来持续利润增长的客户群？是否满足了客户最核心的需求？是以什么样的方式满足这种独特需求的？这种满足方式能否在合理的时间内实现盈利？以上问题都是从不同角度对定位的描述。如何从商业模式的角度定义和应用定位的概念？这是本章所要回答的问题。

4.1 定位的概念

4.1.1 战略与营销领域的定位

"定位"一词在管理学中由来已久，这个概念主要在战略和营销领域被应用。尽管在不同的学科领域定位的定义有所不同，但总体而言，战略和营销领域定位的含义，主要通过以下五方面的问题来描述：

企业的客户是谁，或者企业面向什么市场？

企业的客户需求是什么？

企业用什么产品或者服务去满足客户的需求？

企业产品或者服务的价值主张是什么？

在客户眼中，产品或服务给他带来了什么价值？

无论是在战略管理还是在营销管理的理论体系中，定位的概念都非常重要。对企业而言，战略的本质就是做出选择，没有选择就没有制定战略的必要。20 世纪 90 年代，波特教授曾经批评日本企业普遍缺乏战略，实际上他指的是日本企业过分关注运营效益的提升，尤其是在达到生产率边界后仍然忽视企业方向的选择，导致大量企业的战略趋同。所以，在战略体系中，定位就是企业选择做什么和不做什么，这个选择决定了企业发展的方向和路径。

相较而言，营销的定位则关注客户的需求和认知。其中，杰克·特劳特（Jack Trout）关于定位的概念深入人心。它强调利用社会消费心理的基本规律，塑造获得消费者心理认同的独特产品地位，利用消费者的观念构筑差异化的产品形象，从而使产品在目标受众的头脑中占据一席之地。而菲利普·科特勒（Philip Kotler）提出了著名的 STP 战略营销工具，也就是细分市场（Segmentation）、选择目标市场（Targeting），并进行独特的认知塑造，从而在目标消费者心目中占据特定位置（Positioning）的三部曲。这里的定位包括了如何刻画品牌在消费者心目中的独特价值主张，如何决定产品与服务的差异化特色，定价如何与品牌形象保持一致等。定位实际上是营销战略的核心内容之一。

营销定位的差异带来了丰富且有差异的客户选择，以满足客户不同的需求点。例如，饮料满足了客户解渴的基本需求，但在这个基本需求之上，不同的企业又提出了不同的价值主张，形成了不同的营销定位。比如王老吉提出降火，"怕上火，喝王老吉"；同样是可乐，百事可乐强调青春活力，与可口可乐的百年可乐历史针锋相对。同时，营销定位更加关注企业价值主张在客户认知上产生的实际效果，客户面对企业的价值主张，会形成自己对产品或者服务价值的判断。尽管很多洗发水都提出"去屑"的价值主张，但客户真正认可的去屑洗发水却为数不多，而客户的评价和印象才是企业在市场中的真正定位。因此，企业的价值主张定位未必会得到客户的认可，企业的价值主张和顾客的价值感受并不必然一致，而后者才是真实的市场定位。

4.1.2　商业模式定位

无论是战略的定位，还是营销的定位，都强调客户需求，以及设计满足客户需求的产品、服务和认知的细节，但忽略了与满足客户需求非常相关的一个维度：客户需求的满足方式——交易方式。比如，在炎炎夏日，客户想喝一杯冷冻的果汁饮料，这是一个确定的客户需求，而满足这个需求的方式却有很多种：企业建立连锁店销售冰冻果汁，客户购买直接获得最终产品；企业建立体验作坊，提供多种水果原料、配方和配套榨汁机器，客户现场学习，自己榨果汁；企业销售榨汁机，客户购买机器和水果，自己动手榨汁；企业销售速溶果汁粉，客户购买冰块，自己冲泡果汁并加冰……以上各种不同的满足需求的方式都可以在企业经营现实中找到例证，这说明同一个客户需求，满足需求的方式是非常多样的，而且从与客户的交易时效、交易效率、交易成本（难易程度）等方面来看，不同满足需求的方式的差别是很大的。从商业模式的角度来看，这种交易方式的差异和选择就是商业模式的定位问题。因此，商业模式定位的定义就是"满足利益相关者需求的方式"，与战略定位和营销定位有所不同。

商业模式定位与企业战略定位、营销定位之间，既相互影响，又存在巨大差异。

不同的商业模式定位，会对企业战略定位和营销定位产生影响。比如建立连锁店销售冷冻果汁的企业，可能会考虑把店面建在一线城市商圈，定位于商务人群（战略定位），强调环境的舒适、气氛的幽静（营销定位）；而如果是销售榨汁机器，则可能要考虑面向家庭主妇和年轻白领（战略定位），强调操作的简易性（营销定位）等。

营销定位的决策过程最具动态性，调整的灵活性也是最大的。同样的产品存在多种价值点，根据市场需求更换一个诉求重点，就有可能改变营销定位。例如同一款饮料，既可以根据配料成分定义为果汁加汽饮料，又可以根据目标人群定位为运动饮料。产品没有做太大的改动，短时间内就可以重新进行营销定位。相对营销定位而言，战略定位的决策更稳定。战略一旦调整，不管是开发新产品还是开拓新市场，都意味着企业经营方针的转变、组织结构的调整和资源投向的重新调配。

三者比较而言，商业模式定位是相对最稳定的。因为商业模式定位主要解决满足客户需求的方式的问题，而这个问题不仅涉及企业的决策，更涉及企业与利益相关者形成的交易结构和相应的业务活动构成的价值网络的调整，可谓牵一发而动全身。同时，商业生态系统由于存在规模效应、学习曲线等，具有较强的路径依赖，绝不是单个企业可以决策和调整的。因此，商业模式及其所在的商业生态系统一旦确定，在中短期内很难改变。

因为商业模式定位的决策和实施周期最长，涉及调整的范围最大，甚至超出企业边界，而且一旦形成最为稳定，所以企业应该先进行商业模式定位，再确定战略定位和营销定位，这样的决策成本和执行成本是最低的。在企业实践中，无论是否有意识地进行了商业模式定位工作，客观上每个企业都会选择自己的商业模式定位。因此，有意识地从企业所处的商业生态系统的角度，优先确定商业模式定位，对企业的发展大有裨益。

无论是商业模式定位、战略定位还是营销定位，都有各自的价值主张。对客户而言，价值主张指企业期望带给客户的价值感受。企业的价值主张可以来自商业模式定位、战略定位、营销定位三者中的任何一个。三种价值主张中，战略定位着眼于客户和产品，营销定位着眼于客户细分的需求，商业模式则着眼于满足客户需求的方式。

4.2 商业模式定位的维度

对商业模式定位而言，满足方式决定价值主张，而价值主张构成交易价值、交易成本和交易风险的具体内涵。如何设计交易结构，使价值主张得以实现，是商业模式定位要考虑的核心问题。商业模式定位可以从以下几个维度来思考和设计。

4.2.1 产权转移

产权的切割、重组是确定商业模式定位的一个重要途径。产权是所有者对资产的一束权利，作为一束权利，产权可以被纵向、横向切割成很多份权利，并把其中的几份权利组合在一起配置给某一个利益相关者，把另外的几份权利组合在一起配置给另一个利益相关者。不同的产权分配会产生不同的价值，这种组合的多样性就构成了缤纷多样的商业模式定位。产权分割的机理在于：同一权利配置给不同的利益相关者所产生的交易价值和交易成本是不同的。某些利益相关者能够把某项权利的优势发挥到最大，产生最大的交易价值；某些利益相关者对某项权利的评价最高，配置给他能使交易成本最小。产权的分割和重新组合配置都要耗费一定的交易成本，只有从中产生的交易价值超过分割重组的交易成本，这种新的产权配置才是有价值的。最合理的权利束配置是使交易价值和交易成本的差值（价值空间）最大——尽管这意味着在某些情况下，可能要把某些权利配置给只能发挥次大优势的利益相关者。传统的产品销售模式，是一次性全部转移产品的使用权、收益权和转让权；而创新商业模式则会将产权分割，把每项权利分配给能够创造更大交易价值或者降低交易成本的利益相关者，从而实现商业模式价值最大化。

案例 4-1 ［米其林轮胎］

> 米其林集团是世界轮胎制造业的领导者，占据全球市场份额的20.1%。其总部设在法国，并在超过170个国家设立了销售与市场分支机构，在9个国家设立了75家工厂，每年生产轮胎1.94亿条。在大型运输行业，轮胎约占运输整体成本的6%，如果不能及时发现轮胎存在的问题并加以维护，轮胎的寿命和节油效果就会大打折扣，严重时还会影响车辆的正常使用，增加维修成本，造成经济损失。
>
> "米其林车队解决方案"是为拥有大型车队的运输企业提供轮胎的全面托管服务。其核心思想是轮胎的所有权和收益权归米其林公司，车队则获得轮胎的使用权，按公里数付费。米其林的车队整体解决方案根据大型车队的实际需求和业

> 务水平,为其设计有针对性的轮胎管理方案,全面接管企业中与轮胎相关的一切事宜,最终实现"轮胎资本"利用的最大化。由于米其林完全承担了与轮胎相关的业务,大型车队在更加专注于核心业务的同时,可以降低轮胎使用成本(包括降低燃油消耗),提高车队运营效率和车队运营安全。
>
> 为了完成从销售轮胎产品到全面托管轮胎服务的转变,米其林要培养相应的关键资源能力。一方面要做好外部的市场营销,向目标客户传递信息,说服客户转变交易方式,培育服务市场;另一方面则要改善内部系统和流程,建设适应全面轮胎托管服务的组织架构和人才梯队。米其林的转变和应对做得很好,其车队解决方案业务的发展一帆风顺。

米其林的案例是从产权的角度进行商业模式定位设计的典型实践,时至今日,很多行业开始采用这种仅出售使用权的方式进行交易,并且取得了非常好的效果。比如在航空市场上,很多航空公司采用按飞行小时数租用飞机发动机的模式;而在很多的写字楼里,大型办公设备(如复印机等)不需要业主采购,使用者只需按印数付费。

产权可分为使用权、收益权和转让权。更进一步,产权其实可以切割得更为细致,如占有权、开发权、改善权、改变权、消费权、出售权、捐赠权、抵押权、出租权、借贷权等,不同的切割会带来不一样的商业模式创新。

比如在连锁零售业内,一般是加盟店主租赁商铺,厂商开店支持。在这种方式下,厂商对加盟店的控制力度较弱,容易出现违约情况。某零售连锁品牌商 A 公司则采用向业主租用店面,然后把店面再次出租给加盟店主,店主的租金直接付给业主的模式。从法律关系上看,店面租约是 A 公司的,这样就降低了店主带店违约的交易风险。由于零售的关键是地点,如果店主违约,就必须另外寻找开店地点,风险较大。在这个交易结构中,店面所有权归业主,使用权归店主,出租权归 A 公司,多种权利的细分、切割、配置,大大降低了交易风险。一些连锁企业用股权控制加盟店主,与产权分置方式相比,后者的交易价值更大,店主获得店内 100% 的收益,激励力度更大;同时,由于减少了股权的纠纷,消除了与多个店主谈判股权的成本,交易成本也更低。

产权分割不仅能从价值环节上纵向切割,各项权利还可以横向切割。比如法国居马农业机械合作社(CUMA)就是对农业设备的使用权进行了横向切割。假设居马要购买一台价值 10 万法郎的施肥机械,其中合作社会员承担 30% 的自有资金(其他 70% 由优惠贷款和政府补贴垫资),即 3 万法郎。自有资金的分摊方式是按照会员承诺的使用时间进行分摊的,由此农场主们可以用不到1/10的成本拥有农业机械的使用权。而在金融领域,对收益权的横向切割就更加常见了。比如同一个项目的出资方:银行获得的是具有优先偿还顺序的固定利息,战略投资获得的是分成收益,而股权投资获得的是劣后的剩余收益。正是这样的产权配置,才使得各方的资金找到自己最佳的交易价值、成本与风险的匹配点,催生出丰富多彩的金融市场。

4.2.2 交易过程

企业与消费者交易的过程可分为交易前的相互搜寻过程、交易中的价值感知过程和交易后的执行过程。不同的商业模式定位,在这三个过程中的交易价值、交易成本和交易风险都不同,最终形成的商业模式价值也有所不同。

案例 4-2 [关于零售业态的赌约]

2012年的CCTV经济年度人物颁奖盛典上,两位当年的年度经济人物有一个著名赌约:"2020年,如果电商在中国整个大零售市场所占的份额达到50%,我给他一个亿,如果没达到他给我一个亿"。当时同样一款产品,网上价格会比实体店便宜,很大一部分消费者选择到实体店中看产品、体验功能,最终却选择在渠道可靠的电商平台购买。因此,关于纯电商平台"颠覆线下"的争论一度占据了主流。

然而从2017年开始,各大电商积极布局线下。当年"双11",阿里宣布5万家金牌小店、4000家天猫小店、60万家零售小店加入购物狂欢节。京东宣布未来5年将在全国开设超过100万家京东便利店。显然,依靠纯电商平台的零售已经步入瓶颈,而线上电商和线下零售商融合的"新零售"模式得到业界的广泛认同。

纯电商的流量成本和获客成本不断提升,随着移动互联网的普及,增长空间明显遭遇上限,线上入口和渠道越来越碎片化。而需要实际感知、实际体验的场景化服务成为电商的软肋,商品的展示与体验成为客户体验最短的木板。

新零售强调以消费者为中心,让消费者获得更优质的购物体验。这也是电商积极布局线下的原因所在。电商进军线下零售,实体零售商也积极应对,为线上线下渠道的融合进行积极探索,这将影响消费者的购物体验,并决定未来零售的商业模式。

这种零售模式的变化过程，与实体店和网上商店两种商业模式定位所导致的交易价值、交易成本和交易风险的差异有关。

从交易成本的角度比较。实体店：顾客搜寻成本不高；商品明码标价，顾客体验感知成本低；一手交钱，一手交货，执行成本不高。网上商店：顾客不需要出门，搜寻成本比实体店还低；顾客体验感知成本非常高，甚至购买后不合适还要退换货；由于担心网上支付的安全性和货不对板的风险，执行成本高于实体店。

从交易价值的角度来比较。实体店：顾客不便搜索，搜寻价值不高；顾客可以充分体验产品实物，了解功能，体验感知价值较高；顾客可以立刻拿到产品，方便快捷，执行价值较高。网上商店：有较为完善的搜索功能，搜寻价值较高；交易中缺乏体验环节；执行环节中，顾客需要等待物流，不如实体店方便，执行价值较低。

从交易风险的角度比较。在实体店和网上商店，顾客都有高价买到劣质产品的风险，只要额外付出的成本不多，品牌连锁超市和品牌网上商店的信誉将成为顾客规避交易风险的理性选择。因此，可以认为实体店和网上商店的交易风险一样。

根据以上分析，我们形成一个详细的交易价值、交易成本对此表，如表4-1所示（实体店的"高"和"低"都是与网上商店相比，反之亦然）。

表4-1 线上线下两种交易方式对比

		实体店	网上商店	消费者优先选择
交易成本	搜寻	高	低	网上商店
	体验感知	低	高	实体店/网上商店
	执行	低	高	实体店
交易价值	搜寻	低	高	网上商店
	体验感知	高	低	实体店
	执行	高	低	实体店

由于交易过程是可拆分的，因此在环节之间切换成本不高的情况下，消费者会在不同环节选择不同的商业模式定位，最合理的选择应该是在网店搜寻，在实体店讨价还价，在实体店执行交易。考虑到网购商品物流成本低于实体店的租金成本，一般而言网购比实体店要便宜，这导致实体店对网店的支付安全性、时效性、体验性优势被价格劣势抵消了，因此消费者更喜欢去实体店体验，但更多去网店消费。随着人们对产品体验感知价值和服务价值的需求的提高，以及网上商店成本的提升，新零售商业模式需求的上升就不足为奇了。

对零售企业而言，它们必须在交易的这几个环节之间进行重组配置，建立兼具网上商店和实体店的混合商业模式定位，并且实现消费者在多个环节的线上线下模式之间自由切换，这样才能获得更大的客户满意和更多的交易增量。例如，一些商家推出的无人商店，实现了客户在网上搜寻、在实体店体验、在网上商店执行交易的混合定位，这正是对实体店和网上商店的交易价值、交易成本进行优化组合的结果。

当然，交易价值和交易成本都是动态变化的。技术手段的革新会影响各环节的交易价值和交易成本。举例来说，在电子支付安全性还未得到解决的情况下，网店交易的执行成本高得惊人，以至于电子商务的发展多年停滞不前；而当电子支付安全性越来越高、技术手段越来越成熟时，网店交易的执行成本大幅下降。物流系统和供应链管理的提升，则提高了网店在执行环节的交易价值。在可以预见的未来，技术手段的进步和融合将会进一步推进新零售企业的发展。

4.2.3　产品、服务、解决方案及赚钱工具

作为满足客户需求的方式，商业模式定位还可以从另一个维度回答一个问题：企业为客户提供的是产品、服务、解决方案还是赚钱工具？不同的答案，对应不同的商业模式定位。

例如，直接销售空调机给客户，这是提供产品。企业安装好中央空调，为住户供应冷风和热风，按照面积收取管理费，这是提供服务。系统集成商为企业提供一整套的硬件、软件加培训服务的信息化系统，这是提供整体解决方案。连锁加盟品牌商为加盟商提供一整套管理规则、后台支撑系统等，这是提供赚钱工具。作为制造大国，中国不乏大量通过提供产品来赚钱的企业，但是定位于提供服务、解决方案和赚钱工具的成功企业将会越来越多。

首先是定位于服务。一般而言，处于产品下游的服务利润率更高，交易价值更高；需要投入的资源少，交易成本更低；下游业务通常能产生稳定的服务收入，一般不存在周期性波动问题，交易风险更低。当然，从定位产品转向定位服务，至少需要具备两个条件：第一，企业自己的产品在市场上占有率较高，或者企业对其他产品技术有较深刻的理解。例如，爱立信从以前销售通信设备转型为运营服务通信设备，其成功的一个要素就是多年技术的积累，使爱立信能胜任运营竞争对手设备。第二，服务产出的现金流回收周期长，与产品销售一次性回款不同，企业要利用相应金融手段。比如按照面积收取管理费的中央空调厂家，要么需要引入私募股权投资，借助外来资本

扩张市场；要么需要将应收账款卖给银行，改善现金流结构。否则，资金链断裂，服务转型就会变成一句空谈。

其次是定位于整体解决方案。把产品、服务打包在一起，与客户分开购买、自己组装、自己学习相比，同时降低了搜寻成本、讨价环节成本和执行成本，其中的便利性、高利润率则变成更高的价值增值。比如通用电气（GE）就为其产业合作伙伴提供了包括产品、服务和金融工具的整体解决方案，GE旗下的金融集团和GE公司的各产品事业部配合行动。以GE机车市场为例，除了供应零部件和提供贷款，GE机车事业部和GE金融集团还涉足机车售后和使用过程中的许多业务，包括为铁路资产提供贷款、机车维修厂的运作、车厢的调度和线路安排服务、维修车队的管理等。由于把工作重点放在客户活动上，GE公司在销售和利润上都获得了较好的回报，同时也更了解客户的需求。通过多方面介入客户的业务，GE公司与客户建立起牢固的关系，这对后续的产品销售也有促进作用。

最后是定位于赚钱工具。这个定位的特点在于由于交易价值很高，企业可以从中分享一部分商业模式价值。以连锁为例，连锁品牌为加盟商提供的服务是全方位的，从店面选址、装修、人员培训到广告运营等，几乎面面俱到，其目标只有一个——让加盟商能够赚钱，在让客户从定位中产生价值这个角度看，赚钱工具是最直接和最到位的，企业利润与客户利润紧紧结合在一起。类似的模式还有很多，比如在商业地产领域的一种销售模式：按照一定面积对商场物业进行分割销售，业主购买后再由物业公司承租回去，承诺最低的收益率，以推动商场物业的销售。这样就把商铺的销售直接变为一个赚钱工具。当然这种商业模式虽然对客户极具吸引力，但要求卖方拥有相对较高的资源能力，能够保障后续的持续盈利，否则就会沦为"庞氏骗局"。

4.2.4 价值主张曲线

商业模式定位还可以从价值主张的维度进行。价值主张维度首先要确定客户的需求价值点，对比不同的需求满足方式在客户需求价值点上的评价，形成价值主张曲线，然后根据客户需求设计期望达成的价值主张曲线，最后按照实现此价值主张曲线的要求来设计商业模式定位。

以烧烤行业为例，客户的价值点主要包括分量、口味、品种、安全卫生、服务、营养健康、环境、分享乐趣、个性氛围、品牌独特体验等。传统的烧烤店在这些价值点方面给客户提供的价值水平接近；而木屋烧烤则在这些需求的价值之上，提供了更高的安全、卫生和服务价值，价格却保持在较低水平。以不同的需求满足方式构建不同的商业模式，这个过程可以采用价值主张曲线工具来描述，如图 4-1 所示。

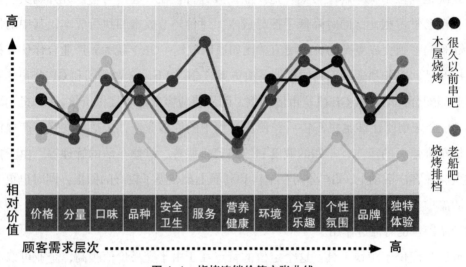

图 4-1　烧烤连锁价值主张曲线

如以上例子所示，从价值主张维度来确定商业模式定位，首先要从需求价值点的角度分析客户的价值点，分析不同需求满足方式在这些价值点上的价值高低。然后在每一个价值点上采用《蓝海战略》（Blue Ocean Strategy）一书提出的四个动作进行价值点的分析和重构。这四个动作包括：

- 剔除：哪些被客户认定为理所当然的价值点需要剔除？
- 减少：哪些价值点的比例应该被减少到产业标准以下？
- 增加：哪些价值点的比例应该被增加到产业标准以上？
- 创造：哪些产业从未有过的价值点需要被创造？

通过对这四个动作进行价值分析和重构，能够形成新的价值主张曲线。价值主张曲线描述了需求满足程度的高低和差异，也是焦点企业的价值主张。要满足这个价值主张，焦点企业要从两个方向采取行动：一个方向是用新的产品和服务来满足客户需求，这个途径属于战略的方式；另一个方向则是根据这种价值主张的目标状况，设计实现此价值主张的需求满足方式，即商业模式定位。

在之前的冷冻果汁的例子中，客户的价值点可以包括口味、快捷、体验、营养、品质信赖、新奇等，而满足这些价值点的方式则可能包括连锁果汁店、榨汁机、果汁粉等，通过价值分析和重构，不一样的价值主张曲线得以形成。比如根据客户的使用场景，可以增加便携、保温的价值点，就有可能匹配出销售"榨汁机+冷冻保温杯"

的需求满足方式。

4.3 如何进行商业模式定位

定位是构建一个优秀的商业模式的起点。要做好定位设计，就要紧紧围绕客户需求。一般来说，可以从以下五方面进行商业模式定位。

4.3.1 资源能力

设计商业模式定位首先应当考虑企业自身的资源能力，找到适合自己的定位。客户的需求是复杂而综合的，满足客户需求的方式更是多样的，要设计最有效地满足客户需求的方式，必须结合自身的资源能力条件。一方面，根据企业的资源能力，选择自己最擅长的满足客户需求的方式，即这种需求满足方式是交易价值最大的，或者采用这种方式交易的成本是最低的，这样就具备将价值传递给客户或其他利益相关者的空间。另一方面，根据自己擅长的满足客户需求的方式，选择更加看重这类价值满足方式的客户群体，以形成高价值的交易，挖掘资源能力的商业模式价值，这也是从资源能力角度设计定位的有效方式。不管是传统行业还是高科技行业，无论是朝阳产业还是夕阳产业，从战略角度来看，总是存在很多的细分市场可以去拓展和创新；从商业模式角度来看，一个市场和一类需求也总是存在不同的满足方式。在进行商业模式定位的过程中，资源能力可以作为首要的考虑因素。

案例 4-3 [飞马旅行社的定位]

> 英国飞马旅行社（Dream World Travel）是一家利用自有船只为游客提供到爱琴海群岛旅游服务的旅游公司。自20世纪50年代成立后近半个世纪内，飞马在这个领域占据着市场首位。然而，20世纪90年代初，这个格局发生了变化，飞马的市场份额逐渐被两家竞争者蚕食。第一家是一家意大利公司，它的卖点在于低价——同样的服务，更便宜的价格。这个竞争者在进入爱琴海诸岛旅游市场前在意大利做运输业务，它的船不但载人，还给诸岛运送食品和建筑材料等。"人、

物混装，一船两用"的定位，很轻易就把价格降了下来。从这个角度来说，它把游岛定义成了运输业务。第二家是一家新成立的希腊公司，它的卖点在于"更大、更好"的产品，把公司的业务定位为"提供整个东地中海的游览服务"。在线路上，它从爱琴海诸岛拓展到整个东地中海，包括埃及、以色列和塞浦路斯；在服务上它提供了更具异国情调的游岛体验。

面对挑战，飞马邀请了一家有名的咨询公司，这家咨询公司向飞马提出了两个建议：第一，买更大的船，为游客提供比第二个竞争者更多的游览项目；第二，尽可能降低运营费用，将降低的费用转为更低的价格使游客受惠，与意大利对手竞争。毫无疑问，这两个建议本身是有冲突的，因此在之后的四年里，飞马的业务并未出现任何进展。

飞马认识到：自己经营爱琴海游线多年，积累了大量关于各岛的风俗、历史和最佳的航渡路线（诸如最佳路线依赖于不同的季节）的知识，这半个世纪的运营经验才是飞马的优势所在。将游客快速地从一个岛运送到另一个岛只是度假体验的第一层次，飞马可以做许多其他的事情来增强游客的度假体验，如提供历史解说、品尝当地菜肴，从而使整个服务升级。飞马于是转向另一个定位：瞄准主要想游览希腊群岛的游客，使他们在这些岛上的经历尽可能地令人兴奋。这个决定让公司经理们卖掉大船转而购入更小、更现代的船只；引入船上娱乐项目，包括雇用受过训练的历史学研究者解说游览的每一个海岛的历史，并提供每个海岛的特色菜。从随后两年的财务业绩看，这个定位成功了。

飞马的新定位之所以成功，原因在于依托资源能力，以"体验"（服务）而非"旅程"（产品）作为满足客户需求的差异化的方式，从而实现扬长避短。根据重新定义的需求满足方式，企业可采取相应的行动改造原来的商业模式。一旦确定了商业模式定位，应该设计什么样的交易和运行机制也就一目了然了。

4.3.2 客户真实需求

定位可以从客户真实需求的角度进行创新和设计。一般而言，随着一个行业发展成熟，行业通行的商业模式会逐渐固化，形成相对稳定和有差异的所谓"业态"（商业模式的另一种表达方式）。新的从业者似乎会不假思索地模仿和跟随，行业利益相关者形成的规模效应也会成为变革的障碍。然而，市场和客户需求始终是在变化的，固定的业态并不能长久地保持竞争力。因此，从最根本的客户需求的角度出发，进行客户真实需求的再探索，往往会有出乎意料的效果。循着客户真实需求的路径，发掘需求，创造性地设计不同的需求满足方式，即形成新的"业态"，是商业模式定位所要解决的问题。

案例 4-4 [始终把握客户需求的 Netflix]

Netflix 成立于 1997 年，是一家总部位于美国加利福尼亚州的在线影片租赁提供商。截至 2016 年年底，Netflix 已在全球范围内拥有超过 8 800 万付费用户，占据流媒体服务市场的领先地位。它的定位从碟片租赁商，转变为流媒体服务商，然后又变为自制内容制作方。

Netflix 初期的主要业务是网络碟片租赁。传统的实体 DVD 出租店时代，顾客必须去店里租碟，每张碟平均租价 5 美元，看完后逾期未归还则要承受高额的罚款，当时 DVD 租赁巨头 Blockbuster 将碟片逾期罚款费用作为利润的增长点，占其总营业收入的 16%。顾客的罚款比购买碟片还贵。Netflix 则针对顾客的需求，推出了全新的模式，顾客不必亲自去实体店租还碟片，只需在线预订并用快递租还，顾客支付每月 19.95 美元的固定费用就可无限制租赁 DVD，每次最多租 4 碟，无到期日、无逾期费、无邮费。Netflix 借此吸引了大量的用户，通过收取固定会员费而非按租碟数量收费，打败 Blockbuster 成为行业新王者。

随着网络点播的出现，DVD 租赁退出了历史舞台。2007 年，Netflix 推出流媒体在线点播服务，斥巨资买下热播剧的版权。它是美国唯一一家没有广告的流媒体，只要成为会员，就可以免费观看所有影片，享受没有任何广告介入的用户体验。此时的会员订阅费每个月仅需 7.99 美元，约为一般有线电视费用的 1/7。同时，Netflix 推出智能化的推荐体系，能够基于顾客观看评价和记录进行影片推荐。这一时期 Netflix 会员数从不到 1 000 万增加至超过 4 000 万。

2012 年，Netflix 开始打造新的业务——自制剧。Netflix 利用多年运营大数据，精确提炼客户需求，并根据客户需求制作剧集。Netflix 自制内容只有在其平台上才能看到，通过自制内容强化封闭性，吸引用户订阅。自制剧《纸牌屋》的成功给 Netflix 增强了信心，随后 Netflix 持续提高原创内容的比例，减少与其他平台重复的内容，将预算集中用在增加独家内容上。其原创内容从 2012 年的 4 部增加到 2016 年的 126 部，4 年内增长了 3 050%。高质量的独家内容是吸引更多用户订阅的关键因素，而平台大数据则是生产高质量内容的强力保障。

始终把握客户的真实需求，以不一样的方式更好地满足客户需求，采用更新的技术手段挖掘客户需求，并持续不断地予以满足，这就是 Netflix 持续成功的关键所在。

4.3.3 比较优势

准确的商业模式定位要做很多功课，定位可以从现有的商业模式中寻找革新的机会；也可以另寻思路，分析竞争对手的资源和优势，通过对比找出企业自己拥有的比较优势。由于这种比较优势是体现在需求满足方式上的，因此比较优势并不总是来自企业资源能力禀赋，而有可能来自企业对需求的差异化洞察和创新，企业由此形成稳定的交易结构，以及支撑企业交易结构的企业能力。

案例 4-5 ［西南航空的定位］

美国西南航空公司（Southwest Airlines）成立于 1971 年，到 2016 年年底，西南航空拥有 723 架波音 737 飞机，通航 101 个城市。截至 2016 年 6 月，西南航空在美国国内的旅客数量排名第一，是美国最大的航空公司，并且连续 44 年盈利。在经营业绩大幅振荡、盈利水平容易受到外界因素影响的航空业，西南航空保持了一个无法超越的纪录。

航空公司的成本结构非常清晰，行业固定成本率高达 60%。大多数航空公司以成熟枢纽为中心，先将乘客从中小城市送到中心枢纽城市，然后再把乘客送到目的地，通过增加乘客里程来有效分摊固定成本，而短途航线一度被认为是无利可图的。

西南航空并没有沿袭一般航空公司的定位，它没有把自己定位为一家航空公司，而是把自己视为一家运输公司，为乘客提供点到点的、短航程、高密度的航班服务。西南航空的直接竞争对手不是其他航空公司，而是长途汽车和火车公司。西南航空商业模式的逻辑是：对于行业固定成本的分摊，其他航空公司通过长途航线拉长里程的方式，西南航空则通过有效扩大乘客规模的方式。而事实证明，这种定位差异带来的价值是明显的。

为了实现这一定位，西南航空在航线运营管理方面采取了一系列行之有效的措施。首先是以低价获得更大的客户规模，西南航空绝大部分票价是其他航空公司的 1/6～1/3，甚至更低。其次是以价格敏感的短途商务与家庭旅行者为主要目标人群，结合这部分人群的需求特点，西南航空安排了密集的航班频次，乘客即使错过一个航班,也可以在下一小时之内就搭上同一个航线的下一个航班。此外,西南航空还在方便订票、快捷登机等方面采取了一系列的措施以降低成本。在运营方面,西南航空的飞机统一采购波音737,甚至还购买了一部分在服役期内的二手飞机,单一机型使得维修成本、人员培训、备件采购等费用大大降低。为了对冲油价波动,西南航空通过油价的套期保值(西南航空是全世界唯一一家实现此业务从未亏损的航空公司),有效地规避了成本受外部因素影响而波动的风险。

尽管西南航空为人所称道的是它的成本领先战略和成本控制措施,然而在这些成本控制的组合策略背后,从商业模式的角度看,准确的定位及其分摊固定成本的逻辑匹配,才是西南航空获得成功的关键所在。

4.3.4 产品定位

企业产品定位的发展变化与商业模式的定位设计紧密相关。产品定位解决的是目标客户群体和产品价值主张所传递的内容问题;商业模式定位解决的是需求满足和价值主张的传递方式的问题。同一个产品,可能会有不同的商业模式;反过来,不同的产品,可能会有相同的商业模式。

案例 4-6 [绿山咖啡的产品定位]

创立于1981年的绿山咖啡(Green Mountain Coffee Roasters)起初是一个非常传统的咖啡供应商,在原有的模式和市场竞争下,利润空间越来越微薄。绿山在接触创业公司Keurig的产品——专利单杯咖啡机及其专用"K杯"后,便与其展开合作,并在2006年完全收购Keurig公司。

Keurig公司的单杯咖啡机和K杯是相互搭配的,并获得了专利。单杯咖啡机的平台只能对应特定的K杯,把K杯置入单杯咖啡机,按一下按钮,加压注水管就会穿破铝箔盖进入滤杯,注入热水,咖啡机会精确地控制水量、水温和压力,以保证咖啡品质,不到一分钟,一杯香浓的咖啡就完成了。通过产品的更新,顾客咖啡需求的满足方式从购买咖啡豆,转到购买咖啡机和K杯上。顾客在家或者办公室想要喝咖啡的时候,无须出门去买,自己随时冲泡,一杯一个口味,时间短,无须清洗,消费体验更好。

绿山咖啡从传统的单纯获取销售差价的盈利模式，转换为全新的"剃须刀—刀片"盈利模式。绿山咖啡的特制咖啡机按几乎是成本价的100美元销售，而接下来顾客会持续地消费K杯，绿山依靠售卖不断消耗的K杯赚钱。1 600万台咖啡机，每年消耗超过50亿个K杯。

在产业链上游，绿山选择了建立一个开放的生态系统，将单杯咖啡机作为平台面向供应商开放，授权供应商生产和出售K杯。供应商需要支付每杯6.8美分的许可费。通过这样的授权设计，顾客可以通过放入不同的K杯选择不同口味，K杯不仅仅局限于咖啡，还包括茶和果味饮料，目前已有超过200个口味可供选择，除了两种是绿山咖啡自己的咖啡，其他包括星巴克在内的主要咖啡供应商和主要茶品供应商都有对应的K杯。顾客有多种选择，而绿山则通过许可费获得收入，实现共赢。在新的商业模式下，2006—2010年的4年间，绿山咖啡股价上升了9倍，企业估值超过百亿美元。

同样是满足客户喝咖啡的需求，咖啡豆和咖啡机的商业模式完全不同。咖啡机的商业模式定位使得满足客户需求的思路不再局限于产品定位本身，而是基于产品定位，拓展到更大的交易空间内。咖啡机和剃须刀是完全不同的产品，但在商业模式的设计上是相同的，这是由于二者采取了类似的需求满足方式，形成了类似的商业模式定位。清晰地区分产品定位和商业模式定位，明确二者在需求满足的内容与方式上相辅相成的关系，充分挖掘产品定位及其变化给商业模式定位带来的价值，挖掘需求满足方式的潜力，与产品定位自身的优势相结合，这些对于设计好的商业模式定位是至关重要的。

4.3.5　重新定位

定位一经确定，企业会以此构建商业模式，企业会处于一种相对稳定的交易结构中。而当环境和商业模式的影响因素发生变化时，企业的商业模式定位就会出现不适应的情况，在这种情况下就有必要考虑重新定位商业模式。

商业模式定位的影响因素可能包括以下几类：第一类，客户需求或需求的价值判断发生了变化，这是对商业模式根本性的影响。比如随着经济水平的提高，客户对产品功能性的需求退居其次，而对产品的社会属性（如体验、自我认同感或社交自信）的需求比重提高，那么满足新需求的方式可能就要发生变化。第二类，产品定位和产品设计的变化。满足哪些客户、满足怎样的需求、以什么产品或服务来满足,这是产品定位的核心问题。一旦产品定位发生变化,或者产品满足客户需求的价值水平得到提升,满足需求的方式也必然随之发生转变,这也需要重新定位商业模式。第三类,发现更好的需求满足方式。在客户需求、产品定位没有改变的情况下,随着交易主体的不断增加和变化,在交易结构和交易方式上,企业存在更高效率和更大价值空间的选择,这时就需要重新定位商业模式。

案例 4-7 ［N 公司中央空调的重新定位］

挪威 N 公司成立于 1918 年,是欧洲最大的电暖器制造商之一,其产品范围涉及电暖器系列、居室型和地板型等电暖器的温控装置,以及其他电器的节能自动控制系统。

N 公司中央空调的使用者主要是酒店、公寓或大型公共场所(如机场)和住宅区的居民,终端客户则是掌握着这些大量使用者的大型开发商。开发商在传统模式下使用中央空调要负担三笔费用:设备购买费、电费和维护费。其中最大的投入是电费,传统的中央空调每平方米一天需要支出 1.5 元。N 公司中央空调与一般的中央空调相比,其优点在于省电,但是进入中国市场后,由于客户对 N 公司产品不熟悉,省电的特点在原来的商业模式下并不能在客户购买使用前有效地体现出来。

N 公司针对这种情况推出了新的服务方案:为开发商免费提供空调设备,签订 10~15 年的收费合同,酒店、公寓或大型公共场所(如机场)按面积收费,每平方米收费定为 1.2 元,费用包含设备运营期间的电费和维护费开发商的电费支出每平方米比原来还便宜 0.3 元;合作期满,空调设备归开发商所有。

这个交易结构得到了开发商的支持。按照原来的模式,开发商购买一套中央空调需要支付购置费、电费、维护费,而在当前模式下不需要额外支付购置费和维护费,电费每平方米还少了 0.3 元,因此开发商肯定接受。

而 N 公司每年可以从开发商那里获得收益,扣除相应的维护费用、设备折旧等,盈利仍然可观。N 公司把省电利益的一部分通过新的商业模式提前转移给开发商,获得了开发商的极力支持,在中国市场也由此迅速打开了局面。

在这个案例中,企业设计生产出了非常有价值的新产品,但这个隐性的价值特征很难通过宣传、广告、第三方认证等方式顺利、准确地传递给客户。因此,原有的需求满足方式已经不能体现这个价值，此时需要进行商业模式的重新定位。企业重新定义了它满足客户需求的方式：由企业承担电费，为客户提供更优惠的高质量服务，变隐性的省电为显性的费用节约，让客户看到实实在在的利益，从而得到客户真心的支持，成功完成了商业模式的再定位。新的商业模式定位有效地利用了客户在产品省电这个价值特征上的认知不对称，创造了巨大的价值空间。

定位是商业模式的起点，它一头连着客户价值，通过客户需求满足方式的变化与选择，创造出更大的价值空间，实现更高的交易效率；另一头连着商业模式运行机制包含的其他要素，包括业务系统、盈利模式、关键资源能力和现金流结构，也决定了商业模式价值空间的大小。由于商业模式定位的概念很容易与战略管理和市场营销的定位概念混淆，读者需要特别留意。两类定位都是针对客户需求满足的，不同的是战略管理和市场营销的定位是对客户需求的选择和对满足需求的产品服务内容的定义，而商业模式定位则是对客户需求满足方式的定义。因此，在商业模式中，定位具有创造性、决定性和引导性的作用。

在企业实践中，商业模式定位也是因时而动、顺势而为的，并没有一成不变的选择。通过不断地转换和假设，企业可以对商业模式定位做出不同的选择，可以开展的创新设计不计其数。因此，定位也是商业模式创新中极富创造性的环节。

小　结

商业模式定位的定义是"利益相关者需求的满足方式"。商业模式定位的维度包括产权转移、交易过程、交易内容的类型（产品、服务、解决方案、赚钱工具）和价值主张曲线。商业模式定位设计可以从五方面进行，分别为资源能力、客户真实需求、比较优势、产品定位，以及在环境和商业模式影响因素变化之后的重新定位。

关键术语

商业模式定位；产权转移；交易过程；解决方案；价值主张曲线；资源能力；客户真实需求；比较优势；产品定位；重新定位

讨论案例

蓝城集团的桃李春风项目可谓是2015年地产界有名的"网红"。2015年5月8日，桃李春风官方微信公众号通过那篇轰动一时的"杭州史上最小别墅仅83方！户型刚从绿城流出……"微信文章，一句"全精装带地暖，一套才200万元"的宣传语成功吸引了购房者的眼球。仅仅4天，这篇文章的阅读量超过48万人，售楼热线一度瘫痪，桃李春风一期、二期800套别墅短时间内全部售罄。那么，这一楼盘究竟有什么独特之处呢？

随着城市化的发展，人们越来越向往中式住宅和小镇生活，享受"采菊东篱下，悠然见南山"的生活。但是，常规别墅动辄千万元，消费者往往买不起，小镇生活也只能想想而已。桃李春风原本是一个常规大户型的普通别墅项目，销售惨淡。蓝城接手后，重新定义了小镇的功能：不再是简单的容身之所，而是要为用户提供一种全新的生活方式。

首先，桃李春风别墅将单套面积调整到83~180平方米，赠送几乎1∶1的庭院，拥有360度景观视野，户型设计紧凑实用，还有多进式的庭院以及可供耕种的菜园，形成镇中有墅、墅中有园的感觉。这样一个带庭院的83平方米的小别墅，精装修后，价格只需200多万元。

其次，小镇强调全龄化颐乐生活，覆盖全龄化人群，满足全家人的生活需求。主要客户为杭州市的中产阶级，以五六十岁的中老年人为主，为父母养老或自己10年后的生活做打算而置业。在产品设计上，充分考虑了老年人的需求，上下楼的电梯座椅、起夜灯、升降式衣柜、紧急呼叫按钮和安全扶手等细节，契合全龄化颐乐生活的主题定位。

最后，小镇中心设计了极具杭州风情的水岸生活街区，建立了消费、休闲、交流、文化、静养等配套体系。以智能化园区服务为依托，从健康无忧、身体活力、身心愉悦三个不同等级，打造不同的服务模块，实现360度的颐养服务。同时，小镇建立了项目社群——桃李社，分运动、农耕、宠物、摄影、高尔夫、禅茶、钓鱼、歌舞、文艺等不同的生活兴趣群开展运营，社员根据自己的喜好选择兴趣群，参与社群活动，结交朋友，形成睦邻友善的社群文化，塑造和谐美好的小镇生活氛围。

桃李春风小镇，可以说是精准洞察客户需求，并以不同于传统的方式满足客户需求的典范。它把握了消费者对小镇住宅的本质需求，定义了小镇的价值元素和产品形态，获得了客户的高度认可，并极大地提高了交易效率和交易价值。

讨论题

1. 购买别墅的消费者的价值主张是什么?
2. 桃李春风如何满足用户的价值主张?
3. 桃李春风的商业模式定位是怎样的?是基于什么理念进行定位的?

第 5 章

业务系统

学习目标

掌握业务系统的定义及相关概念

理解业务系统的构建空间及其选择

掌握构建业务系统的结构化方法

了解共生体概念

导入案例

2008年成立的爱彼迎（Airbnb）不拥有任何房间、任何旅行项目，却创造了一个基于网络的超级轻资产："另类旅行业或酒店业"。它利用世界各地闲置的有形和无形资源，包括房产、时间及创意，将它们联结起来，重新进行产品的价值创造。在短租民宿或公寓市场上，一方面有很多空闲的房源，另一方面有很多旅游或者商务出差者的房源需求。爱彼迎为房源发布者和租房者提供了一个信息发布与交易的平台，创造了一个智能解决方案。租房者可以通过先进的搜索技术，提出地点、出租类型、特点、日期、价格等方面的需求，爱彼迎界面就会精准地匹配房源。从安全和互信的角度，爱彼迎采用实名认证并启用双方互评机制，让每个客户的评价都公开透明。这就是爱彼迎商业模式的业务系统。

为了吸引更多的房东并增强黏性，爱彼迎为房东提供了很多增值服务，比如聘请专业的摄影师去房东家里免费拍照以优化网上展示的视觉效果。而针对需求方，爱彼迎提供个性化筛选界面，让你便捷地挑选符合自己需求的房间。与传统酒店千篇一律的标准间相比，爱彼迎的每一个房间都有自己的风格，拓宽了顾客对于租赁空间的想象，丰富了顾客住宿的体验；与此同时，旅游服务支持也是爱彼迎的一个亮点，以"个性旅游""融入当地"为宗旨开发的C2C旅游产品，成为顾客旅游服务的管家，甚至能够系统地追溯你的搜索历史、预订习惯，并做智能、精准的推荐。

爱彼迎的盈利模式主要是收取佣金，每笔交易的供需双方都要向爱彼迎支付一定比例的佣金。爱彼迎的商业模式获得了成功，其市值和每日房屋入住数均超过世界上任何一家传统酒店。爱彼迎在F轮成功融资10亿美元，公司估值接近310亿美元，远远超过传统酒店巨擘希尔顿酒店200多亿美元的市值。

从这个案例中可以看到，爱彼迎建立了一个 C2C 共享平台的业务系统。这个业务系统为短租房供需双方提供了一个智能化交易平台，用增值服务提高他们对平台的黏性。尽管很多企业都宣称要建立"共享平台"型的业务系统，但实际上构建共享平台对企业的资源能力要求很高。只有通过技术投入，完善搜索智能化，促进在线体验，提供差异化的产品，配合高价值的增值服务，才能构建高价值的平台。另外，供需双方的需求撬动、相互影响、双向带动、循环往复所构成的飞轮效应也至关重要，这也是平台型业务系统形成流量正向反馈的重要因素。

5.1 业务系统的概念

业务系统又名业务服务系统，是商业模式的核心概念之一。业务系统指企业达成定位需要涉及的业务活动环节、各内外利益相关者扮演的角色，以及利益相关者之间的业务交易和治理交易关系的状态。高效运营的业务系统不仅是获得企业竞争优势的必要条件，同时也有可能成为企业竞争优势本身。一个高效的业务系统需要根据企业定位识别相关活动，并将其整合为一个系统，再根据企业的资源能力分配利益相关者的角色，确定其与企业相关业务活动的关系和结构。业务系统由构型、角色与关系三部分组成，对每个部分的不同配置都会影响整个业务系统的价值增值能力。

（1）构型

构型指利益相关者及其联结方式所形成的网络拓扑结构。围绕企业定位所建立的这样一个内外部各方利益相关者相互合作的业务系统将形成一个价值网络，该价值网络明确了客户、供应商和其他合作伙伴影响企业通过商业模式获得价值的过程。

（2）角色

角色指从事一个或多个业务活动的利益主体。利益主体一般拥有一定的资源能力禀赋；一系列业务活动构成的价值网络组成了整个经济体系，而企业是一个由其中部分业务活动构成的集合。业务活动由相应的工作流、信息流、实物流和资金流组成。

（3）关系

业务系统反映的是企业与内外部各种利益相关者之间的交易关系。构建业务系统首先需要确定企业与利益相关者各自分别占据和从事产业链中的哪些业务活动，也就是确定业务交易关系，如交换、合作、租赁、特许等。然后需要确定企业与不同利益相关者之间的治理交易关系。治理交易关系主要描述控制权和剩余收益索取权等权利束在利益相关者之间的配置。它由从纯粹的市场关系到完全所有的所有权关系（科层交易关系）构成的频谱组成，包括没有治理交易关系（无所有权关系）、参股、控股、合资和全资拥有等。

一个高效的业务系统需要根据企业定位识别相关的活动并将其整合为一个系统，再根据企业的资源能力分配利益相关者的角色，确定与企业相关价值链活动的关系和结构。

案例 5-1 ［可口可乐的业务系统变迁］

可口可乐品牌已经超过130岁，但它带给人们的感受依然是欢乐、幸福、与时俱进。它之所以能在全球流行，得益于它不断根据自身的资源能力和环境，对商业模式进行优化和变革。

1900—1979年，可口可乐公司一直采取特许经营模式。它将饮料业务切分成浓缩液制造、装瓶、库存、分销、零售、客户关系等环节，自己专注于浓缩液制造及品牌宣传，向世界各地的品牌授权公司提供浓缩液，这些公司再按照配方稀释、装瓶、出售。这种模式让可口可乐公司建立了一个全美瓶装厂网络，也初步实现了全球化布局。特许经营是一个双赢的模式。浓缩液成本固定，瓶装厂能获得很高的利润；可口可乐公司节省了大量的固定资产投资、生产和管理费用，专注于品牌管理和产品开发，促进销售和市场拓展。

20世纪80年代，特许经营模式带来的问题和缺陷逐步暴露。特许瓶装厂管理水平不一，市场价格体系混乱，整个瓶装厂体系处于失控之中。固定的浓缩液价格，使可口可乐承担了原材料价格风险，而百事可乐的崛起，更使可口可乐处于被动的地位。可口可乐适时推出了"49%解决方案"，即股权合作模式。

新的解决方案分为两个层面，在股权层面，可口可乐公司投入30亿美元收购美国的瓶装厂，回购特许权，成立可口可乐控股公司CCE（Coac-Cola Enterprises, Inc.），将收购产生的30亿美元债务从可口可乐报表中剔除，转移到新公司CCE

的资产负债表上，并将其51%的股份公开上市，回收了11.8亿美元的现金。在业务层面，可口可乐公司对收购的瓶装厂进行投资和改造，增强管理和市场营销能力，建立了一个集中统一的可口可乐系统。通过这样的模式，可口可乐公司既拥有瓶装公司股份及其决策和运营的控制权，又不承担瓶装业务的重资产，同时在可口可乐的资产负债表和损益表上均无须反映瓶装厂的业绩波动。而且，可口可乐公司除了获得浓缩液销售收入，还能获得瓶装公司的股权收益。

而在当前，全球饮料行业竞争更加激烈，消费者更注重营养和健康，饮料行业整体增速减慢，可口可乐公司从2015年开始出现营收和净利润的双降，股价也持续低迷。由于收购了大量的装瓶厂和饮品品牌，负债率较高。因此，可口可乐公司在全球范围内剥离低毛利率业务，向其瓶装业务合作伙伴出售工厂、库房和运输卡车，变成一家只提供浓缩液和品牌运作的公司。瓶装厂作为加盟方，负责运输、生产和销售等活动，使用可口可乐公司的统一管理系统进行经营管理。作为品牌持有人，可口可乐公司负责安排产品的宣传和广告，瓶装厂负责执行，二者共同承担市场营销等活动。通过"瓶装加盟"的模式，可口可乐公司变得越来越"轻"。

可口可乐公司的业务系统先后出现三种主要形态：特许经营模式、股权投资模式和瓶装商加盟模式。这是企业根据市场环境变化、自身资源能力与实力进行的适应性变革。在这个演变过程中，可口可乐和最紧密的利益相关者——瓶装厂之间的交易角色、关系变化是一条主线。双方由最初的上下游合同关系，变为股权合作，最终变为加盟关系。这反映了可口可乐公司在不同的市场环境下对行业价值链的认识和选择，其业务系统也从最初的浓缩液生产变为全产业链布局，再回到浓缩液生产及品牌运营，不变的是企业对价值创造的追求。

建立业务系统的关键在于对行业周边环境和相互作用的经济主体的通盘分析。任何一个打算进入某个行业的新企业，或者希望进行商业模式创新的在位企业，都可以通过反复询问一系列逐步深入的问题来确定企业的业务系统：第一，本企业拥有或希望从事什么样的业务活动；第二，行业环境可以为本企业提供哪些业务活动；第三，本企业可以为各个相互作用的经济主体提供什么价值；第四，从共赢的角度，本企业应该怎样做才能将这些业务活动组成一个有机的价值网络，同时又让其他利益相关者得到它们想要的收益。这个过程需要企业从全局的角度设计和布置自己与利益相关者的关系，既要准确定位，充分利用企业资源能力，又要着眼于商业生态系统全局，保持商业生态系统内在逻辑和驱动力的一致性。

5.2 业务系统的构建空间

5.2.1 企业竞争的三层空间视角

业务系统的构建是基于不同层次视角的，企业站在不同层次可以发现自己同时处于不同的商业空间之中，而不同视角的认知差异，往往是企业商业模式创新的来源。通常来说，商业社会存在三层空间，每一层空间所对应的竞争视角是不同的，如图5-1所示。

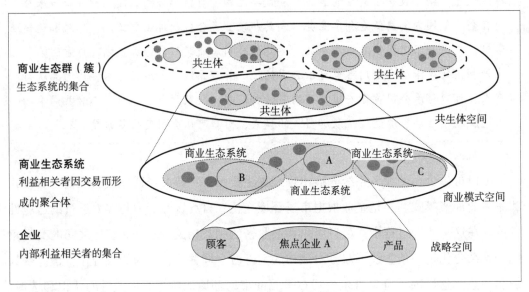

图5-1 业务系统构建的三层空间视角

第一层是具体的单个企业，其中的焦点企业是研究目标，是讨论商业模式的基础和立足点。

第二层是商业生态系统。焦点企业并不是孤立地实现价值创造的，而是与共生体共同实现的。共生体是由焦点企业以及有交易关系和业务活动的各类内外部利益相关者构成的集合。商业生态系统是共生体的实例。向共生体中的每个角色赋予具体的主体信息，并具体化主体之间的交易关系，就构成以具体焦点企业为中心的商业生态系统。在这个生态系统中，各利益相关者在交易结构的组织和驱动下达成紧密合作，实现价值交付。利益相关者包括企业内部的利益相关者，如不同职能领域的员工，以及企业外部的利益相关者，如供应商、分销商、金融机构、职能外包企业、技术合作伙伴、互补产品制造商、客户等，它们都是组成生态系统的不同角色。共生体相同的生态系统也被称为同类生态系统。

第三层是商业生态群（簇），由不同共生体形成的生态系统构成。一个生态群包含不同的共生体，这些共生体可能存在交叉和重叠的部分，但在商业模式上又各自独立。例如，零售商业生态群就涵盖互联网电商、连锁实体店等不同的共生体，而互联网电商生态群则由亚马逊、京东、天猫等不同生态系统集合而成，它们有着相似的利益相关者角色和创造价值逻辑，同时与实体店生态群又有着显著差异。

从以上三个层次出发，可以看到三类截然不同的竞争空间。每个竞争空间由不同的维度构成，也有各自的运行规律，每个企业都应清楚地知道自己处于哪个空间、围绕哪些维度展开竞争。企业家通过视角的转换能够拓展思考自由度，在深化理解竞争的同时也丰富了企业间竞争的层次；企业只有清晰地描绘出自身所处的三类空间的竞争格局，才能找到竞争的应对之策。局限于当前的竞争空间，或者仅仅看到企业自身的战略空间，而对商业生态系统乃至商业生态群（簇）缺乏足够的洞察和远见，会错失商业价值重构的机遇，或令企业在低效率的交易方式上耗费过大的机会成本。

（1）战略空间

从企业视角出发的竞争空间被称为战略空间。战略空间主要有客户、竞争对手和企业本身三个维度，通常要回答三类根本问题：企业为谁创造什么价值？企业的竞争对手是谁？企业的竞争优势是什么？企业在对三个维度权衡取舍之后会形成自身的战略。

企业在战略空间中的关键任务是寻找最佳的竞争定位。竞争定位的选择标准包括：细分市场具有广阔的成长空间，资源能力足以获得良好的客户认可，难以被竞争对手取代等。大量经典的战略管理理论的目的在于帮助企业建立战略空间的竞争优势。特劳特的定位理论强调建立企业和产品在客户心中与众不同且最有利的位置；蓝海战略试图帮助企业寻找低竞争强度的新领域；迈克尔·波特则关注企业找到竞争优势并定义一系列相匹配的价值活动等。

（2）商业模式空间

从商业生态系统视角出发的竞争空间被称为商业模式空间，它由企业在生态系统内选择不同商业模式的自由度构成。商业生态系统中的各利益相关者通过交易结构被整合联结，不同的商业模式可以给企业带来不同的竞争优势。商业模式空间内存在定位、业务活动系统、盈利模式、关键资源能力和现金流结构等多个维度。企业在这个空间内需要思考：在目前的生态系统中，不同利益相关者之间的交易方式是最优的吗？各利益相关者是否还有潜在的价值没有被挖掘？是否可以在现有生态系统的基础上引入新的利益相关者，升级生态系统以促进商业模式空间增长？

以连锁酒店为例，连锁酒店集团在扩张时既可以选择直营的方式，也可以选择加盟的方式，还可以直接输出品牌与管理团队。这些不同商业模式的选择需要考虑企业及利益相关者资源能力的实际情况，设计交易结构将各方联结起来。

（3）共生体空间

从商业生态群（簇）视角出发的竞争空间被称为共生体空间，这个空间由企业对不同共生体选择的自由度构成。共生体是商业生态中各类角色及其业务活动的不同价值创造逻辑，是对商业生态群（簇）在本质层面的抽象总结。生态群（簇）之中的各类角色凭借自身的资源能力或比较优势各司其职，从事不同的业务活动，共同创造价值，是一种共生关系。以电商为例，互联网电商的价值创造逻辑是客户上网选购商品，网上支付下订单，最后在家中即可收到商品。而实体店则需要客户进入实体门店，选择要购买的商品到收银台完成支付，然后自己将产品带回家。在不同的价值创造逻辑下，商业生态群（簇）中的各类角色和业务活动显著不同：电商不需要实体门店的选址与租金的支付、营业员的招聘培训、门店仓库的物流等，但却需要线上广告、在线客户、到户的物流配送等。可以说，不同的价值创造逻辑将导致共生体中的角色构成与业务运作机制迥异。由于共生体空间改变的是商业生态群层面的价值创造逻辑及角色、业务活动的构成，因此共生体空间的变化也能拓展企业战略和商业模式空间。

共生体竞争空间包括现存共生体的演进、消亡和新共生体的诞生三个维度。企业要思考自身所在的共生体是否要调整价值创造逻辑，是否可能创造出一个全新的共生体。能够带来共生体空间变化的通常有三类驱动力量：第一类是技术、人口结构、社会文化和政策等宏观趋势变量，例如互联网技术的广泛应用、反垄断政策等会带来共生体的演进；第二类是建构新的价值创造逻辑，例如 Uber 创造性地将私家车主等新的利益相关者引入出行共生体中，直接改变了出行用车领域的竞争格局和规模；第三类是开创全新需求的共生体，例如商用飞机的推出，创造出像航空公司、机场公司等全新的利益相关者，产生了商用航空共生体，进而改变了整个交通商业生态群的格局。

5.2.2 重新定义竞争空间

三层视角和三类空间的定义帮助企业拓宽了竞争视野。企业之间的竞争可以突破战略空间的局限，结合企业自身的优势选择最适合的竞争空间。焦点企业从不同的视角出发可以看到不同的空间，每个空间由不同的维度构成，有其各自的运行规律。每一次视角的转换都能带给企业更多的思考自由度，只有当焦点企业清晰地描绘出自己所处的三个空间的竞争格局时，才能找到竞争的应对之策。

谁能够重新定义竞争的空间领域，谁就掌握了竞争的主动权。对后起之秀而言，虽然企业实力与传统企业相比可能存在差距，但它们拥有独有的优势：能够决定企业在哪个空间领域发起竞争，可以在自己划定的空间之内按新的游戏规则展开竞争，将竞争导入自己最擅长的领域。而在位者，则需要迅速地识别各类竞争的实质：竞争源自哪个空间，可能的应对举措是什么，同时积极探索在多空间内实现增长。

案例 5-2 [手机行业竞争格局的演变]

手机行业在过去二十多年间风云变幻，呈现出非常典型的不同空间内竞争的特点。先是诺基亚超越摩托罗拉成为手机行业的绝对领导者，而后进入诺基亚与三星两强争霸的格局。在这一阶段，各方的竞争手段围绕客户、产品、区域等要素展开，比拼的是对不同国家、地区消费者的细分需求的深入洞察，通过更为丰富时尚的产品、快速的产品更新速度、产品成本的控制、不断开拓进入崛起的新兴市场等赢得竞争优势。摩托罗拉、诺基亚和三星拥有相同的商业模式，都是通过出售更多的手机来获得收入和利润；它们的区别在于战略与策略层面的差异。

2007 年，苹果的 iPhone 智能手机横空出世，不但在产品研发等战略层面带来了突破，更在商业模式方面改变了整个手机行业的游戏规则。在战略层面，苹果公司每年都会推出新的高端机型，这让 iPhone 成为科技与时尚的代名词。在商业模式层面，苹果公司强化了手机领域的生态系统，尤其是第三方软件供应商的实力，构建了 "iPhone+iOS+AppStore" 的新商业模式，整合硬件、系统和应用软件，为顾客提供最佳消费体验，同时带动手机硬件的销售。苹果公司超越了战略空间中基于产品层面的竞争，以 iPhone 这个卓越的手机硬件为切入点，以 iOS 为系统平台，加上海量的应用软件和内容供应商构成的生态系统与三星、诺基亚展开竞争。三星在战略层面迅速开展了一系列的应对：通过主打的旗舰机型 GalaxyS，在品质与性能上与 iPhone 抗衡，充分利用苹果机型偏少的弱点迅速推行机海战术；在产品线的布局上，三星利用自己的全价值链优势推出 GalaxyTab 抗衡 iPad，先于 AppleWatch 推出 SamsungGear；通过大手笔的广告支出，着力打造自身的高端品牌形象，等等。

  在硬件制造上，苹果和三星对供应链都拥有超强的控制力，但采取了不同的商业模式。对于能够带来产品独特性或卓越用户体验的关键零部件或技术，苹果以软一体化的商业模式控制供应链，其措施包括：以严酷的淘汰性竞争选拔供应商，但同时会为它们提供高额的前期研发费用；提前数年垄断性采购零部件或技术，在降低采购成本的同时限制竞争对手获取新技术；更具前瞻性的做法是直接投资生产关键零部件的机床，例如苹果公司在 2014 财年拨出 105 亿美元资本性支出用于购置铝铣床、激光抛光机及工业机器人等；为了确保关键零部件的品质和可控性，苹果甚至会为供应商指定上游供应商；对于手机芯片这种直接决定产品整体表现的核心硬件，苹果公司直接投资芯片的设计，但对芯片的生产采取的是原始设备制造商方式。典型代表是苹果通过 iPhone5S 使智能手机进入 64 位计算时代：在这款产品发布时，安卓阵营的产品路线图中还没有支持 64 位计算的计划。由于安卓厂商需要跟随苹果的 64 位计算产品路线图，安卓阵营的资源、时间和开发精力被从直接与苹果的竞争上调离。苹果公司谨慎地避免投资重资产领域，同时积极使用各种软性控制手段，不求所有，但求所用和所控。

  与苹果手机不同，三星手机的关键零部件通过硬一体化的商业模式实现了高度自给。市场研究机构 HIS 估计，三星热卖的旗舰手机 GalaxyS4 的物料成本总计 236 美元，其中处理器、显示屏和电源管理单元等关键零部件均由三星旗下业务部门供应，成本为 149 美元，占总成本的 63%。没有其他任何一家智能手机的零部件自给率超过三星。由于三星自己生产关键零部件，三星手机在创新和软硬件的协同方面更具优势，而且三星能够比竞争对手更快地将产品推向市场。

  在中国手机市场上，2014 年小米手机销售了 6 112 万台，在进入市场的第五年超越三星成为中国市场最大的智能手机厂商。从零起步的小米并没有简单复制传统手机厂商的运营方式，而是将互联网元素纳入传统手机共生体的构建逻辑中：在共生体的构建方面，小米手机以小米电商平台直销取代了传统手机销售环节中渠道商的角色，仅渠道成本就比其他手机节约了 20% 左右；在具体的业务活动方面，小米手机充分发挥互联网的优势，如强调互联网营销模式，通过小米社区、论坛与用户互动以培养粉丝，利用微博、微信等社交媒体进行口碑营销，将小米迅速推向全国，节约了品牌初期的市场营销成本，同时通过网上预约销售的方式降低库存成本与风险。改造后的小米手机，其研发、制造、维修、服务和市场渠道的支出全部加起来只占小米手机营业额的 5%，而行业内手机相关成本占 35% 以上。同时，小米手机在销售初期将部分利润让渡给消费者，使得小米手机获得了巨大的价格优势。2011 年小米手机以仅相当于同期同类硬件配置手机一半的价格推出，瞬间引爆市场。

小米手机初期的成功使其在设计商业模式空间时拥有了更大的自由度：凭借手机硬件，小米掌握了移动互联网的入口，巨大的手机销量带给小米近亿用户，使小米通过提供移动互联网增值服务获得持续收入成为可能，这也是小米手机可以以低利润销售的底气；二是小米官网已成长为独立的电商平台，借助这个有力的分销渠道，小米可以销售更多的产品和品牌；三是凭借小米手机打造的品牌效应和电商平台的销售势能，小米通过投资的方式入股了以小米手环、空气净化器为代表的 25 家智能硬件公司，这些硬件产品在丰富小米电商销售品类的同时，通过内置于小米手机的应用程序与小米手机联系起来，形成具有销售和使用协同效应的智能硬件生态系统。小米已经不是一个单纯的手机厂商，而是一个以手机为切入口逐步演进的软硬一体化的互联网企业。2014 年年底小米高达 450 亿美元的估值验证了投资者对小米使用的是互联网企业的估值逻辑。

纵观整个手机行业的发展，曾经的领导者诺基亚完全没有做好同时面对来自两个空间的竞争的准备，应对迟缓且没有章法，在苹果手机推出六年后黯然谢幕。三星手机反应迅速，但其应对举措都是从战略空间展开的，并没有意识到竞争空间的转变，这些基于战略空间思维的竞争手段短期内能产生一定的效果，但随着智能手机换手率日益提高，苹果公司软硬件协同的客户黏性优势更加明显，iPhone 的市场占有率随着产品线的丰富和产品推出节奏的加快而稳步提高，使得以产品卓越性能表现为卖点的三星很难持续保持竞争优势。因此，三星加快了对自有手机操作系统的研发和三星社区的打造，在商业模式空间方面向苹果学习，力图打造具有三星特点的生态系统。小米手机在共生体空间中构建的"互联网手机"这一新的共生体短期内就获得了成功，但也留下了新的市场空白：同样是在"互联网手机"的共生体空间中，其战略空间中的中低端仍有巨大的市场空间，而这就成为小米与其竞争对手争夺的下一个焦点领域。极少有企业能够同时在三个空间层面获得垄断性的优势，几乎每个企业在将竞争拓展至新的空间领域之后，都会留下大量的空白地带。率先抵达者将获得先发优势，身后的市场空白则是留给后来者的机会，竞争将围绕这些市场空白进一步向纵深发展。

从以上案例可以看出，如果仅就当前行业的战略空间而言，后来者在既有的竞争逻辑之下是难以获得资源能力优势的。而选择不同的商业视角,将战略空间内的挑战拓展到三个空间,在开拓新的商业空间的同时,还可以彻底打破传统在位企业的竞争优势。

5.2.3 空间竞争的多样性与选择

竞争的空间并不一定是按照从战略空间到商业模式空间最终到共生体空间的顺序依次展开的。焦点企业的视角不同,三个空间也有所区分,但在同一时间点上,焦点企业要同时面对三个空间的竞争。优秀的企业能够敏锐地发现不同竞争空间的效率差异,灵活地选择从哪个空间发起竞争。

案例 5-3 [高通的专利税]

成立于 1985 年的高通是一家业务系统非常独特的公司。在成立之初,高通就开发了 CDMA 通信技术,但彼时 2G 的 GSM 正大行其道,因此国际电信巨头都不愿意冒险接受 CDMA 产品。在初期,高通被迫独立建立了一个以 CDMA 技术为核心的新的生态系统,技术开发商、设备商、电信运营商、终端设备商等角色完全由高通大包大揽,高通集合了产业链的所有环节。

随着 CDMA 技术得到很多新型电信运营商的认可,高通迎来了高速发展的契机。1993 年,CDMA 技术被美国电信工业协会(Telecommunications Industry Association)标准化,正式为业界所接纳。1995 年,CDMA 商用系统投入运行,此时高通分别成立了芯片部门和技术授权部门,前者从事芯片硬件供应,后者从事技术授权。

在技术逐步成熟并广泛应用于商业之后,高通对业务进行了一系列改革。首先在电信工业协会和国际电信联盟(International Telecommunication Union)的同意下,将 CDMA 变为第二代移动通信标准之一,并将 CDMA 研发过程中的各种技术都申请了专利,几乎所有的手机厂商都要向高通交纳专利授权使用费。为了鼓励厂商采用高通提供的芯片,高通承诺厂商只要采用高通芯片就可以享受专利使用费折扣。与此同时,高通逐步卖掉了非核心业务——手机部卖给了日本京瓷,基站部则卖给了爱立信。即便是芯片业务,高通也是只研发不生产,厂商向已经从高通剥离出来的 CDMA 芯片公司批量购买芯片,高通拒绝对其他芯片厂商进行专利授权,而是向这些芯片厂商的客户收取专利费。合作方每销售一部手机,就要向高通交纳一笔包括固定授权费和浮动专利使用费在内的价值不菲的知识产权转让费,占产品售价的 6% 左右。通过这一系列的变革,高通抓住了整个产业链中利润最丰厚的技术标准研发环节,完成了从重资产到轻资产的蜕变。2016 年高通芯片的销售收入为 154 亿美元,利润为 18 亿美元;而在芯片专利授权上,高通的收入为 76.6 亿美元,利润则高达 65 亿美元。

随着手机的价值越来越丰富,这种按售价计算的收费模式也被众多手机厂商诟病,但手机厂商没法放弃和高通的合作。这一方面是因为芯片和专利绑定,手机厂商转换成本太高;另一方面则是因为高通构建了一把巨大的专利保护伞。手机厂商在与高通签署专利授权协议时,还会签署一个反授权协议。依靠反授权协议,所有相关专利都被高通整合,不但能够避免高通陷入专利纠纷,而且高通也向客户提供了避免专利纠纷的保护机制。简单来说就是,如果高通的客户侵犯了另一家客户的专利,只要二者都与高通签署了反授权协议,就不会有相关的专利诉讼。从这个角度来说,高通收取的不是专利授权费,而是地地道道的"保护费"。

市场上从来不乏技术领先的公司,而从技术领先到实现市场价值最大化,则需要一个好的商业模式。从高通案例我们可以看到,从技术领先,到全产业链覆盖,再到标准制定,最终实现专利的垄断,高通为自己设计了不同的业务系统,并在不同的历史时期获得了成功。在企业发展历程中,高通始终贯彻的是"为 CDMA 建立共生共荣的生态圈"的方针,致力于为利益相关者建立一个可以共同盈利、持续发展的业务系统。好的商业模式、好的业务系统在为自己谋求最大利益的同时,也为合作伙伴创造更大的价值。随着 5G 时代的到来,高通能否继续保持其生态圈的繁荣,很多人拭目以待。

高通在发展的初始阶段是非常艰难的,在新技术没有得到市场认可的情况下,高通没有局限于通信技术当时的战略空间,而是选择自建商业生态的道路。当高通在战略层面的技术领先性和商业模式方面对商业生态群的绝对控制力的优势都发挥出来的时候,其他的竞争对手就难以与其抗衡。企业家的创新不仅仅局限于新产品、新技术,如果能够把三类空间的构建逻辑或运行规律抽象出来,创造性地应用到新的领域,则同样具有启发性和革新意义,整个商业生态群也会因空间竞争多样性而不断演进发展。

面对纷繁复杂且日益加剧的竞争局面,企业的领导者们急需新的坐标系帮助企业在复杂环境中重新定位,摆脱被动与迷茫。三类空间的划分有助于分析和预测焦点企业及其竞争对手在不同空间下各种潜在的变化趋势。

传统的企业设计是从战略出发，将对客户价值主张的洞察转化为业务设计，然后通过组织架构、流程、制度等的设计将企业的人、财、物等资源有效地组织起来，最终实现战略制定与执行的有机统一，企业所有业务设计都是围绕焦点企业本身展开的。在三类竞争空间框架下，企业设计的视野应当拓展到战略空间之外，关注商业模式空间和共生体空间的发展。当企业间的竞争上升到商业生态系统和商业生态群（簇）层面，处于一个健康、快速发展共生体中的企业将如同搭上顺风车般地加速发展。一方面，企业所处的竞争环境、利益相关者的成熟度等要素的差异使多种战略、商业模式和共生体得以共存；另一方面，这些外部因素的差异可能制约了企业选择战略的自由度或商业模式充分发挥作用的空间。所以企业设计要有意识地站在三类空间的高度展开，超越企业自身的边界，积极地发挥作用，或者至少是兼顾不同利益相关者的差异，实现最佳效果。从不同的主体出发，竞争的空间会发生变化，对一些企业而言可能是战略空间的自然延伸，对另一些相关企业而言则可能是一个新的共生体，并有可能在根本上颠覆整个行业。这种跨界竞争正成为常态，企业应当在新的竞争坐标体系中定义竞争的性质和竞争对手的来源，这是企业面对快速变化的商业环境做出良好应对的前提。

需要提醒的是，对三类空间中竞争的洞察可以帮助企业在竞争路径的选择中获得更大的自由度，但发现空间中存在的机遇和从空间中获取收益是不同的，在更多维空间中展开竞争也不是竞争获胜的保障。企业应当从三类空间中的若干条机遇线索中选取最适合自身优劣势和发展趋势的那条作为竞争路径。在理想的状态下，这个空间的选取应该符合足够大、易获取及难以被取代的特点。

5.3 如何构建业务系统

在构建业务系统时，企业应当站在不同的竞争空间，区分每一类价值来源的核心问题。表 5-1 从以上三类空间的价值衡量角度对核心问题和衡量指标进行了对比。

表 5-1 三度空间核心问题和衡量指标

	核心问题	衡量指标
战略空间	• 为哪类客户提供独特的价值主张 • 不可取代的竞争优势是什么	• 企业的投资收益率 • 收入增长率 • 现金流

续表

	核心问题	衡量指标
商业模式空间	• 能否通过调整或引入新的利益相关者扩大整个生态系统的价值空间 • 生态系统中是否存在沉睡的资源能力未被充分挖掘 • 能否通过交易结构的再设计提高整个生态系统的运营效率，或加速生态系统的扩张	• 商业生态系统的总投资收益率 • 商业生态系统经济规模增速 • 利益相关者的转换壁垒
共生体空间	• 价值创造的逻辑是什么 • 有哪些已经呈现但企业未能觉察到的变化	• 共生体的价值空间（天花板）

5.3.1 战略空间

战略空间价值来源的出发点是重新定义需求，是焦点企业从自身、客户和竞争企业三个维度出发，不断选择深得客户认可且竞争企业优势不明显的竞争定位，从而获得持续成长的竞争空间的一种创新角度。战略空间不是商业模式研究的范畴，这里不做过多的分析阐述。

5.3.2 商业模式空间

企业要设计一个好的商业模式，只站在企业自身的角度考虑是完全不够的，必须从利益相关者的不同利益诉求和假设前提出发，站在商业生态系统的高度思考。生态系统中不同利益相关者通过不同的交易结构组织在一起，商业模式就是基于利益相关者诉求不同的假设，对交易结构的一种设计安排。焦点企业只有在发现和解决所在商业生态系统核心痛点，在创造生态系统的价值和改进效率空间的基础上，才能设计出真正有效的商业模式。这个思考范围被称为商业模式空间。基于商业模式空间的业务系统设计与构建是本书的重点，而构建业务系统的维度则可以被形象地称为"三镜"，即广角镜、多棱镜、聚焦镜。通过三种工具的组合应用，企业就能够设计出相应的业务系统。

（1）"三镜"的维度和设计内容

⊃ 广角镜

广角镜维度指从现有利益相关者着手，发现客户的客户、供应商的供应商、利益相关者的利益相关者，从而站在整个商业生态系统甚至不同生态系统的角度，拓宽价值发现的空间和视野。每个商业生态系统都是一个价值创造、传递和实现的闭环，通过引入新的利益相关者完善商业解决方案，可以增大交易价值空间。2013年成立的Zenefits是一家总部位于美国旧金山的企业人力资源管理基础服务提供商，它为企业提供免费的人力资源云服务。考虑到客户及员工保险方面的需求，Zenefits还作为保险经纪人，通过为企业提供人力资源方面的保险服务获取佣金。到2015年5月，Zenefits在C轮融资中的估值已经达到45亿美元。

由于采用了广角镜的思维模式，企业可以站在不同利益相关者的视角，再定义焦点企业业务的价值空间，从而产生不同的价值空间估值逻辑。以移动出行服务类软件为例，移动出行服务类软件既可以被视为连接乘客与租车的更为有效的出行解决方案；也可以被视为移动支付的一个入口，是培养客户移动支付习惯的有效闭环；还可以被视为消费者基于地理信息的移动生活应用场景平台。应用这三种视角和定义，对滴滴这样的打车类应用软件的价值评估差异巨大。

透过广角镜这个视角，焦点企业可以挖掘自身在整个商业生态系统中最大的价值潜力。

⊃ 多棱镜

多棱镜维度指发现并利用商业生态系统中沉睡的资源能力。每个利益相关者的资源能力具有不同的价值属性。在传统框架下，企业对自身的资源能力的属性和价值的评估相对固定，但是放在整个商业生态系统中，很多资源能力能够通过交易发挥其应有的价值。通过多棱镜，对利益相关者的资源能力进行分解，并在商业生态系统的框架下进行重构，往往是商业模式创新的有效手段。

入选2013年《福布斯》美国小型公司100强的减肥食品公司Medifast，把它的客户变成健康教练，健康教练通过拓展新的客户获得产品销售分成。健康教练用自身的成功减肥经验帮助新客户减肥，在促进产品销售的同时也带给客户更好的消费体验。Medifast正是看中了每个顾客真实的减肥成功案例比明星代言更具感染力这一资源能力，把顾客变成产品宣传和销售的合作伙伴，以裂变式传播的方式，快速扩大了业务规模。

⊃ 聚焦镜

聚焦镜维度指在每个利益相关者的愿景目标、业务规模、风险承担能力各有不同，发展速度也不同步的前提下，不断设计不同利益相关者的角色和交易结构，从而改进商业生态系统的效率。这种以生态系统效率改进为目的的思维方式包括三方面：一是在整个业务活动系统中，将活动环节切割和重组，调整各个利益相关者的角色与资源的投入；二是结合各个利益相关者对结果的影响力与利益诉求，匹配盈利模式；三是设计推演各个利益相关者的现金流结构，保障商业生态系统现金流结构的顺畅。

众所周知，戴尔电脑的崛起是商业上的成功而非技术上的进步。当时电脑组装产业各业务环节已趋于成熟，戴尔电脑率先通过直销的商业模式——先获得顾客的订单再购买配件组装生产，取代分销商的角色，将销售业务活动揽入麾下。先款后货的方式不仅降低了电脑配件的采购规模和风险，而且使得现金流运转从初始投入起就是良性的，并越来越健康。在技术更新换代极快的电脑产业中，戴尔的直销模式改善的是整个电脑组装商业生态系统中成品和零配件的存货水平与周转速度，以及现金流的运转，这种做法重构了整个生态系统的成本结构和风险结构，也带来了戴尔电脑的成功。

综上所述，商业模式设计思考维度和设计内容如表 5-2 所示。

表 5-2 商业模式空间下的三个思考维度

思考维度	关注焦点	空间内容
广角镜	角色	商业生态系统价值空间的拓展
多棱镜	资源	商业生态系统中利益相关者潜在资源的发挥
聚焦镜	需求	现有商业生态系统运营效率的改善

除上述"三镜"之外，还有一个重要维度和工具是"加速器"。

➲ 加速器

加速器是可以同时打破整个商业生态系统价值空间天花板和效率瓶颈、帮助生态系统加速成长、助力商业生态系统的复制与扩张的工具。典型的加速器是金融工具。金融工具将资产类资源的潜力释放并重新配置，降低了系统性风险。金融工具的运用，一是可以将固定资产活化，如担保抵押的固定收益融资，包括信贷、信托和租赁三个来源；二是基于投资价值的融资，借助未来的资源（包括证券市场公开融资、VC/PE 融资）突破时空限制；三是引入不同利益相关者的交易结构设计，通过防控、分散、降低、转移、锁定、补偿等方式及其组合，有效控制风险，满足投资者的收益率要求和风险偏好。

案例 5-4 ［**凯德集团的地产金融模式**］

新加坡凯德集团（曾用名"嘉德置地"）被称为亚洲最大的商业地产公司。目前凯德集团旗下共管理 5 只房地产投资信托和 16 只私募基金，管理资产总值超过 2 000 亿元人民币，是亚洲最大的房地产基金管理者之一。凯德集团所投资的物业按发展阶段分为"培育期"和"成熟期"。培育期物业没有现金流入，而且风险比较高，资本升值潜在回报空间相对较大；而成熟期有高端商户租赁，现金流入比较稳定，收益率稳定在 7%～10%，具有稳定的分红能力。为此，凯德集团采用了 PE+REITs（房地产信托投资基金）的地产金融模式，即在培育期采用私募投资方式融资，在成熟期则采用 REITs 融资。凯德集团通过对资产类型进行分解和对投资类型进行匹配，快速提高了商业模式复制的速度。

（2）利用"三镜"进行结构化的商业模式设计

在"三镜"思维模式的基础上，使用一套结构化的方法，企业可以进行商业模式业务系统的设计。这一套方法的基本逻辑是：企业的价值增值是由三方面决定的，其逻辑结构如图 5-2 所示。一是交易角色（A），广角镜就是通过发现更多的交易角色来使价值增值（V）的；二是商业生态系统内的所有资源（R），通过多棱镜发现更多的资源和潜在资源；三是各利益相关者的需求（D），多棱镜的第二个作用就是挖掘商业生态系统内各利益相关者更深、更广的需求。

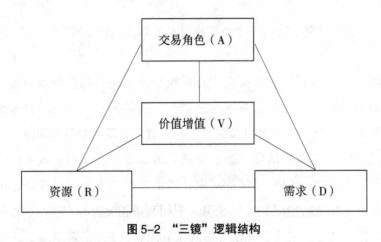

图 5-2 "三镜"逻辑结构

这套结构化的方法将交易价值与成本引入交易结构设计，作为可相对量化评估的变量。成本包括货币成本、交易成本和机会成本。货币成本指交易过程中实际支付的购买成本；交易成本指为达成交易付出的成本，决定交易结构最终的效益和可行性；机会成本指交易结构的效率和动力，以其确定是否具备更大的可挖掘的价值空间。

下面以光伏发电行业为例，运用"三镜"方法进行商业模式设计，其过程大致分为三个步骤。

第一步，进行"三镜"扫描，系统梳理商业生态。

①使用广角镜，对利益相关者进行分层扫描，区分不同角色的活动。以光伏发电行业的设计采购施工（EPC）类企业作为焦点企业，对这一方法进行应用举例。

通过广角镜扫描，可以得到利益相关者角色关系，如图5-3所示。

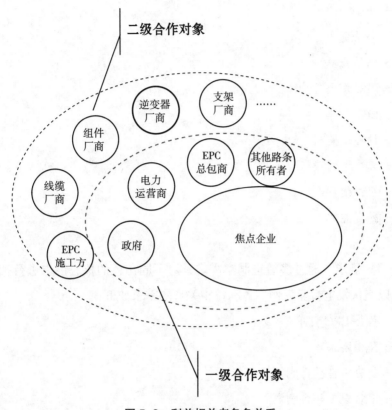

图5-3 利益相关者角色关系

其利益相关者如下：

—— 焦点企业

—— 政府

—— 电力运营商

—— EPC总包商

—— 其他路条所有者

—— EPC施工方

—— 线缆厂商

—— 组件厂商

—— 逆变器厂商

——支架厂商

⋮

②多棱镜：资源。通过多棱镜，对不同角色的资源、潜在资源进行扫描，并形成资源列表。以光伏发电行业为例，图 5-3 中所有利益相关者的资源如下：

——资金

——路条资源

——电站资源

——EPC 服务能力

——EPC 订单

——设备采购权

——建成电站股权

——组件配件

——融资能力

⋮

③多棱镜：需求。通过多棱镜洞察需求，对不同角色的核心诉求进行扫描，形成需求列表。以光伏发电行业为例，各利益相关者的需求如下：

——获得 EPC 订单

——获得路条

——出售组件获得利润

——出售服务获得利润

——提高资金利用率

——建成电站

——购买电站

——提高资源利用率

⋮

第二步，进行利益相关者及其资源、需求的评估排序和优先匹配。

①构建角色—需求评估矩阵，根据不同角色的需求的交易价值和交易成本进行排序。

在本案例中，角色—需求评估矩阵如表 5-3 所示。

表 5-3 角色—需求评估矩阵

	获得 EPC 订单	获得路条	出售组件获得利润	出售服务获得利润	提高资金利用率	建成电站	购买电站	提高资源利用率
焦点企业	3	2	2					
电力运营商						3	3	
EPC 总包商	3							
政府						3		3
其他路条所有者				1		3		
EPC 施工方	2				2			
线缆厂商			1					
组件厂商			3					
逆变器厂商			1					
支架厂商			1					
需求汇总	8	2	8	1	2	9	3	3
需求排序	2	4	2	5	4	1	3	3

评分规则为：第一，表格内数值表示该需求的迫切程度。空为无需求，1 为弱需求，2 为中需求，3 为强需求。第二，汇总值为该列之和，用以区分不同需求在整个商业生态系统中的总迫切程度。

②构建角色—资源评估矩阵，根据资源的交易价值和交易成本排序。

在本案例中，角色—资源评估矩阵如表 5-4 所示。

表 5-4 角色—资源评估矩阵

	资金	路条资源	电站资源	EPC 服务能力	EPC 订单	设备采购权	建成电站股权	组件配件	融资能力
焦点企业	3				3		2		3
电力运营商		3	3						
EPC 总包商					3	2			
政府		2							
其他路条所有者		2							
EPC 施工方				3					
线缆厂商								1	
组件厂商		2						3	
逆变器厂商								1	1
支架厂商								1	
资源汇总	3	9	3	3	6	2	2	6	4
资源排序	4	1	4	4	2	5	5	2	3

评分规则为：第一，表格内数值为利用该资源的潜在价值，即该资源的机会成本。空为无资源，1为弱价值，2为中价值，3为强价值。第二，汇总值为该列之和，用以区分不同资源在整个商业生态中的总价值。

③对以上需求排序和资源排序进行匹配，排定优先级，如表5-5所示。

表5-5 需求资源排序

	获得EPC订单	获得路条	出售组件获得利润	出售服务获得利润	提高资金利用率	建成电站	购买电站	提高资源利用率	资源排序
资金	8	16	8	20	16	4	12	12	4
路条资源	2	4	2	5	4	1	3	3	1
电站资源	8	16	8	20	16	4	12	12	4
EPC服务能力	8	16	8	20	16	4	12	12	4
EPC订单	4	8	4	10	8	2	6	6	2
设备采购权	10	20	10	25	20	5	15	15	5
建成电站股权	10	20	10	25	20	5	15	15	5
组件配件	4	8	4	10	8	2	6	6	2
融资能力	6	12	6	15	12	3	9	9	3
需求排序	2	4	2	5	4	1	3	3	—

评分规则为：根据资源排序和需求排序的分值，将矩阵内的两个排序数值相乘，所得乘积填写在对应的框格内。该乘积可以区分在整个商业生态系统中，资源与需求匹配的排序和优先级，焦点企业可以选择优先级高的资源—需求组合，也就是价值增值空间最大的组合。在本矩阵中，数值越小代表排序优先级越高，数值越大代表排序越靠后。

在本案例中，排序最优的资源—需求组合为：获取路条资源—建成电站的组合，这是在整个商业生态系统中价值增值空间最大的组合。

④对于最高优先级的资源—需求排序，也就是价值增值空间最大的组合，确定其资源、需求与角色之间的关系。

针对本案例中的获取路条资源—建成电站的最优排序，反查角色—资源评估矩阵和角色—需求评估矩阵，即可得到与最优排序的资源、需求相关的角色，如表5-6所示。

表5-6 资源—需求—角色匹配

关键资源：角色	
电力运营商	3

续表

关键资源：角色	
政府	2
其他路条所有者	2
组件厂商	2

关键需求：角色	
电力运营商	3
政府	3
其他路条所有者	3

围绕优先级最高的资源—需求匹配关系所识别出的关键角色，构成的优化的商业生态系统如图5-4所示。

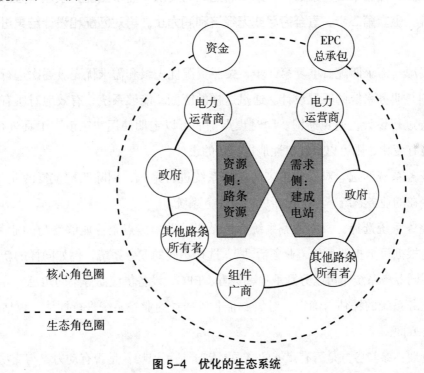

图 5-4 优化的生态系统

⑤ 根据优化的商业生态系统进行焦点企业的业务系统设计。设计过程可能遇到以下三种情况：第一，焦点企业自身具备关键资源，可直接完成业务活动；第二，焦点企业自身不具备关键资源，可通过一次交易置换；第三，焦点企业自身不具备关键资源，不可通过一次交易置换，需要通过多次交易置换。

在本案例中，根据上述情况，业务系统的设计如下：

业务系统一：直接完成业务活动。如电力运营商（及其他路条所有者）自己持有路条资源，建成电站。

业务系统二：通过一次交易置换。如电力运营商购买其他路条所有者（或组件厂商）路条，建成电站。

业务系统三：引入生态交易角色，通过多次交易置换。有两种可选择的业务系统：其一，其他路条所有者通过EPC和资金方建成电站，卖给电力运营商或自己持有；其二，组件厂商通过属地化生产，从政府那里获得路条资源，转让给电力运营商，通过EPC采购组件。

这样就可以得到优先级最高，也就是价值增值空间最大的业务系统设计的四个方案。

第三步，根据第二、第三……第 n 优先级的资源—需求匹配关系进行分析和业务系统设计，重复第二步，直至穷尽或无经济利润为止。再对匹配和设计结果进行筛选评估。

①资源—需求匹配。重复第二步，按照资源优先级和需求优先级逐次进行交易角色的识别与业务系统的匹配设计。通过这样的匹配，能够系统、有效地对所有可能的业务系统进行设计，避免遗漏。同时焦点企业可以定期使用"三镜"工具进行扫描，如果环境有变化，则可以有针对性地进行新的设计。

②业务系统筛选。对设计出来的业务系统进行筛选，剔除匹配重复的业务系统、目前已存在的业务系统，筛选出新设计的业务系统。

③业务系统选择。根据业务系统筛选结果，选择焦点企业能够参与的业务系统。焦点企业根据可承担的角色（业务活动），选择不同的业务系统。例如同样的新能源企业，在不同业务系统中可以分别承担融资者、EPC、设备供应商等不同角色。

④业务系统的评估与确定。对焦点企业所选择的业务系统进行评估，评估指标包括如下三方面。

可行性：参与各方是否有足够的资源？需求是否迫切？是否有动力参与交易？

经济性：价值空间是否得到扩大？交易成本、实际交易的货币成本是多少？

可控性：焦点企业对整个交易过程能否掌控？控制点是什么？

根据这三方面的评估结果，可以从业务系统匹配设计的方案中确定焦点企业最终选择的业务系统。

5.3.3 共生体空间

企业生存的商业生态系统从属于某一类共生体空间。在共生体空间中，对不同的商业生态系统进行抽象思考，可以发现不同的价值创造逻辑。新的价值创造逻辑是判别一个新共生体的关键。只有处于具有蓬勃生命力的共生体之中的企业才有未来。共生体空间的创新主要有以下三种方式。

一是利用革命性技术推动共生体进化。

每一个划时代产品或技术的出现，都会带给客户全新的消费体验或实现关键性能指标的突破性改进。这是共生体空间创新的重要方式，也是用户需求满足方式的创新。比如电动汽车不仅是产品技术的创新，更是对传统能源汽车的整个共生体（由汽车零部件供应商、油品供应商、维修服务商组成的各类商业生态系统）的一种颠覆。

二是重置价值创造的商业逻辑。

重置商业逻辑有两个路径。路径一是对现有的共生体从更本质或者更大的层面上进行解决方案设计。比如共享经济平台，其本质是对存量资产和市场需求的重新对接，释放信息对称的潜力，创造价值空间。路径二则是将两个及以上的共生体进行交叉配置，创造新的商业逻辑。比如传统零售业与互联网融合之后形成的"新零售"业态，兼具了两者的优势并且有更佳表现，改变了传统零售业的格局。

三是趋势性力量发生改变。

人口结构、社会文化、政策变化等外部趋势性力量的变化，使需求更加多元，这是催生新的共生体物种出现的土壤。一个快速变化的市场环境总是不断打破原有的模式，不断衍生出多样的、更具竞争力的共生体物种。

在企业进行业务系统设计时，首先要决定业务系统所在的层次空间，以及业务系统创新的范围。不同层次的创新背后，是对竞争格局的认知和假设的差异化。对企业决策者而言，应对竞争格局进行判断和思考，尤其需要对战略、商业模式和共生体三个空间的现状与未来的走势有清晰的判断，并在此基础之上进行业务系统创新。

拥有竞争维度再定义的主动权是企业的一项关键优势，它可以帮助企业在更广阔的空间中展开奇袭。这种对竞争维度的创造性定义是创新的重要组成部分，驱动商业竞争走向高级与多元。彼得·德鲁克曾经说过："一个企业只能在企业家的思维空间之内成长，一个企业的成长为其经营者能达到的思维空间所限制！"空间识别与驾驭能力已经成为商业领袖的必备素质。只有那些在共生体空间坐标系中保持平衡视野且富有远见的企业家，才能清楚地认识到竞争的本质。

小　结

业务系统指企业达成定位需要涉及的业务活动环节、各内外部利益相关者扮演的角色以及利益相关者之间的业务交易和治理交易关系的状态。由构型、角色与关系三部分组成。构型指利益相关者因交易形成的网络拓扑结构。角色指从事某一个或多个业务活动的利益主体。关系指企业与其内外部各利益相关者之间的业务交易和治理交易关系。业务系统构建首先基于三类空间的选择，分别是基于企业个体的战略空间，基于商业生态系统的商业模式空间和基于商业生态群（簇）的共生体空间。空间选择和定义在整体上决定了商业模式的系统性和影响力。一个好的业务系统，可以使用广角镜、多棱镜、聚焦镜和加速器等工具方法，开展结构化的系统设计。

关键术语

业务系统；业务交易；治理交易；构型；角色；关系；战略空间；商业生态系统；商业模式空间；商业生态群（簇）；共生体空间；广角镜；多棱镜；聚焦镜；加速器

讨论案例

2019年1月16日下午，金蝶集团和温氏集团共同宣布成立"广东欣农互联科技有限公司"（简称"欣农互联"）。金蝶集团始创于1993年，是国内最早从事企业管理软件业务的知名企业之一。温氏集团创立于1983年，是一家以畜禽养殖为主业、配套相关业务的现代农牧企业集团。两家各自行业领军企业的合作历史从2005年开始，在此后的二十多年内，温氏的生产、销售、管理系统几乎都是基于金蝶的平台打造的。设立合资公司则意味着在产业互联网背景下，二者合作关系的进一步升级。

欣农互联的成立，其目的是帮助温氏产业价值链进行数字化重构，赋能温氏及产业链上下游合作伙伴与农户，并适时赋能国内其他现代农牧养殖企业；同时，也是金蝶行业价值链重构、布局产业互联网的新战略。欣农互联通过数字化平台整合全行业，全面推动农牧产业上下游及商业生态合作伙伴的数字化、智能化，惠及千千万万家农户，提升行业企业与养殖户的经营管理效率。

近年来农牧业发展迅猛，养殖业早已从家庭零星的"手工养殖"阶段走向集中化、工业化的阶段，农牧业企业基本实现从"手工"到"机械"的第一次技术升级。在此基础上，机械化生产效率提升的潜力空间已经不大，但养殖的自动化和智能化程度仍然不够。同时，传统的农牧产品批发市场已经很难适应新的形势。

针对现代农牧业的痛点，欣农互联充分利用两家各自行业领军企业的优势和经验，重点解决农牧业发展的痛点问题，把大数据、物联网等技术赋能给普通的中小养殖户，实现从温氏到上下游伙伴的智能养殖普惠化。欣农互联搭建了一个可能颠覆目前传统批发市场的线上平台，由所有养殖户、温氏、流通环节及消费者共享。

通过这样的合作模式，金蝶可以与行业头部用户一起完善和升级其信息系统，使其从企业外部产品供应商转变为内部运营合作者，成为真正的行业解决方案提供商。金蝶的盈利模式从一次性软件销售或收取服务费，转变为真正的行业IT服务商，通过提供IT服务获得持续收入。而温氏与金蝶成立合营企业，既提升了自身的IT水平，也为全行业提供了IT服务，提高了整个行业的效率并从中受益。未来，欣农互联还可以把公司IT部门从成本中心转变为利润中心，用另一种方式变现资源能力。

讨论题

1. 可以怎样设计欣农互联的业务系统？
2. 金蝶可否将与温氏的合作模式复制到其他行业？
3. 这种合作模式能否成功？为什么？

第6章

盈利模式

学习目标

- 掌握盈利模式定义及相关概念
- 描述盈利模式的定量、定向、定性问题
- 熟练掌握盈利模式定向问题
- 熟练掌握并运用收支方式设计盈利模式定性问题
- 了解构建盈利模式的路径
- 了解盈利模式的组合和竞争

导入案例

2017年麦当劳（中国）更名为"金拱门"，一时引发热议。从1990年在深圳开设中国第一家餐厅开始，麦当劳就成为中国餐饮市场"洋快餐"的代名词，以标准统一、安全卫生的特点和特许连锁经营的模式得到市场的认可。

从发展特许经营之初，麦当劳就确定了一些发展加盟商的基本原则。比如，不发展实力雄厚的加盟商，以避免客大欺店，改变麦当劳的标准；不发展区域整体授权，只做单一店面的加盟授权等。在发展加盟商的过程中，麦当劳也遇到诸如加盟商因实力不足而难以获得足够的资金，或者缺少银行信用而无法贷款，从而无法支付店面的房租费用和建设费用等问题。遇到这些情况，麦当劳就代加盟商寻找合适的店址，并长期承租或购进土地和房屋，然后出租给加盟商。这样，一方面解决了加盟商的资金问题，另一方面充分利用了麦当劳的资信实力，同时麦当劳通过控制房产来加强对加盟商的管理。因此，麦当劳加盟业务的收入构成中，除了加盟费，还包括房租收入。

2016年年末，麦当劳的收入主要包含两部分：一部分来自麦当劳的直营店，收入全部归麦当劳所有，其收入规模大约占麦当劳直接收入的62%（占含加盟店在内的所有麦当劳店面收入的18%）；另一部分来自加盟餐厅，麦当劳主要收取加盟费和房租，其中加盟费占餐厅收入的4%～5%，房租占餐厅收入的9%～11%，两项合计占麦当劳直接收入的38%。截至2016年年底，在31 230家加盟餐厅中，麦当劳持有47%的加盟餐厅的房屋或土地所有权，2016年麦当劳的加盟费收入为31亿美元，而房租收入几乎是加盟费收入的一倍，达到61亿美元。

所以，你认识的麦当劳，实际是一家房地产公司。

6.1 盈利模式的定义

很多企业都非常关注营业收入和市场份额的增长，对于企业应该如何盈利的问题却缺乏深度的思考和设计。企业决策者往往认为某个阶段只要有了规模，利润自然会随之而来。这种观点以某种既定的盈利模式为假设前提，一般以产品或服务的收入成本差作为单一的盈利来源，以行业内约定俗成的成本加成定价、计件定价等作为主要的盈利方式。在盈利来源和盈利方式既定的前提下，企业盈利模式大多围绕由供求状况决定的价格水平展开，主要考虑企业成本结构、竞争对手定价，以及产品或服务带给客户的价值认知。企业盈利的提升更多通过客户价值感知的提高和客户规模的扩大来达成，忽略了企业盈利模式创新带来的盈利空间。

在朴素的盈利模式下，企业收入来源单一，基本依赖主营业务。行业竞争的加剧，往往会引发价格战、无效的宣传促销、无差异的品牌认知等问题，导致企业利润越来越低甚至亏损，净资产收益率和投资价值迅速下降。

而成功的企业往往能够通过主动设计盈利模式，提高交易效率，创造竞争优势。通过调整盈利来源和盈利方式，企业能够拓展原有价值空间的规模和价值实现的效率。盈利模式指企业的收支来源与收支方式及其相应的结构，也就是企业如何获得收入、分配成本、赚取利润。盈利模式是在给定业务系统中各业务活动所有权和业务活动结构已确定的前提下，利益相关者利益分配格局中焦点企业利益的表现。良好的盈利模式不仅能够给企业带来更多的收益，更能为企业编织一张稳定共赢的价值网络。

盈利模式的设计主要由三个维度构成：定量问题，即产品和服务价格高低的确定；定向问题，即企业盈利来源的确定；定性问题，即企业通过何种盈利方式获得收入。其中定量问题主要是定价的策略性问题，市场营销领域讨论较多，而商业模式领域主要讨论定向和定性的问题。

6.2 盈利模式的定向问题：收支来源

企业的盈利模式必须考虑收入和成本两方面。一个好的盈利模式往往可以产生多种收入来源。传统盈利模式则是企业提供什么样的产品和服务，就针对这种产品和服务向客户收费。成本结构则与企业提供的产品和服务、业务系统及其资源能力分布紧密相关。传统盈利模式的成本结构往往与收入结构一一对应，而现代企业盈利模式则有很多变化，成本结构和收入结构不一定完全对应。常见的盈利模式是：企业提供的产品和服务以低于成本的价格收费甚至不收费，而吸引来的顾客产生的价值则由其他利益相关者向焦点企业付费。

一个企业可以使用多种收益和成本分配机制来构建盈利模式。相同行业的企业，定位和业务系统不同，企业的收入结构与成本结构也不同。同样的业务系统，盈利模式也可能不一样。盈利来源可能来自第三方或其他利益相关者。成本和费用也不一定由企业自己承担，可以转移给其他利益相关者。这些灵活设计的可能性，带来了盈利模式的多样性。

6.2.1 自有业务及其升级

企业的自有业务是盈利来源的起点。企业对自有业务进行升级，提出更有力的客户价值主张，改善客户的满意度或产品的性价比，从而带来更大的客户规模或客户更高的价值认可，这是提升盈利来源的最直接的路径。

很多创业企业都是从最初的核心产品开始，逐步拓展到为客户提供丰富的产品组合，然后发展到直接向客户提供满足客户需求的服务，乃至为客户提供系统解决方案。这是一个从自有业务逐步拓展升级的过程，也是盈利模式拓展最自然和最直接的方式。

6.2.2 企业独特的资源能力

企业通过所拥有的独特的资源能力开展业务并获得利润。在此基础上，企业还可以通过发展和提升与其商业模式匹配的关键资源能力，为自身和社会创造更多价值。企业内各种资源能力的地位并不是平等的，不同商业模式能够顺利运行需要的资源能力也各不相同。企业可以以关键资源能力为中心，寻找、构造能与之相结合的其他利益相关者；或者对内部价值链上的能力要素进行有效整合，以创造更具盈利能力的价值链产出。当这种资源能力对最终产出的影响巨大时，企业的盈利模式也会发生改变。

案例 6-1 ［亚马逊的"云"服务］

> 亚马逊（Amazon）是全球电子商务的领导者。由于电子商务的用户流量在全球并不是均匀分布的，且时间上也不具有稳定性，亚马逊的 IT 架构必须按照圣诞节等销售峰值建立，以保证购物高峰的客户体验；然而这样一来，其他大部分时间则会出现资源空闲的情况，于是亚马逊将技术上的优势和运营网站的经验打包出售给其他商家。通过不断完善服务，亚马逊已经成为迄今为止最大的云服务提供商。这个思路与亚马逊此前推出的"FBA"（Fulfilled by Amazon）业务一样，但 FBA 出租的是物流及仓储。二者貌似不同，实则思路相同。围绕在电子商务领域积累起来的物流仓储能力和技术优势这两项关键资源能力，亚马逊找到了新的盈利增长点。

6.2.3 寻找利益相关者之间的关联

从利益相关者的角度思考盈利模式，关键在于寻找利益相关者之间的关联，思考利益相关者的利益诉求，以及在什么条件下对方愿意参与这个商业模式等。只要在众多利益相关者之间形成价值闭环，使利益相关者的需求有人提供、成本能够被承担、收益可以保证、优势得以发挥，这就是一个完整的盈利模式循环。

通过寻找利益相关者之间的关联产生的盈利模式，最典型的代表是免费模式：用户免费获得企业的服务。作为一个手段，免费使用户规模快速膨胀，企业的盈利来源则是能从用户群体那里获益的第三方合作伙伴。对企业而言，免费不是目的，通过免费实现收费才是目的。以 Google 为例，其访问用户可以免费通过 Google 获得搜索服务，而 Google 的收入则是广告收入。广告商非常看重 Google 聚集起来的对不同搜索内容感兴趣的访问用户，这些按其搜索的关键词而被细分的客户群体拥有非常高的消费潜力。

商业模式思维的核心在于借助和重组资源，而非自建所有资源，寻找资源互补的利益相关者完成借势。对很多创业公司而言，寻找大规模的客户池，形成合作，从而盈利来源倍增,是快速实现盈利的必由之路。

6.2.4 收支来源分析矩阵

在商业模式理论中,利益相关者有内外之分。内部利益相关者指企业的股东、企业家、员工等,可以是个体,也可以是一个特殊的部门群体。比如高通公司,其自主研发的开放式 BREW 平台就可以被视为一个内部利益相关者。它专为技术开发商、设备制造商、电信运营商提供应用、控制平台和端口工具等服务,为自有的 CDMA 技术构建了一个共生共荣的生态系统,这也正是高通持续盈利的关键所在。而外部利益相关者指的是企业的顾客、供应商、其他各种合作伙伴,包括企业的直营店、控股公司、参股公司和纯市场合作关系的公司或机构等。这些内外部利益相关者在一个商业模式架构下通过各种交易活动相互关联,各取所需、各有所得,为彼此创造独特的商业价值。

怎样划分这些利益相关者,使之真正体现其潜在价值并为整个商业模式系统贡献一己之力呢?这就要从企业盈利的角度进行分析:通过思考企业的收入和成本分别来自哪些利益相关者,设计企业的盈利模式或者定价模式。

我们可以设定一个分析矩阵,包括成本支付和收入来源两个维度。水平方向表示为企业贡献收入的利益相关者,分别是直接顾客、直接顾客和第三方顾客、第三方顾客;垂直方向为承担成本的利益相关者,分为企业、企业和第三方伙伴、第三方伙伴、零可变成本。这样就得出一个包含 12 个子区域的盈利模式矩阵,如表 6-1 所示(盈利模式的英文表达为 profit model,矩阵中我们用 PM0 表示"盈利模式 0",以此类推)。可以看出,盈利可以不直接来自顾客或者主营业务,可能来自第三方或其他利益相关者;成本和费用也不一定由企业自己承担,而是可以转移给其他利益相关者。

表 6-1 盈利模式矩阵

成本支付			
零可变成本	PM9	PM10	PM11
第三方伙伴	PM6	PM7	PM8
企业和第三方伙伴	PM3	PM4	PM5
企业	PM0	PM1	PM2
	直接顾客	直接顾客和第三方顾客	第三方顾客 收入来源

PM0:由企业支付成本并从直接顾客获取收入。这是最普遍的盈利模式,很多"产

销一条龙"的传统制造型企业都是如此。支付购买原材料、生产制造和渠道销售的成本，直接销售产品给顾客得到收入，收入减去成本就是盈利。对企业而言，PM0 的交易结构很简单，除了原材料，基本只涉及两个利益相关者：企业本身和直接顾客。

从 PM1 到 PM11，交易结构明显比 PM0 复杂，一般至少涉及三方利益相关者，这其中就存在很多盈利模式创新空间。

PM1：企业投入成本生产产品或者服务，从直接顾客和第三方顾客那里获取收入。比如，杂志向读者收取订阅费用，同时向广告商收取广告费，在这个盈利模式中，广告商的目标受众是杂志的读者，因此是杂志的第三方顾客，而读者无疑是直接顾客。再如，腾讯的互联网增值服务也采取了这样的方式，虚拟的衣服、道具、宠物等都是向直接顾客收费的，而这些产品的边际成本几乎为零；同时，腾讯也向嵌入其网络游戏或其他应用的广告商（即第三方顾客）收取服务费。

PM2：企业投入成本生产产品或者服务，直接顾客免费消费，第三方顾客支付费用。这正是本章开头提到的 Google 采用的模式，电视台、免费报刊也在此列。与 PM1 相比，PM2 虽然减少了直接顾客的收入贡献，但完全有可能通过免费扩大客户规模和品牌效应，向第三方顾客收取更高的费用。PM1 和 PM2 的交易结构极为相似，在很多场合下可以相互转换，二者的差别仅仅在于是否对直接顾客收费。

PM5：企业和第三方伙伴承担生产成本，第三方顾客支付费用，直接顾客免费。在这里，第三方伙伴和第三方顾客可以作为同一主体出现。例如，在 2012 年最火的电视娱乐节目《中国好声音》中，浙江卫视与节目制作方作为企业和第三方伙伴共同投入、共担风险、共享利润，加多宝提供赞助和宣传，中国移动同时作为第三方伙伴和第三方顾客提供彩铃下载服务，与浙江卫视和制作方分成利润，全国手机用户作为第三方顾客通过下载彩铃为企业贡献收入，电视观众则免费观看节目。

PM6：企业零投入，第三方伙伴提供产品和服务，直接顾客可以得到价格较低的产品和服务。例如，很多商业论坛中，主办方一般只负责召集参会人，具体的会务运作、服务等都由企业赞助，而参会人可能分层付费：VIP 座位高价，一般座位免费或者低价。

PM11：企业以零边际成本生产，第三方顾客支付价格，直接顾客免费。PM9、PM10、PM11 分别从 PM0、PM1、PM2 衍生而来，关键在于边际成本为零，因此大多来自实体经济的"互联网化"。脱胎于 PM2 的 PM11 的一个例子是游戏软件厂商在游戏里提供广告，与在传统媒体打广告相比，互联网使广告的边际成本降为零。

有一点需要指出，表 6-1 的划分只是一个范例，盈利模式矩阵的应用并不局限于本书的划分方式。只要是按照成本、收入维度合理划分的盈利模式矩阵，均可用于收支来源与利益相关者的分析。

6.2.5　负定价与免费

近年来，全球唱片市场销售惨淡，随着音乐数字化的发展，非法下载与翻版导致原创音乐专辑销量日益下降，成为困扰全球音乐市场的症结。唱片公司的利润每况愈下，成本结构的限制使唱片公司无法继续降低价格以吸引消费者。难道唱片市场会重蹈报纸业和过去豪华百货公司的覆辙而被"互联网化"？答案当然是否定的。2007年美国的一个艺人"王子"（Prince）创造了一种新型唱片销售模式，成功解决了翻版和非法下载带来的问题。

案例 6-2　[王子的免费音乐]

> 对于新推出的 280 万张 CD，王子选择赠送，随同还赠送 280 万份周日版的伦敦《每日邮报》（Daily Mail），同时王子向《每日邮报》收取每张 CD 36 美分的许可费（通常情况下，《每日邮报》售价为 2 美元）。显然，对王子和《每日邮报》而言，销售是"负定价"，不但没赚钱还倒贴。
>
> 然而，对王子来说，虽然唱片销售"损失"不少，但随着知名度的提高，其 8 月在伦敦开唱 21 场所带来的音乐会收入，在该地区刷新了纪录；与此同时，《每日邮报》还带给王子一定的许可费收入。
>
> 王子的"免费音乐"扩大了歌迷基础，使"现场演出"成为最盈利的部分，并且收入不只来自门票销售：巡演通常能拉到赞助，如 Vans Warped Tour 音乐节，由著名极限运动品牌 Vans 赞助，而且一些公司也会向音乐节主办方付费，以获得为参加节日活动者免费提供香烟或其他产品的机会。
>
> 食品、饮料、商品和住房……各种音乐节本身构成了一个完整的旅游产业。如何把这张利益网络越编越大，将是王子下一步需要考虑的事情。
>
> 对《每日邮报》来说，虽然损失了 2 美元（通常售价）+36 美分（许可费），但在赠送 CD 的推动下，报纸发行量当日陡增 20%，并带来大量广告收入。
>
> 而对歌迷来说，有一个免费听唱片、看报纸的机会，何乐而不为呢？
>
> 通过盈利模式的设计，相关各方都获得了正收益。

如果仔细思考，我们可以发现王子唱片的盈利模式对应 PM5：企业和第三方伙伴承担生产成本，第三方顾客支付价格，直接顾客免费。值得注意的是，在这里，第三方伙伴和第三方顾客可以是同一主体。例如，在 2005 年最疯狂的娱乐节目《超级女声》中，蒙牛提供赞助和宣传，天娱负责选手培训、赛事策划和商业包装，企业付广告费，移动与联通提供短信平台，观众免费观看并通过短信投票，湖南卫视提供频道并获取以上活动产生的收入（其中一部分要与第三方企业分成，例如移动和联通的短信平台）。

与此类似的案例还有新浪微博让客户为用户买单等。

案例 6-3 [新浪就是一个广告牌]

"看新闻，上新浪"，这已经成为很多网民的一种生活习惯。

新浪不惜斥巨资，与各大媒体和内容提供商签署协议，引进大量内容；建立多达数百人的编辑团队，全力整合和推广这些海量的资讯内容；还提供丰富而易用的互联网产品服务，并在美观度和互动性上不断精益求精。

重要的是，这些都是免费的。更确切地说，这些都是新浪吸引用户、形成一个越来越庞大的用户群的手段。

它的主要收入来源就是广告。

海量用户，正是广告商感兴趣的！

广告商会甄选可能成为其客户的新浪用户，然后在他们关注度较高的相关页面投放广告；而这些用户会在浏览免费内容和使用免费服务的同时，潜移默化地接受广告商的广告灌输，并有少量的用户会为广告产品买单，给广告商带来高于广告投入的回报。只有新浪服务好了免费用户，才有可能从它的客户——广告商那里得到更多的收益。

一定程度上，新浪就是一个广告牌。

如果仔细观察，我们可以注意到，以上例子都涉及一个关键词：免费。事实上，随着互联网的普及，免费已成为大部分互联网企业常用的一种方式。迄今国内互联网行业发生了三次"免费"和"收费"大战：第一次是 263 收费邮箱和网易免费邮箱之争，第二次是 C2C 电子商务领域的淘宝免费和 eBay 收费之争，第三次则是 360 免费杀毒软件和收费杀毒软件之争。每次都是免费大获全胜。Google 公司首席经济学家、美国加州大学伯克利分校教授哈尔·范里安（Hal Varian）曾说过，免费战略的流行是低成本数字媒体企业兴起的直接结果。而免费所代表的盈利模式对应到我们的盈利模式矩阵，就是 PM2 和 PM5 所在的一列。但是需要指出的是，并非所有企业或产品在应对互联网的冲击时，都能依靠免费盈利模式来解决问题。问题的关键在于如何在各种利益相关者之间编织一张网，而免费仅仅是"连接"某一类利益相关者（如直接消费者）的一个较稳定和实用的方式而已。

接下来，我们再看看另一个例子：返利网。

案例 6-4 ［返利网的收支来源］

> 返利网成立于 2006 年 11 月，是国内首家电商类 CPS（单位行动成本，Cost per Action）效果营销服务提供商。公司成立五年后，凭借良好的用户体验，成为国内返利行业市场规模最大、用户活跃度最高的"第三方返利导购"平台。
>
> 目前，返利网拥有 1 000 万注册会员，保持每月 1 000 多万元的返利金额，吸引了包括京东商城、当当网、1 号店等在内的 400 余家知名 B2C 电商集体入驻，覆盖中国 40% 以上的网购人群。
>
> 如果你到淘宝、京东购物，先从返利网进入，通过返利网上的链接购买，可获得平均 5%～10% 的返利，最高可达 35%。返利网直接把这些钱返到你的返利网账号里，超过 5 元即可提取到自己的银行卡或支付宝账户里。如果商家返还的是积分，也会存在返利网账户里，用以兑换商品。
>
> 我们可以分别为返利网、电商和消费者算一笔账。
>
> 对返利网来说，折扣会带来大量的客户浏览量，从而产生广告商机；对每个在返利网展示的电商，返利网都会收取一定的佣金。
>
> 电商为什么愿意和返利网合作呢？像淘宝这样很成熟的 B2C 平台，其本身的知名度要比返利网高很多，电商为什么还要和返利网合作呢？这是因为原本需要 100 元的网站宣传广告费，利用返利网平台 10 元就足够了，这对大部分处于烧钱阶段的电商来说犹如雪中送炭。
>
> 对消费者而言，通过返利网购物，可以得到一笔返利，而这部分钱占电商付给返利网佣金的 80%。

对应到盈利模式矩阵，返利网的盈利模式就是 PM7：企业零投入，第三方伙伴提供产品和服务，直接顾客可以得到较低价格的产品和服务。与其类似的还有 PM6，区别在于此时只有直接顾客获得收入，例如很多商业论坛，主办方一般只起到召集参会人的作用，具体的会务运作、服务都由企业赞助，而参会人可以分成。

有趣的是，在确定某一种收支方式后，盈利模式矩阵还可以作为分析某个利益相关者交易动机的工具，揭示盈利模式的稳定性和改进空间。

6.3 盈利模式的定性问题：收支方式

不同的盈利来源需要与之匹配的盈利模式。盈利模式的设计充满创意，可以从单一产品/服务定价，逐渐扩展到更加复杂的组合定价，再到综合定价，结合不同的盈利来源，设计不同的盈利模式。

6.3.1 单一产品/服务定价

（1）固定、剩余和分成

固定、剩余和分成是交易中最经典的定价方式。固定收益的表现形式有买断（一次性、总量）、租金（按时间、按面积）、计件工资（按产量）、阶梯式工资（与产量挂钩）等。剩余收益表现形式有股权、纯分红、期权、提成等。

在一次交易中，一般存在三种情况。第一种情况是甲方拿固定，乙方拿剩余：如果甲方的收益不受产出大小的影响，比如出租厂房，那么甲方（厂房出租者）就获得固定收益。第二种情况是甲方拿剩余，乙方拿固定：比如工厂所有者，在支付完固定成本（如房租、工资等）之后的收益都是自己的，那么甲方（工厂所有者）获得剩余收益。第三种情况是甲方、乙方都获得剩余收益，则称甲方、乙方都拿了分成。

不同的定价方式带来的盈利模式的效果差异非常大。案例6-5介绍了一个工业设计项目的盈利模式的案例。

案例6-5 ［嘉兰图设计：从固定到分成］

创立于2000年的嘉兰图公司拥有国内最大的工业设计师团队，过去在工业设计项目的收费方式上，沿用固定收费的盈利模式：每个设计项目按照工作量、难度不同，收取几十万元至上百万元的设计费。

固定收费是设计行业的行规，已沿用多年，但目前这种模式的弊端彰显无遗。

由于采取固定收费,市场的失败风险完全由客户承担,设计师避免了承担设计成果失败的市场风险;然而,设计费成为客户的成本支出,客户自然要千方百计压低设计成本。一方面,单一的盈利模式使工业设计市场竞争激烈,设计费一降再降,而同期的设计师人工成本等设计公司的成本却逐年上升,企业生存环境恶化。另一方面,一个好的设计能够给客户带来巨大的商业利益,然而即使设计给产品带来了很大的附加值,在现有的定价模式上,这也与设计公司和设计师毫无关系,其价值无法充分体现在定价上。

自 2009 年起,嘉兰图在它的新产品——老年手机上尝试了新的盈利模式,且初战告捷,一举跳出了恶性循环的项目价格竞争,更获得了大量的客户。嘉兰图采用的是先设计出老年手机,申请专利,然后将设计授权给需要它的客户,根据客户的实际产量收取授权费。这样,嘉兰图就和客户共同承担了设计失败的风险,也共享了设计成功的收益。由此,设计的价值得到了充分的体现,客户支付的价格也有了可靠的计量方法。嘉兰图则通过老年手机某个关键元件的供应量有效地掌握了客户产量。

仅仅老年手机这一个项目,嘉兰图当年就获得了近 1 000 万元的授权收入,是原来几十万元到几百万元的项目收入的数倍。嘉兰图从固定收费转向分成收费,打破了设计行业多年的行规,实现了盈利模式的华丽转身。

企业选择盈利模式首要考虑的问题就是采用固定、剩余还是分成。这个决策与参与交易的利益主体的资源能力贡献性质有关:固定贡献和不受利益主体意愿影响的可变贡献往往获得固定收益;而受利益主体意愿影响的可变贡献,盈利模式则要考虑交易价值、交易成本和风险承受能力及其他因素。其逻辑关系如图 6-1 所示。

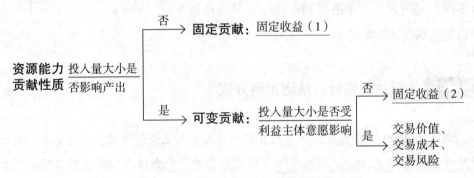

图 6-1 固定贡献和可变贡献的逻辑关系

（2）资源能力的固定贡献与可变贡献

任何利益相关者都拥有一定的资源能力禀赋，利益主体投入资源能力，对交易价值做出贡献。如果该资源能力投入量大小不影响产出，则该资源能力为固定贡献。例如在不超过产能的条件下，厂房对产量而言是固定贡献。反之，如果该资源能力的投入量越大，产量越大，则该资源能力为可变贡献。例如工业设计中，设计师的努力程度对产出质量是可变贡献。

按照资源能力在合作体中的贡献性质，其相应的收益方式设计路径为：首先评价该资源能力是固定贡献还是可变贡献。如果是固定贡献，则设计为固定收益，如厂房租金等。如果是可变贡献，则要看其投入量是否受利益主体的意愿影响，若不受利益主体的意愿影响，则设计为固定收益，如原材料；若受利益主体的意愿影响，则再分析与其他利益主体交易的交易价值、交易成本和交易风险等因素。

（3）利益相关者投入意愿

在交易中广泛存在三种契约方式，分别与三种盈利模式相对应，即租赁契约制（企业获得固定）、工资契约制（企业获得剩余）和分成契约制（企业获得分成）。

以农业生产为例。租赁契约制指企业将土地出租给农户，收取固定的土地租金或实物，农户负担所有投入，获得所有产出并承担全部风险。工资契约制指企业以工资形式雇用农户从事劳动，企业负担所有投入，获得所有产出，承担全部风险，农户获得工资报酬。分成契约制指企业将土地租给农户，或契约双方中一方负担所有投入，或企业与农户分担投入，契约双方按比例分配产出，共同承担风险。

在这三种契约方式下，参与交易的农户的投入意愿差异是非常大的。在租赁契约制下，虽然农户拿到了全部的剩余，但是因为承担风险较大，所以达成交易的意愿降低；在工资契约制下，农户拿固定，缺乏提高个人努力程度的动力；分成契约制则可以很好地均衡农户的风险承受能力和个人动力之间的矛盾。

除了农业生产，其他与个体努力程度有关的行业都存在类似情况。当合作的利益相关者的资源能力属于可变贡献时，个人投入意愿是设计盈利模式时需要重点考虑的问题。对盈利模式的选择主要受交易价值、交易成本和风险接受能力三个因素的影响。

6.3.2　交易价值

交易价值需要通过企业和利益相关者的交易才能实现。在这个过程中，提升交易价值、使交易收益增加有时不是企业和利益相关者其中一方能够完成的，本质上要求企业和利益相关者将不同的资源能力相结合。当交易主体提供的是可变贡献时，资源能力能够对产出产生多大的影响在很大程度上取决于拥有该资源能力的利益相关者的行为。一个好的交易结构，必须能够有效激发有能力对产出做出最大贡献的利益相关者。

仍以农业生产为例，决定收益方式的是利益主体的实力，也就是该利益主体是否有能力、有意愿对产出做出更大贡献，最终体现为盈利模式选择的谈判实力。这种实力优势可能来自具体某个利益主体的禀赋，如农户的劳作技能水平；也有可能来自不同类利益主体稀缺性的差异，例如由于农户相对稀缺，其具有更强的谈判实力。

在零风险条件下，如果企业在田间管理上具备较强实力而农户在劳作上只具备平均或较弱实力，企业就倾向于选择工资契约制形式，获得剩余收益。如果企业在田间管理上具备平均或较弱实力而农户在劳作上具备较强实力，企业就倾向于取消田间管理而选择租赁契约制形式，获得固定收益。如果企业在田间管理上具备较强的实力而农户在劳作上的实力也较强，属于强强联手，分成契约制就是相对合意的收益方式。在不同的情况下，通过设计不同的收益方式，整个交易结构系统能同时达到产出最大化和契约双方自身收益最大化。

如果盈利模式与资源能力不匹配，该激励的利益相关者没有得到激励，获得激励的利益相关者却没有能力最大化交易价值，就有可能使企业失去竞争优势、陷入困境。

6.3.3　交易成本

交易双方在搜寻、讨价还价和执行三个环节存在信息不对称与信息不完全，这就产生了交易成本。企业要获得剩余或分成收益，就要掌握相应的信息以监督获取固定收益的利益相关者，降低获取收益信息的成本，或者以合适的交易方式削减信息不对称带来的交易成本。

例如在农业生产的工资契约制（企业获得剩余）中，企业和农户之间存在信息不对称，如农民的技术并不熟练等。当这种信息不对称很严重时，企业倾向于选择新的契约对象，采取分成的方式。当监督人员和技术指导人员能够降低这种信息不对称时，企业就会继续维持原有的工资契约制形式。如果监督人员不可靠，可能造成监督失效，则监督引起的交易成本大于收益，企业就会放弃工资契约制形式，转而选择分成契约制形式。

6.3.4 风险承受能力

企业和利益相关者需要对交易进行投入，而投入的收益是不确定的，这是企业和利益相关者需要承担的风险。风险承受能力受到主观和客观两方面的影响。

主观方面，首先是个体主观的风险偏好程度。如果风险偏好程度高，企业或利益相关者会选择增加投入以获取更多收益。其次是收益对企业的重要程度。重要程度越高，企业越难以承受风险，这时利益相关者就更可能选择固定收益。

客观方面，首先是财务约束条件，其次是抵御风险的技能。企业如果抵抗风险的技能更高，在相同的财务条件下，则可能选择更高风险的盈利模式。如果交易双方都有抵御风险的技能，那么抵抗风险的经济性就会决定盈利模式的选择。比如在农业生产中，同等自然条件下，农户采取措施降低减产风险的能力要强于企业，但如果农户只能获得固定工资，他就没必要采取措施降低减产的风险。而为了促进农户的努力，企业付出额外的监督成本往往又是得不偿失。这就是为什么在种植和养殖环节，农业企业很少采用固定工资的方式，而是采用剩余或者分成的方式进行交易。

6.3.5 其他

除了贡献性质、投入意愿、交易价值、交易成本和风险承受能力之外，影响收益方式设计的因素还有以下几个。

首先是**机会成本**。如果某利益主体具备的资源能力的机会成本较大，那么即使提供的是固定贡献，利益主体也可能会采取剩余收益的方式来补偿这种机会成本。采取哪一种模式，取决于机会成本（违约意愿）和监督成本（纠正违约难度）的大小。反之，如果某利益主体的市场力量较弱、机会成本较小，那么即使提供的是可变贡献，利益主体也有可能只拿固定收益。因此，企业在发展壮大的过程中，其交易有可能经历从采取固定收益方式到采取剩余收益方式的转变。

其次是**资源能力在合作体中的贡献比例**。如果资源能力的贡献比例较高，该利益主体要么要求很高的固定收益，要么要求剩余收益。

再次是**现金流时序**。由于固定收益一般当期支付，而剩余收益会延期支付，因此现金流紧张的利益主体可能希望将剩余收益转为固定收益。反之，现金流充裕的利益主体则愿意在合作中把一次性固定收益的支付转化为固定加分成或者分成（都属于剩余收益的表现形式）的形式。

最后是**对不确定性的管理**。由于资源能力能够带来的未来产出存在不确定性，合作体和利益主体之间又存在信息不对称，利益主体可能更愿意选择收益更高但风险更大的剩余收益方式进行对赌，从而降低交易的不确定性。

6.3.6　交易的计费方式

交易的计费方式多种多样，不同的计费方式带来的交易效率也有很大差别。为了便于理解，以车辆相关的费用举例。保有车辆的费用，除了车辆购置费，在使用车辆的过程中，还涉及很多不同类别的费用，其中有各种固定费用，如保险、养路费、年检费；还有一些不固定费用，如维修费、油费、过路费、停车费等。这些名目繁多的费用，可以分成几类：第一类费用类似商家进入商场的进场费，只有缴纳了这笔费用才有资格或者才被允许开展业务活动，如车辆交强险；第二类费用按照使用次数计费，如过路费、过桥费等；第三类费用按照使用的时间段计费，如停车费；第四类费用按照消费量或消费价值收费，如汽车的加油费。除上述费用之外，还有按产品的价值增值计价的，被称为分享费，最直观的例子就是按收入比例收取的加盟费。分享费中的价值增值可以是收入的增加，也可以是成本的节约，例如，EMC（能源管理合同）按照能够给企业客户创造的能耗节省价值为基准分成，属于分享费的一种。

进场费、过路费、停车费、油费和分享费，这五种计费方式具有普适的应用意义，表 6-2 分别给出各类计费方式的范例。

表 6-2　不同计费方式与范例

类别	计费基础	范例
进场费	消费资格	会员费、订阅费、自助餐、一次性销售
过路费	消费次数	搜索广告按点击数收费、健身卡按次数收费、投币洗衣机
停车费	消费时长	网络游戏按在线时长收费、手机通话按时长收费
油费	消费价值	按成本定价、网络游戏销售道具、计件定价
分享费	价值增值	加盟费、投资基金（包括一级市场、二级市场）、EMC

市场营销中的定价概念和盈利模式的收支方式的关系，可以用物理学中的量纲和单位进行类比。量纲表征的是物理量的性质和类别，如时间、长度、质量等；而单位则表征物理量大小或数量的标准，如秒、米、千克等。营销定价关心的是价格的高低，而收支方式则更多地关注定价的量纲。常见的收支方式的量纲包括成本、利润率、投资收益率或回收期要求、供求状况、用户使用产品成效等。每个行业都有具有行业特征的收支方式的量纲，比如卖场往往用进场资格、位置、面积等，物流货运行业则采用物品重量、体积、价值、距离等，通信行业采用数据流量、通话时间、使用时间（套餐）等，而互联网企业则会采用点击率、转换率、流量等。不同量纲的交易成本和可能带来的交易价值、交易风险是不一样的。表6-2中的计费方式从上到下的交易成本是越来越高的，好的收支方式就是选择价值增值最大的定价量纲。

收支方式的普遍性和差异性非常之大，而不同的定价方式实际达成的效果也是千差万别的。GE（通用电器）航空发动机业务的计费方式的变化，就是一个很典型的例子。

案例6-6 ［GE航空发动机的按时间计费方式］

> 全球商用航空发动机领域是一个寡头联盟垄断市场，全球仅有四家发动机原始设备制造商（OEM），即美国GE公司、美国普惠公司、英国罗罗公司和法国赛峰集团。过去，这些发动机制造企业都选择销售发动机，赚取发动机销售收入和之后的维修服务收入。由于发动机价格高昂，飞机制造商会不断压价，侵蚀和压缩航空发动机制造企业的利润空间。而在发动机维修市场，发电机制造企业则面临独立发动机维修商的竞争，这些竞争者以轻资产运营，凭借维修经验蚕食发动机维修市场份额。
>
> 面对这种状况，GE公司选择了变换盈利模式，将一次性销售发动机改为按发动机运行时间收费，这就是著名的PBTH（Power-by-the Hour）模式。这个模式的转换对飞机制造企业来说，相当于使用多长时间的发动机就支付多少费用。这种类似于"按需分期付款"的方式，缓解了飞机制造企业的资金压力，其压价程度自然就会降低。而且，在客户使用发动机的这段时间内，由GE负责发动机、配件的维修服务，保证发动机的正常运行，这同时也缓解了独立发动机维修商对GE的威胁。与此同时，GE还兼并收购了大量的独立发动机维修商，减少在发动机维修市场的竞争。可以说，这个盈利模式的调整，对客户实现了产品使用全生命周期的锁定，是一个一箭双雕的决定。

> 在改变盈利模式后，虽然GE增大了自身的资金压力，但是与原来的发动机维护模式相比，GE能够延长发动机的运行时间，使保养成本更低，在产品生命周期内可收取的总费用或带来的总价值大于一次性销售的收入，而这些价值除一部分以定价的方式让渡给客户外，其余的则成为GE的额外盈利。

企业选择的定价方式及其达到的效果差异如此之大，应该如何选择最优的定价方式？这与下面几个问题密切相关。

（1）是否创造了新的交易价值

任何一种盈利模式所确定的定价方式都是有成本的。如果一种新的盈利模式明显比原先的模式要求更高的成本，那么很有可能是因为它创造了新的交易价值，足以覆盖增量成本。

比较固定的进场费、按次数的过路费、按时间的停车费、按消费价值的油费、按价值增值的分享费，无疑后四者需要投入的人员、设备、管理维护等的成本更高，但这些成本产生了新的交易价值——与缴纳一笔固定费用相比，总体收费更高。而对同一辆车而言，按使用次数或者使用时间收费，更能体现权责平衡和公平，更容易得到车主的认可。

近年来，很多制造企业纷纷转型，像GE这样，从原来一次性地销售产品变成持续性地提供服务，虽然承担的成本提高了，但获得的总收入相应更高了。

一般来说，准确评估一项交易对客户的价值需要相应资源能力的支撑，越能精确地评估这些价值，企业能够攫取的交易价值就越高。如果企业的资源能力足够强，就可以考虑采取按价值定价（分享费、油费），这样产生的交易价值最大；反之，则要考虑其他盈利模式。

（2）是否降低了交易成本

不同的盈利模式需要付出的交易成本有所不同。要了解客户得到的价值、度量客户的使用时间、测算客户的使用次数等都要付出额外的交易成本，因此一般来说，按价值定价（分享费、油费）、按时间定价（停车费）、按次数定价（过路费）、一次性定价（进场费）的交易成本会相应递减。如果这些额外的交易成本被证明是难以得到补偿的，那么简单的进场费就是合理的；如果新增加的交易成本能够得到补偿，那么应该考虑采取交易成本高但交易价值也高的油费等模式。

以自助餐为例，自助餐就属于进场费模式，不管消费多少，每名顾客的收费都是固定的。虽然与顾客点多少餐付多少钱的模式相比，自助餐模式可能遇到顾客超量消费或潜在浪费的损失，但由于降低了人员投入，店内人工减少了一半以上，相比之下，后者的节省超过前者的损失，总交易成本仍然是下降的。

很多本来打算按高价值方式定价的盈利模式之所以失败，正是因为交易成本太高。一些咨询公司试图按咨询服务为企业客户所创造的增量价值分成收费，但是影响企业经营业绩的因素太多，难以确定咨询服务的贡献，很难准确定价。因此，咨询公司不得不退而求其次，按交易价值次高但交易成本低得多的停车费（消费时长）模式计价，按投入咨询服务的人数和时间对客户报价。

（3）是否降低了交易风险

对企业来说，选择分享费、油费、停车费、过路费和进场费这几种模式的风险各有不同。选择进场费，收入较为稳定，但收入空间有限；选择停车费，收入空间较大，但收入波动幅度更大。与此同时，对于不同的盈利模式，顾客的反应不同，有时会产生对企业不利的影响。比如，顾客面对进场费可能会过度消费，面对停车费则可能消费不足，这些会增加交易成本或者降低交易价值，从而违背盈利模式设计的初衷。这就要求企业在设计之初，把顾客的反应提前考虑在内，选择风险匹配度最佳的定价方式。

当然，除了交易方式本身的风险，在经营管理上企业也可以设计一些配套的措施来降低交易风险，比如自助餐厅的高价格食物可以限量或排队供应，避免浪费。

技术的发展会大大降低一些交易方式的风险，也会促使交易双方采取一些高价值的盈利模式。例如随着电子商务手段的完善，过去农产品交易平台按席位收取佣金（进场费）的方式变成了按照交易金额收取（油费）。

（4）利益相关者实力的博弈结构

不同的盈利模式背后，反映了不同利益相关者的实力差异，以及这种实力差异所决定的博弈结构差异。

进场费最简单，却反映了企业与消费者对一次性消费交易价值的争夺。价格的高低，反映了双方从交易价值中切割的份额。若以高价格成交，则意味着企业获得了更多的企业价值；反之，则是客户获得了更多的客户剩余。很显然，实力差异决定了讨价还价能力的差异。与此同时，进场费模式毕竟是粗放的，只能吸引支付意愿在此价格之上的消费者。而过路费、停车费、油费、分享费等模式则一步一步地细分消费者，使不同消费水平的消费者都能获得消费资格并为自身的消费行为买单。

以洗衣机为例，一台定价 2 000 元的洗衣机很难吸引只愿意支付 1 500 元的消费者。在这种博弈结构下，双方都有意愿隐瞒自己的信息，以提升讨价还价能力。即使是愿意支付 2 500 元的消费者也有可能表示自己只愿支付 1 800 元，以争取企业降价。但是，不愿意花 2 000 元买洗衣机的消费者可能愿意花 5 元洗一次衣服，于是按次数收费的投币式洗衣机就把原本的非目标消费者发展成了目标消费者。

因此，企业要通过设计盈利模式，诱导出消费者的真实信息，而消费者则应针对盈利模式确定自己的对策。尽管双方为此需要支付诱导信息和显露信息的交易成本，但带来的却是更多的交易量或者更合理的交易价格，并提升了交易价值。

由于盈利模式的设计通常以企业为主，如果企业有实力诱导消费者显露其信息，从而提升整个商业模式的总价值，那么即使这种诱导需要花费高昂的成本也是值得的。当然，作为回报，企业在新增价值中切割较大的一块作为企业价值也无可厚非。而消费者则对不同的盈利模式用脚投票，最终选择出好的盈利模式。

6.3.7 拍卖定价

拍卖定价是价高者得，它通过有较高交易成本的竞价机制，准确地把握消费者的购买意愿。正因为如此，商品的稀缺性是拍卖定价的关键，只有买家众多而商品稀缺，卖家才能诱导竞争出价从而实现价值最大化。拍卖定价使拍卖者掌握了消费者的最高出价意愿，实现了利润最大化。这种定价方式最能反映买方对标的商品的真实心理价位，但让买方出价的交易成本通常也是最高的。所以，在实际应用中比较普遍的有两种情形：一种是货值较高的情形，如大宗产品、古董字画等，买方心目中真实价格的披露带来的价值增值远超拍卖产生的交易成本；另一种是能够运用技术手段充分降低交易成本的情形，如充分利用互联网的股票交易市场、网上拍卖市场等。

6.3.8 顾客定价

顾客定价是完全由顾客决定产品或服务价格高低的定价方式。顾客出价时既没有其他买家的潜在竞争压力，也不会受到拍卖底价的限制，极端情况下甚至可以免费获得产品或服务。比如当顾客去酒店或餐厅消费的时候，给侍者的小费就是顾客对其服务愿意付出的价格。顾客定价的方式通常适用于以下几种情况。

第一，低边际成本的产品或服务。低边际成本意味着第一件产品的制作成本很高，但是从第二件产品开始，新增加的成本就变得很低，比如以线上下载歌曲盈利的唱片公司。唱片公司在前期投入了很大一笔费用制作唱片，在后期就可以依靠下载量获得多次收入而不必承担太多的边际成本。低边际成本降低了商家采取顾客定价这一极端定价方式的成本风险。

第二，体验型产品。像音乐、书籍、电影、餐厅服务等带有精神附加值的产品，其产品价值更多体现在顾客使用过程中获得的体验上，而不是顾客将要支付的价格上。

第三，顾客群体广泛且具有差异化。差异化的消费群体对商品成本结构的认知具有多样性，对商品成本会有不同程度的高估或低估，多样化的消费群体可以对冲商家的风险。

顾客定价的方式原本并不普遍，但互联网时代的到来使顾客定价方式大放异彩。互联网企业为新增客户提供服务的边际成本几乎可以忽略，同时又面对海量的客户。不同客户对产品或服务的体验认知是不同的，给予高价值认知的客户群体正是顾客定价的基础。以网络百科全书维基百科为例，其公司运营完全依赖个人和企业赞助，不接受广告等商业活动。其实，很多自媒体公众号的收入来源就是读者的打赏。

6.3.9 组合计价

按照企业提供的产品组合的不同，可以把组合计价分为产品组合计价和顾客群体组合计价两种。产品组合计价比较常见的有两部计价（进场费+过路费，或者进场费+油费）、剃须刀—刀片、反剃须刀—刀片、整体解决方案、超级市场货架模式等；顾客群体组合计价则主要有交叉补贴、批量计价、分时计价、团购计价、长尾计价等。

（1）*产品组合计价*

绝大部分企业并不只销售一种产品，如果其面对的消费群体对这些产品存在打包消费的倾向，对产品进行组合计价，比单独分开计价的商业模式价值更高。从交易价值看，通过产品组合销售，企业获得的总购买量要远远高于单独销售；从交易成本看，产品组合交易减少了企业与消费者的讨价还价次数，降低了讨价还价成本；从交易风险看，产品组合平衡了不同产品销售周期的起伏，能够使交易现金流更加平稳。

当然，产品组合也不是有百利而无一害的，最主要的交易风险来自竞争对手。由于产品组合是以牺牲规模经济为代价换取范围经济,如果竞争对手挑选其中一两种有利可图的产品规模化生产后进入市场,就有可能超越产品组合。为了阻止竞争对手,实行产品组合计价的企业就要做一些额外的商业模式安排。

案例6-7 [利乐的盈利模式]

成立于1951年的瑞典利乐(TetraPak)公司是为液态食品(牛奶、饮料等)提供整套包装系统的大型供应商。利乐在1972年进入中国市场,并于1994年在中国设立合资企业,为中国客户提供包装设备、包装技术服务及包装材料。

2000年左右,当伊利、蒙牛等中国乳业巨头开始在全国推广常温奶而竞争得不亦乐乎的时候,利乐以其先进的灌装技术和无菌包材,解决了鲜牛奶无法长期保存的难题,并为发展初期资金紧张的乳业企业提供了优惠的合作方案。当时,乳业巨头们只要付20%的设备费就可以买入利乐的牛奶包装生产线,剩下80%的设备费是采取承诺购买一定数量的包装纸的方式支付的。在竞争正酣的时候,少付80%的设备费,就可以多投入80%的费用于战场,乳业巨头们纷纷对利乐感激涕零。在利乐的帮助下,乳业巨头们强力扩大产能,争夺市场。利乐不但销售设备,而且指导企业如何做广告、搞营销,帮助企业的常温奶产品打市场。随着乳业巨头们的常温奶铺遍中国,利乐顺势占领了中国市场。2004年前后,利乐公司垄断了中国95%的无菌软包装市场;到2009年,这个比例仍然在70%以上。

在市场格局稳定下来后,乳业巨头们发现利润不断摊薄,这时追溯成本结构,才发现利乐包装纸成本占了很大的比例。同样的包装纸,利乐要比竞争对手贵很多,数据显示利乐包装成本曾一度占每盒牛奶成本的40%,因此有人戏言"蒙牛和伊利都是为利乐打工的"。

包装材料成本如此高昂,企业为什么不更换包装材料呢?原因是利乐在包装纸上打了识别码,使每一袋牛奶都能追溯奶源和生产各环节的员工,同时也使生产线只认利乐的包装纸。如果更换设备,问题就会非常严重,那些动辄几千万元的设备会让乳业巨头们立刻亏损。于是,乳业巨头们打消了更换包装纸合作伙伴的念头,继续和利乐合作。当然,由于利乐的垄断行为,中国国家工商总局于2012年对利乐公司立案,并在2016年对其开出6.67亿元人民币的天价罚单。而此前出于类似原因,利乐被欧盟法院判处7 500万欧元的罚款。

利乐的这种组合定价商业模式的竞争力确实很强。至于商业模式竞争力强带来的垄断及其后果,并不是商业模式本身的问题。

◐ 两部计价

很多综合性的游乐场都有两种门票：第一种相对比较贵，包含游乐场中的所有项目；第二种比第一种便宜，但是只能玩部分项目，若玩不包含在门票中的项目则需要另外交钱，单项价格更贵。第二种门票就属于两部计价。两部计价具体来说就是，消费者缴纳进场费先获得进场消费的资格（可能同时获得部分赠予消费），然后针对具体的消费量再交钱。公园、动物园、旅游景区等场所经常采取这种方式。

采取这种盈利模式的企业往往固定成本较高，而消费者持续消费的边际成本较低甚至为零。因此，通过一次性的进场费获得消费资格，企业可以收回大部分的固定成本。至于过路费或者油费（按次数收取就是过路费，按消费价值收取就是油费），则可以通过在边际成本的基础上加部分溢价来实现盈利。

当然，除了成本结构，消费者的支付意愿也会影响两部计价的具体表现形式。有的消费者消费比较频繁，消费边际弹性就比较大，若过路费定价太高则有可能抑制消费，从而使进场费也失去吸引力。这时就应该设置高进场费、低过路费（油费）。反之，有的消费者消费不是很频繁，边际消费弹性就比较小，这时采取低进场费、高过路费（油费）就比较合适。

通过不同的进场费、过路费（油费）组合，企业可以同时锁定多个消费群体。移动通信运营商设置的通信套餐令人眼花缭乱，比如中国移动的子品牌就有全球通、神州行和动感地带等，而每个子品牌下又有不同的通信套餐。这些套餐基本上是将网络"进场费"、语音通信"油费"和数据通信"油费"几部分进行高低搭配，消费者根据自己的情况选择最适合的套餐，各得其所。如果中国移动采取的是单一的两部计价或者统一的单一产品计价，那么消费人数自然会大大减少，企业能够获得的利润也更加有限。通过让客户自己选择，移动运营商利用多种选择的两部计价，网罗了具有不同特征的消费群体，企业价值也由此不断增加。

◐ "剃须刀—刀片"与"反剃须刀—刀片"

发端于吉列的"剃须刀—刀片"模式，已经成为一种经典的盈利模式。这种模式的精髓在于通过廉价的剃须刀锁定客户，然后用毛利高的刀片销售实现持续盈利。这种模式能够成立的前提是锁定客户。如果不能锁定客户，这个模式就很难实现。

如前面案例所展示的那样，如果利乐的设备与包装纸没有相互锁定，那么在市场进入稳定期时会出现：要么利乐出局，要么利乐只好降低包装纸价格，陷入包装纸价格战的泥潭。

与"剃须刀—刀片"相对应的一种模式是"反剃须刀—刀片"，代表作是乔布斯的

iPod。iPod 最为人称道的就是 iPod+iTunes 模式。很多人都在计算 iTunes 为苹果公司赚了多少钱，然而事实上，除去唱片公司的分成和苹果公司的运营成本，iTunes 在 iPod 时代并没有创造多少利润，真正赚钱的是 iPod 的销售。

换言之，卖歌曲只是苹果公司吸引客户的一个招牌，销售 iPod 这个"剃须刀"才是其真正的目的。iTunes 是 iPod 的亮点，与唱片公司的合作只是分摊了 iTunes 的运营成本，实现 iTunes 的零成本。在音乐版权严格管控的美国市场，iTunes 的出现大大降低了消费者购买音乐的门槛，刺激了数字音乐市场的繁荣，拯救了一大批唱片公司，而作为 iTunes 锁定的搭档，iPod 的大卖特卖也就在情理之中了。然而在音乐版权保护相对薄弱的区域，只有音乐商店的 iTunes 才是可以替代的，iPod 与其他 MP3 相比就没有太大的优势了。

因此，无论是"剃须刀—刀片"还是"反剃须刀—刀片"，对客户的锁定，才是盈利模式真正的关键所在。

○ 整体解决方案

整体解决方案发端于 IT 市场，指把一系列相互配合的产品和服务搭配在一起，卖给同一个客户以满足客户的全面需求。这些产品和服务一般来说具有互补性，比如服务器、PC 和软件，企业客户一般是同时使用的。此外，它们相互之间并不是完全兼容的，如果客户分别购买服务器、PC 和软件，它们组合起来的运营效率很多时候并不如整体解决方案中产品与服务的组合。事实上，从企业客户的角度来说，即使运营效率相同，只要价格合适，向同一个品牌购买产品组合仍然是有利可图的。毕竟，与一个品牌交易和与多个品牌交易的成本是不同的，这是很多企业客户青睐整体解决方案的原因。

对于提供整体解决方案的企业来说，其提供的产品、服务未必需要全部靠自身生产，完全可以外购。不管是自己生产还是外购，由于产品组合中的产品存在互补性，通常通过打包销售，合并企业客户的需求就能够实现单个产品的大规模生产，从而在销售端实现范围经济，或者在生产端或者采购端实现规模经济。这也就不难理解，为什么很多从单一产品或服务起步的公司，在具备一定实力后，会选择进入系统解决方案这个领域。

案例 6-8 ［**瑞安航空的整体解决方案**］

廉价航空的盈利模式，就是把收费项目单独列出，乘客可以依照自己的需要进行选择。提高客座率是低成本航空公司运营的核心。总部位于爱尔兰的瑞安航空（Ryanair）就是这样做的：统一机型、高频次飞行、提高乘客和货物的周转率，同时丢掉一切诸如"里程积分优惠"之类的"鸡肋"。2017财年，瑞安航空客运量达到1.2亿人次，在欧洲排名第一，客座率达到94%，平均票价保持最低，仅为41欧元，而其主要竞争对手平均机票原价为132欧元。然而，瑞安航空非但没有亏损，反而是世界上最能赚钱的航空公司！2017财年瑞安航空净利润达到13.16亿欧元，2006—2015年，瑞安航空平均营业利润率为14%，是全球民航业自1971年以来历史最高水平6%的两倍多。

能够获得这样的经营业绩，除了掘地三尺的成本控制，瑞安航空对收入来源的创新更令人耳目一新。2017财年，瑞安航空的衍生收入达到17.8亿欧元，占收入总额的27%，同比增长13%。

首先是机上增值服务。顾客选择的所有增值服务——办理登记、优先登机、改签、变更姓名、托运行李等都需要付费。一张瑞安免费机票实际上可以带来大约300欧元的衍生收益，甚至乘务人员都要自费购买制服。其次是利用飞机上开展的游戏和赌博项目吸引乘客参与并从中获利。这既增加了旅途的趣味性，改善了客户体验，也使瑞安赚取了大把的利润，同时还造就了瑞安航空品牌的独特性。再次是广告收入，包括飞机机身喷涂广告、机舱椅背后的托盘广告，乘务人员也会在航程中兜售从刮刮卡奖券到香水、数码相机等各种商品。当航班降落在某些离城区稍远的中小型机场时，瑞安会向乘客出售开往城区的大巴或火车票。瑞安航空的机票预订网站www.ryanair.com的广告甚至都被卖了出去，其网站每年有约50亿次点击数，允许一些非旅游类产品及快速消费品牌投放广告，而瑞安可以获得广告收益。最后是提供机上移动通信服务，并根据使用情况收取佣金。

为了实现收入来源创新，瑞安航空有一系列相匹配的激励机制，比如空姐在飞机内推销餐饮和免税商品时有10%的提成，机组人员有绩效奖金，很多员工持有本公司的股票等。这些策略提高了员工的工作热情，降低了公司对员工的监督成本。

创立短短30年，瑞安航空就青出于蓝而胜于蓝，不仅继承了西南航空的低成本基因，还创新了商业模式，创造了比低成本更高的价值，也即丰富的收入来源，将成本变为收入。瑞安航空为乘客提供了一套允许客户选择的整体空中消费解决方案，由此带来的多收入来源商业模式正是瑞安航空的魅力所在。

◐ 超级市场货架模式

与整体解决方案类似的是超级市场货架模式。顾名思义,这种盈利模式的构想来自超级市场的货架。在超级市场或便利店里,产品组合丰富多样,不同产品的毛利率是不同的,其中食品的毛利率较高。那么,为什么超级市场不会只销售高毛利产品?主要原因就是消费者在超市消费时,对不同产品的购买存在互补性,尽管这种互补性不如整体解决方案那么强,但仍能够促进高毛利产品的销售。此外,在租金成本和货架成本固定的情况下,只要毛利率足够,超市追求的是销售收入的最大化。

超级市场货架模式的另一个应用场景是固定成本高而边际成本低的媒体。很多报纸都有内容繁复、栏目众多的版面,但实际上,读者甲可能只想看娱乐版,读者乙只想看体育版,读者丙只想看国际新闻,一套覆盖所有版面的报纸会受到读者甲、乙、丙的一致青睐,各个版面之间的广告、编辑等资源可以协同运营,广告价值却因覆盖受众的增多而增大。与分开发行娱乐版、体育版、新闻版等单行版本报纸相比,综合性报纸的交易成本低很多,交易价值却会超过三者单独价值的总和。

(2) 顾客群体组合计价

顾客群体组合计价指根据不同的顾客群体采用不同的定价方式。与产品组合计价相比,顾客群体组合计价一方面扩大了企业的产品受众面,另一方面在不同顾客群体面前掌握了定价的主动权(不同群体定价不同)。企业不仅从单个消费者身上赚到更多的钱,而且从更多的消费者身上获利,交易价值得到大大提升。

与此同时,顾客群体组合计价企业需要进一步了解消费者的需求偏好信息和需求弹性,带来的就是分隔和甄别不同消费群体的成本。这种信息获取和价格发现的成本可能是不菲的。此外,由于不同顾客群体购买的是同一种产品,如何防止不同顾客群体价格的错配和防止他们之间的套利也是个问题。这种模式最大的交易风险就是不同顾客群体与价格之间的错配,如果设计不好,原来应该支付高价的顾客享受了低价,原来只能承担低价的顾客却支付不起高价,这就使企业支付了区分不同顾客群体的成本却没有享受到相应的交易价值。能否以较低的成本甄别和分隔不同的消费群体,正是顾客群体组合计价能否成功的关键所在。

◐ 交叉补贴

这种计价方式多见于平台型商业模式。平台型企业会联结多个顾客群体,这些群体之间存在相互吸引的特性,而且不同群体的消费能力和消费欲望是不同的。如果存在两大类顾客群体,一类消费能力低、消费欲望弱,另一类消费能力高、消费欲望强,那么按照传统的盈利模式，商家会对前者避之唯恐不及，对后者则趋之若鹜。但是，如果第一类顾客群体达到一定规模后会吸引大量的第二类顾客群体，那么用低价甚至免费吸引第一类群体以锁定第二类群体，实现从第二类群体盈利的目标就是可行的，这就是交叉补贴。

值得指出的是，交叉补贴并不是指企业服务第一类顾客群体一定是亏本的，而是表示企业在不同顾客群体之间获得的利润（有时可能是负利润）是不同的。从总体效果来看，企业需要用高利润的群体去补贴低利润的群体。

电视台的盈利模式就是这种计价方式。电视台要同时面对两个消费群体：观众和广告商家。相对广告商家而言，普通观众的消费能力和消费欲望均比较弱。但是观众越多，意味着广告商家发布的广告越有价值，观众群体的壮大能够吸引大量的广告商家，所以对观众免费就成了通行的电视台盈利模式。这与所谓的"眼球经济"有异曲同工之妙。很显然，观众和广告商家的诉求与消费特征差别很大，不会产生错配。

在互联网行业中，由于群体的需求不同，出现了所谓的"基本业务"和"增值业务"。以 QQ 为例，通信交流是 QQ 软件的基本业务，而 QQ 秀、QQ 游戏等就是增值业务。对基本业务的顾客群体免费、对增值业务的顾客群体收费，或者基本业务低价，增值业务高价等，都是互联网行业可以采取的计价方式。

还有一些业务表面上看是同一个业务，但是将质量、体验、速度等指标进行差异化处理，就能够区分出"基本业务"和"增值业务"了。比如同样是下载服务，会员可以享受比非会员更快的下载速度，通过不同的下载速度，商家区分了"基本业务"和"增值业务"；而不同级别的会员享受的下载速度提升水平也不同，这就进一步把"增值业务"分为多个档次。

事实上，交叉补贴的应用范围远远超过其字面代表的含义。一家企业可能面对多个独立的顾客群体，只要他们的消费能力和消费欲望不同，企业就能够以较低的交易成本将他们区隔，就可以针对他们分别定出最合适彼此不同的价格，从而攫取最高的利润。例如，有些学术期刊同时面对图书馆和个人订户（一般是教师和学生）。由于后者的消费能力有限，只能承担低价，所以即使是同样的期刊，杂志社也会对图书馆定高价而对个人定低价。由于两者的订阅渠道和方式都不同，很少存在错配的情况。设想一下，如果杂志社只定一个价格，那么若定高价则会流失个人订户、若定低价则会减少从图书馆订户处获得的利润。通过对图书馆和个人订户设置不同的价格，杂志社获得了高利润。

有的补贴则以其他方式变相进行。例如，很多杂志的优惠订阅会以优惠券或者回答调查问卷抵扣费用的方式打折扣。读者剪下杂志中的优惠券或者填写调查问卷寄回杂志社，会耗费一定的时间和精力。只有时间成本较低的订户才会做这样的事情，而收入较高、时间少的订户则会继续接受高价。这就有效区分了高收入群体和低收入群体。

⊃ 批量计价

批量计价指对不同的批量定不同的价格。一般情况下，批量计价是批量越大，价格越低；反之，就会出现套利情况。在批量计价过程中，从交易成本上看，批量计价减少了交易的次数，缩短了交易时间，从而也节约了总的交易成本，商家得到更高的交易价值（交易总价值提高了）。

批量计价的存在对供需双方都有好处。对企业来说，由于存在规模经济，以优惠的价格销售新增加的产品是有利的；对消费者而言，购买数量越多，平均价格越低。因此，批量计价无疑为供需双方创造了更高的交易价值。

⊃ 分时计价

分时计价指在不同的时间段给出不同的定价，利用时间分隔不同的消费群体。企业经常会这样采取分时计价：用高价格和少供应量造成阶段性缺货，使最忠实的消费群体最先用最高价买到产品，次忠实的消费群体次先用次高价购买，以此类推。最终，企业实现了对不同支付意愿的群体定不同价格的目的，收获了最高的利润。这种方式之所以能够实现，很大程度上是因为最等不及的消费群体一般是最优质的，他们愿意支付更高的价格去获得这种"尝鲜"特权。

举例来说，电影首映式的价格一般会高于后续的普通场票价。同样的电影，只是因为时间不同就有了不同的票价。对电影院来说，舍得花大价钱买首映式电影票的一般是铁杆影迷，他们无疑是高质量的观众，不但消费能力、消费欲望强，而且对电影的欣赏水平一般也较高。这部分影迷对电影的传播和对后面消费群体的拉动作用是很明显的。随着电影上映时间不断推移，票价会逐步下降，最终票价很低时才会去观看的观众一般处于可争取可不争取的范围。因此，电影圈里的人有个共识：两周就基本决定了电影的票房。

在使用分时计价方式的同时，企业还可以采取其他补充计价方式。比如，很多演唱会除采取分时计价吸引最优质消费群体之外，还会故意把价格定在歌迷支付意愿之下，吸引过多的歌迷排队购票。一方面歌迷的数量越多，排队的人越多，对演唱会的宣传效果越好；另一方面只有最狂热的歌迷才有耐心排队，这些人到了现场会更好地点燃气氛，使演唱会更加成功。

⊃ 团购计价

团购就是团体购物。作为一种新兴的商业模式，团购通过消费者自行组团、专业团购网站、商家组织团购等形式，提升用户与商家的议价能力，帮助消费者最大限度地获得商品让利；而商家根据薄利多销的原则，给出低于零售价格的团购价格和优质服务，如此带来规模效应。团购这种模式使参与交易的三方都提升了各自的价值。消费者以较为优惠的价格获得了超值的产品和服务；商家获得了开拓市场和提升规模的价值；而团购的组织方，特别是专业的团购网站，则获得了巨大的交易流量、广告收入和企业估值。近年来，中国团购网站的竞争非常激烈，2011—2012 年大量团购网站陷入争夺市场生存空间的"千团大战"。成立于 2015 年 9 月，2018 年 7 月在美国纳斯达克挂牌上市的拼多多，以三线以下地区为目标市场，在最短的时间内吸引了近 3 亿的年活跃用户量，创造了 1 987 亿元的年成交额，甚至推动了上游企业根据订单做批量化定制生产的团购拼单模式，演绎了一个精彩的商业神话。

⊃ 长尾计价

长尾理论是网络时代常被提起理论，它改变了传统的利用二八定律计算投入产出效率的方式。传统营销策略中，商家主要关注在 20% 的商品上创造 80% 收益的客户群，而忽略那些在 80% 的商品上创造 20% 收益的客户群，这个被忽略不计的 80% 的商品就是长尾。当互联网带来的低成本和高效率，使商品销售成本急剧下降，产品存储和流通渠道多元化时，以前看似需求极低的产品占据的市场份额，已经可以和少数热销产品占据的市场份额相匹敌。此时企业的销售量不再取决于传统需求曲线上代表畅销商品的头部，而取决于代表冷门商品常被人遗忘的长尾。

长尾计价的实现条件中，成本是最关键的因素。传统销售模式中，每件产品都需要一定的成本，增加品种也会带来成本的增加，单品销量低到一定程度就会使企业亏损。因此超市一方面为了吸引顾客和营造货品齐全的形象，要扩大销售品种，甚至亏损销售部分商品，另一方面要降低单品销售成本；但迫于仓储和配送的成本，超市的承受能力是有限的。

互联网企业则可以进一步降低单品的销售成本，甚至实现零库存，而网站流量和维护费用远比传统店面低，企业能够极大地扩大销售品种。如果互联网企业销售的是虚拟产品，那么支付和配送成本几乎为零，更可以把长尾理论发挥到极致。

"今日头条"和"抖音"就是典型的长尾计价的互联网产品，它们通过数据挖掘和个性化推荐，针对每一位客户在不同场景和不同时段，推出满足个性需求的资讯和短视频服务，以此大大强化了客户对产品的黏性，用户数量快速增长。对于"今日头条"和

"抖音"平台来说,客户需求的辨识和资讯的推送边际成本接近于零,但高渗透率的内容却吸引了大量的广告。截至2018年12月,"今日头条"月活跃用户数达1.65亿,"抖音"月活跃用户数达2.30亿,这两款产品所属的公司字节跳动2018年营业收入超过500亿元。

6.4 设计良好的盈利模式

企业要想设计和构建一个良好的盈利模式,应从以下几方面出发,综合考虑盈利模式的定向和定性问题。

6.4.1 资源能力与业务系统

在交易中,利益相关者的资源能力和业务系统,在很大程度上决定了盈利模式的选择。

在双方利益主体投入的资源能力都是可变贡献且投入水平受利益主体意愿影响的情况下,参与交易的甲方和乙方本身的资源能力分布影响交易价值的大小,从而形成初步的交易配置。不同的交易配置,其交易成本是不同的;反过来,交易成本也会影响交易配置,从而形成最终的盈利模式。

如果甲方和乙方的资源能力均强劲(用"高"表示),那么属于强强联合,初步交易配置倾向于选择分成,甲乙双方共同协作、共同投入、同享收益;如果一方的资源能力较强,而另一方不具备竞争优势(用"低"表示),那么初步交易配置倾向于前者分给后者固定的收益,前者自留剩余收益并承担大部分投入和风险;而如果甲方和乙方都不具备竞争优势,那么双方的合作是比较脆弱的,倾向于选择不合作(见表6-3)。

表6-3 不同资源能力的盈利模式匹配

甲方资源能力竞争优势		乙方资源能力竞争优势	
		高	低
	高	分成、分成	剩余、固定
	低	固定、剩余	不合作

不同的交易配置本身会导致不同的交易成本。如果初步交易配置的交易成本巨大，那么最终的盈利模式就会发生变化；而如果初步交易配置被证明交易成本较低，那么盈利模式会维持不变。

根据甲方和乙方的资源能力分布，加入初步交易配置的交易成本因素后，得到的决策矩阵如表 6-4 所示。

表 6-4　交易成本与盈利模式决策矩阵

竞争优势 甲方	竞争优势 乙方	交易 成本	盈利模式 （甲方）	盈利模式 （乙方）
高	高	高	分成	分成
高	低	高	低固定+高分成	高固定+低分成
低	高	高	高固定+低分成	低固定+高分成
高	高	低	分成	分成
高	低	低	剩余	固定
低	高	低	固定	剩余

在同样的风险承受力下，按照以上原则设计的盈利模式，其商业模式效率一般比较高。

6.4.2　利益相关者

随着交易视角的变化，利益相关者参与交易的收入和成本也在变化，收入可以变为成本，成本也可以变为收入。

第一，这个利益相关者能否带来其他高价值利益相关者？如果可以，那么非但不能向这个利益相关者收费，还要给予补偿。例如一些具有影响力的论坛，在遴选听众（目标客户）和媒体（眼球关注度）上颇费心思，大多数参与者必须获得邀请才能参会，他们会提高论坛的影响力，这样很多企业就愿意成为赞助商。

第二，与原来相比，参与交易的这个利益相关者要付出多少机会成本（包括货币成本和交易成本）？利益相关者要付出的机会成本越多，意味着交易越难达成，或者给他的补偿越多。

案例 6-9 ［张艺谋的《印象》系列］

> 张艺谋的《印象》系列山水舞台演出近年来获得了巨大的成功，这固然有张艺谋团队水平高超的原因，但更重要的原因却是张艺谋对旅游景点原有资源的再次价值发现。以《印象·刘三姐》为例，场景都是现成的，就是漓江原本的山山水水，大自然就是大舞台。演员也是现成的，当地农民、渔民和女孩白天做自己的事，晚上划船来演出，来去方便，能保证天天演，能吃苦，珍视当"演员"的荣誉感，对收入要求也不高，而且表演的是最纯粹的原生态地方风情。观众也是现成的，游客天天有，以前游客晚上没地方去，现在可以观看演出，每天来的游客都不同，重复演出也不用担心观众产生审美疲劳。在《印象》系列的商业模式中，很多关键的利益相关者参与的额外成本都很低，但是编织在一起，组成一个生态价值网络的交易价值就很大。

第三，是否有未被利用的价值可以与这个利益相关者交易？换言之，能否以较低的交易成本换取这个利益相关者的交易价值？举例来说，很多影视剧中都用嵌入式广告的方式为赞助企业做宣传，这样不但节省了一部分成本，还可以获得不菲的广告费。电视选秀类节目也是如此，参赛者本身就是最好的演员，根本不需要支付费用，他们为了得到冠军而努力表现，这些节目的成本并不高，但获得的关注度和广告收入却价值不菲。如果能够全面分析各个利益相关者与企业的交易价值和交易成本，那么很多时候，收入来源和成本支出之间可以自由转换。

6.4.3 生态价值网

设计盈利模式，不但要考虑企业自身，还要考虑企业利益相关者之间是否存在交易的可能，他们之间的交易是否因焦点企业的存在而变得价值更高、成本更低或者风险更小？现有盈利模式的矛盾是否可以通过引进新的收支方式得到解决？更重要的是，要让交易结构更为紧密，就要为企业的所有利益相关者编织一张生态价值网，使他们各取所需、各得其所。

案例 6-10 ［四川航空的免费接送车］

如果你购买四川航空（以下简称"川航"）五折以上的机票到成都，降落后就会有川航的专车免费送你到市中心，从成都起飞你也可以免费从市中心乘车到机场。而如果打出租车，从市中心到机场，一般需要150元。或许你会认为这是四川航空对乘客的一项福利，并且为此支付了全额的成本，那你就误会了。实际上，这些车并不是川航的，而是旅行社的；开车的司机也不是旅行社的人，而是独立的经营者。更有趣的是，本来价值14.8万元的车，旅行社只用9万元就买了下来，转手却以17.8万元的价格卖给了开车的司机。为什么车行愿意折价出售汽车？为什么司机愿意高价买入？这么高的价格为什么乘客不需要掏钱？这里面的玄机就在于旅行社为所有的利益相关者编织了一张彼此依存、彼此增值的生态价值网。

如果有机会坐这种车，你就会发现车身上有三个信息：订车热线电话、售票热线电话、指示牌"免费接送"。每接送一名乘客，川航会付给旅行社30元，用以换取良好的客户体验及差异化的服务；特别是对外地游客而言，有航空公司的免费专车不仅会降低成本，更能提供安全感，由此拉动更多旅客选择四川航空。这无疑是一个划算的买卖！旅行社付给司机25元，由此换来影响乘客在住宿、出行、旅游产品选择等方面的主动权，这种"导流"效果是非常明显的。而司机每趟只要坐满7人，收入就是175元，高于出租车的收入。这是一个多方共赢的价值循环。

再来看另外一个价值循环。原价14.8万元的汽车，旅行社以现金方式批量购买。车行以9万元卖给旅行社，换取了更大的销售收入和市场规模，车行是乐见其成的。旅行社转手以17.8万元卖给司机，要求司机现金购买，同时司机获得这条线路的五年经营权，对司机而言，上客率有川航加持，即使车贵一些也是完全划算的。因此，这同样是一个多方共赢的价值循环。

这个盈利模式是一个相互依赖的生态价值网，离开了哪一方都不行。其逻辑在于把乘客机票利润空间的"长尾"小盈余用车辆集合成了高频率的、可持续的接送车辆和车流，而当车辆数到了一定规模，就可以实现规模采购和广告价值。这里面，旅行社是设计盈利模式的龙头，航空公司及其乘客是源泉和基础，车辆和司机是把"长尾"汇集起来的手段。车行这个利益相关者的引入则更大程度地节约了成本，把原来属于成本支出的车辆和司机都变成了收入来源，提升了利润空间，改进了现金流结构。每个利益相关者的引入，都为生态价值网的进一步繁荣贡献了力量。

6.4.4 盈利模式的组合

一家企业因为经常要与不同的利益相关者交易，所以很少只有一种盈利模式。企业往往采用多种盈利模式，并且手段丰富。

◯ 变动的固定收益

新的商圈在培育阶段的租金一般相对较低，随着广告投入的增加和品牌影响力的提高，地产商会逐步阶梯式地提高租金。此时，租金虽然看起来还是固定的收益，但事实上是变动的固定收益。

◯ 保底的分成

某连锁零售企业与卖场内商户约定，在商户满足业绩要求后提取一定比例的佣金；若商户不满足业绩要求，则该连锁零售企业收取固定的费用。这就是所谓的保低的分成。

◯ 对不同利益相关者设计不同的盈利模式

一家商场一般同时存在固定、剩余和分成三种盈利模式，分别对应固定租金专柜、自营销售和合作销售专柜。

◯ 对同一个利益相关者叠加不同的盈利模式

一些特许经营的加盟店，采取固定加盟费加按营业额计提服务费的模式，这就是不同盈利模式的叠加。

6.4.5 盈利模式的竞争

同一个行业中可能存在多种盈利模式，而不同的盈利模式对企业资源能力配置和风险承受能力的要求是不同的。而盈利模式的竞争对市场格局变化的作用往往是决定性的，其作用远远大于经营管理策略层面的竞争。

> **案例 6-11** [索尼游戏机的逆袭]
>
> 微软、索尼、任天堂可以说是主机游戏市场的三大霸主。其中，索尼大战任天堂，堪称商业模式经典案例。
>
> 索尼进入游戏市场的时候，任天堂已经依靠红白机和配合同步发售的《超级马里奥兄弟》等多款游戏，基本垄断了美国、日本等主要市场，成为"全球霸主"。

任天堂游戏机中运行的游戏分为两种，一种是任天堂自己开发的游戏，另一种是任天堂授权的第三方游戏开发商制作的游戏。为了保护自己开发游戏的市场份额，任天堂向第三方游戏开发商提出了苛刻的要求。任天堂向第三方游戏开发商收取游戏售价20%的"权利金"，要求第三方游戏开发商必须通过任天堂的"质量封条"认证且每年只能出品5款游戏，同时首批订货量必须达到2万套等。在利益分配上，除了收取"权利金"，任天堂还收取14美元的"游戏卡带制作费"（实际制作成本为4美元）。这样下来，承担更多风险和研发成本的第三方游戏开发商只能拿到不到一半的收益，而任天堂赚了个盆满钵溢。

此时，索尼要进入主机游戏市场，就必须有所改变。索尼充分发挥了其在音响、数码等方面的雄厚技术力量，研发出强大的游戏机。面对游戏研发实力较弱的事实，索尼喊出"所有游戏在这里集结"的口号，吸引第三方游戏开发商。与任天堂的盈利模式不同，索尼游戏机亏本出售，靠"权利金"赚钱。根据顾问公司Yankee的估计，索尼每台PS2游戏机大约亏损37美元。而第三方游戏开发商每销售一份PS2游戏，要向索尼支付7～8美元，每个PS2玩家只要购买5部游戏，索尼就可以赚钱，买得越多，索尼也就赚得越多。为了吸引第三方游戏开发商，索尼一反任天堂的强势作风，对第三方游戏开发商开出了优厚的条件：放松了游戏的审核，不限制每年游戏开发数量，只收取900日元（约10美元）含制作费用在内的"权利金"，游戏的首批订货量只需达到5 000个等。同时，索尼还采用成本更低但容量更大的CD光盘，鼓励第三方游戏开发商推出大制作的电子游戏。

很快，索尼的盈利模式就产生了效果。从2000年上市至2011年1月31日，索尼的PS2 11年累计销售量达到1.5亿台，在很长一段时间内是销售量历史排名第一的家用游戏机，直到2012年年底才被任天堂的NDS超过。至今，NDS和PS2仍是史上仅有的两款销售量超过1.5亿台的游戏机。

游戏机联结了玩家和第三方，是一个双边平台。玩家和好的游开发件商之间是相互吸引的关系，平台上的玩家越多，为平台提供游戏的第三方就越多；平台上的优质游戏越多，吸引的不同类型的玩家也越多。因此，第三方游戏开发商对游戏平台的评价，在很大程度上取决于玩家规模的大小。索尼在进入游戏机市场时，秉持生态共同繁荣的思想，将第三方游戏开发商和游戏机公司，作为游戏生态的一环，扩大生态系统的边界，把生态建设得更加稳定，实现了各自价值的增值。这就是索尼盈利模式最终取得成功的关键。

从索尼和任天堂的对决可以看出，在同种商业业态下，不同盈利模式对企业的要求是不同的，导致的竞争优势也有所差异，最终的竞争结果也会有所不同。

小　结

盈利模式是利益相关者利益分配格局中焦点企业利益的表现，主要由三个维度构成：盈利模式的定量问题，即产品和服务价格高低的确定；定向问题，即企业盈利来源的确定；定性问题，即企业通过何种盈利方式获得收入。盈利模式设计的定向问题主要从自有业务及其升级、企业独特资源能力、与利益相关者的关联三方面考虑，而定性问题主要考虑单一产品/服务定价、组合计价等方法。盈利模式的优劣主要取决于资源能力与业务系统、利益相关者、生态价值网，以及盈利模式的组合与竞争。

关键术语

盈利模式；单一产品/服务定价；组合计价；固定、剩余和分成；进场费、过路费、停车费、加油费、分享费；拍卖定价；顾客定价；组合计价；产品组合计价；两部计价；"剃须刀—刀片"计价；"反剃须刀—刀片"计价；整体解决方案计价；超级市场货架模式计价；顾客群体组合计价；交叉补贴；批量计价；分时计价；团购计价；长尾计价

讨论案例

很多中小企业在发展过程中，由于信用不足，难以获得银行贷款，如果需要投资新设备，往往会选择融资租赁模式。公立医院属于事业单位，不能提供担保；医疗设备运营的现金流稳定，回收周期短，也是适合融资租赁的对象。

如果某医院采用融资租赁方式添置一台价值1 000万元的医疗设备，租赁期为5年，首期支付100万元，按季度支付租金，利率12%。扣除首付款，租赁本金为900万元，依据年金现值计算公式，每季度租金为60.5万元。

融资租赁公司的租金是把双刃剑。租金过低，融资租赁公司收益低；租金过高，医院难以承受，还要面临其他融资方式和融资租赁公司的竞争。因此，要提高租赁公司的收益水平，需要进一步挖掘租赁公司对各利益相关者的价值贡献，合情合理地扩大收益来源，优化盈利模式。那么，融资租赁公司的盈利模式主要有哪些呢？

第一，出于风险控制的需要，医院应向出租方交纳设备价款20%的保证金200万元，

今后可以冲抵租金。租赁公司可以用这200万元保证金购买安全性和流动性好的理财产品以获取利息收入。第二，租赁公司还可以收取租赁服务管理费，每年按设备价款的1.5%收取。第三，针对设备厂家或经销商，融资租赁可以帮助设备厂家促销和快速回款。例如融资租赁公司可以和设备厂家讨价还价，获得设备价款5%的优惠。第四，融资租赁帮助银行降低了贷款风险，扩大了信贷规模，增加了收益。所以，融资租赁公司可以获得更低成本的信贷资金，扩大资金利差。这些都是融资租赁公司常用的盈利模式。

除此之外，融资租赁公司还可以进一步创新盈利模式，找到新的收益来源。一是融资租赁公司可以为医院提供建立特色科室、引入优质医生资源、提高医疗水平等增值服务，并参与医院相关科室增值收入的分成。二是如果医院要扩张新建分院，若采用股权融资方式购买设备，在医院经营规模不大的条件下，股权估值相对较低，股份稀释程度会比较高，而采用融资租赁方式可以缩小医院股权融资规模并降低股份稀释程度，融资租赁公司由此可以要求获得部分（如50%）对应的干股，获得股权溢价收益或享受分红。三是如果预期医院股权估值将增加，融资租赁公司可以在租赁合约中约定，按一定折扣将部分租金转为医院股权，或者获得医院股权的投资权，从而获得股权溢价收益。四是如果与设备提供商的合作规模比较大，其发展势头好，融资租赁公司也可以要求按照一定的折扣，与设备提供商一起进行股权投资。

讨论题

1. 上述盈利模式哪些更具可行性？为什么？
2. 融资租赁公司的收益来源和盈利模式是否还可以优化？
3. 不同的盈利来源对交易价值和交易成本的影响分别是怎样的？

第7章

关键资源能力

学习目标

- 掌握关键资源能力的定义及相关概念
- 了解资源能力分类
- 了解资源能力的禀赋与获取
- 掌握资源能力的转化与价值创造

导入案例

7-11便利店的名称出现于1946年。日本市场将近1.9万家7-11门店中，直营门店仅500余家，其余大多是由7-11整合的零散夫妻店加盟而来。7-11的净利率高达20.5%，库存周转天数仅为10天，效率能够与阿里巴巴比肩。这使7-11成为便利店经营的标杆。

便利店的市场特征是高度分散和碎片化。7-11的商业模式，就是凭借自己的资源能力，提升了整体交易价值。7-11在日本有8 000多名员工，他们的任务就是为上下游的合作伙伴赋能。首先，在加盟店方面，7-11会挑选地理位置优越、人流较大的夫妻店，为店铺提供IT系统，获取终端数据，对店铺所在区域的数据进行分析，并向店主提供数据分析结果。这些数据包括区域消费者画像、特征、需求偏好、需求预测、订单规模、店铺陈列等。供应与物流也随之安排好，在店主需要资金的时候也可以提供帮助，还为每家店配置店铺管家，随时协助解决可能出现的任何问题。作为店铺加盟者，店主只需做店铺的日常运营就能实现盈利提升。在盈利模式方面，7-11主要采取分成方式，毛利的57%分给店铺，经营5年以后，店铺还可以根据业绩增加1%~3%的分成。这意味着加盟7-11以后店主不但省时省力，而且会越来越赚钱。

对于产业链上游的供应商和物流商方面，7-11在挑选常规品牌供应商时，并不按照价格进行筛选，而是选择品牌知名度相对较高的，这样就无须在产品营销上花费力气。对于自研发产品部分，7-11负责研发产品，指导工厂精益生产，供应商既不需要研发产品，又能得到大规模的集中订单。面对物流商大规模的终端配送，7-11还会协助安排合理的配送线路，降低平均配送成本。

可以看出，在目前的商业模式下7-11与加盟店合作时，它的关键资源能力包括IT系统、大数据后台、数据分析能力、供应商及物流商资源、店铺综合管理能力等；7-11与供应商和物流商合作时，它的关键资源能力包括规模化订单需求、产品研发能力、精益生产管理能力等。7-11利用大数据，打破原来每家店均一化和标准化的管理模式，按每家店所在地区和商圈的顾客需求，进行个性化的供需配对和个性化推荐，同时提高店铺管理能力以及产品研发的精准度，在运营过程中形成一个良性的发展循环。

7.1 关键资源能力的概念

7.1.1 定义

关键资源能力是支撑交易结构的重要资源和能力,或者说,关键资源能力是使交易结构成立,焦点企业所要具备的资源能力。业务系统决定了企业所要进行的活动,为了完成这些活动,企业需要掌握和使用一整套复杂的有形和无形资产、技术和能力,我们称之为"关键资源能力"。关键资源能力是业务系统运转的必要条件,因此任何商业模式构建的重点工作之一,就是明确企业商业模式有效运作所需的资源能力、这些资源能力是如何分布的,以及如何才能获取和建立这些资源能力。

不是所有的资源能力都是同等重要的,也不是每一种资源能力都是企业所需要的。不同的商业模式要求企业具备不同的关键资源能力,同类商业模式业绩的差异主要源于关键资源能力水平的不同。只有与定位、业务系统、盈利模式、现金流结构相契合,能互相强化的资源能力才是企业真正需要的。

案例 7-1 [施乐与佳能的资源能力对比]

> 施乐(Xerox)和佳能(Canon)是复印机市场的两大巨头,但两家公司的定位和业务系统构型不同,所需要的资源能力也完全不同。早期的施乐复印机,一反传统复印机创业企业惯常采取的低溢价销售,即主要靠耗材盈利的"剃须刀—刀片"模式,而采取开发高端设备加融资租赁模式,一举打开市场,从一家默默无闻的小企业迅速成长为世界 500 强。而佳能复印机定位中小企业和家庭,在开发小型复印机的同时,利用"剃须刀—刀片"模式,并联合其他中小复印机企业抗衡施乐,攻占了 80% 以上的中低端市场。为了开发面向专业化应用的高档复印机,施乐公司需要研究高端复印机的人力资源和强大的技术开发能力,而这种资源能力并不一定能研发出构造简单、成本低廉、适合低端客户需求的复印机。因此,施乐还需要具备复印机维修和技术支持方面的人力资源和能力。佳能的产品线则更多地侧重于商务办公和家用的需求,把技术服务和维修的资源能力放在了经销商处,自己只要具备培训、指导和管理的能力就可以。对于金额较大的高端复印机,

> 客户具有融资方面的需求。因此，施乐需要拥有融资和租赁管理能力，而佳能则完全不需要这些。同样是复印机企业，生产数量相对较少的高端复印机的方式与生产数量很多的商务类复印机的方式是大相径庭的。综合起来可以看出，施乐的关键资源能力在于对大客户的服务能力和金融资源；而佳能的关键资源能力在于设备的设计能力、简单的服务能力和维持战略联盟的能力。同时可以发现，定位、业务系统、盈利模式等商业模式核心要素的不同，会导致同一个行业内企业需要的关键资源能力截然不同！

关于关键资源能力，我们要强调两点：第一，关键资源能力是相对商业模式而言的，只要商业模式相同，不同行业的企业也可能需要具备同样的资源能力组合；第二，关键资源能力的定义强调要使交易结构成立，企业"需要"具备的资源能力，这是一个先验的判定而不是事后的判断。在设计和构建一个企业的商业模式之初，就可以判断和决定它所要具备的资源能力，然后再去建立或寻找具备这些资源能力的利益相关者并谋取合作，从而形成整个交易结构配置。在此过程中，需要解决四个问题：什么资源能力才是关键的？如何获得关键资源能力？资源能力优势和竞争优势是什么关系？如何用关键资源能力创造企业价值？

7.1.2 资源能力分类

（1）资源和有效资源

资源就是企业控制的，能够使企业既定目标得以实施，提高企业经营效果和效率的特征和属性，包括企业的财产、能力、竞争力、组织程序、企业特性、信息、知识等。

企业的资源主要有以下几类：

• 金融资源。金融资源包括来自各利益相关者的货币资源或可交换为货币的资源，如权益所有者、债券持有者、银行金融资产等。企业留存收益也是一种重要的金融资源。

• 实物资源。实物资源包括实物技术（如企业的计算机软硬件技术）、厂房设备、地理位置等。

• 人力资源。员工的经验、判断能力、智力、关系，以及管理人员和员工的洞察力、专业技能和知识、交流和相互影响的能力等都属于人力资源。

• 信息。信息包含相关产品信息、系统和软件、专业知识、市场渠道,以及通过这些渠道可以获取的有价值的需求供应变化的信息等。

• 无形资源。无形资源包括技术、商誉、文化、品牌、知识产权、专利。

• 客户关系。客户关系包含在客户中的信誉、客户接触面和接触途径、与客户互动的能力、参与客户需求的产生、忠实的用户群等。

• 公司网络。公司拥有的广泛的关系网络即为公司网络。

• 战略不动产。相对后来者或位置靠后些的竞争者,战略不动产能够使公司在进入新市场时获得成本优势,从而得以更快增长。已有的设备规模、方便进入相关业务的行业位置、在行业价值链中的优势地位、拥有信息门户网络或服务的介入等都属于战略不动产。

企业拥有的资源种类很多,在商业模式的视角中,只有在交易结构中可以拆分、参与交易进行重新配置的资源,或者能够提高交易效率、增加交易价值、减少交易成本和降低交易风险的资源,才是有效资源。比如企业人力资源中的培训资源,如果仅仅作为员工能力提高和工作质量与效率提升的工具,那么它就不是商业模式视角下的有效资源;但如果这个资源能被应用在经销商培训,作为一项服务参与交易,那么它就是有效资源。

(2)能力和有效能力

能力是企业协作和利用其他资源能力的内部特征与属性,是一系列活动的职能。能力的高低可以用这些活动的规模和效率衡量。能力可出现在特定的业务职能中,也可能与特定技术或产品设计相联系,或者存在于管理业务活动的活动联系或活动协调的能力之中。

企业的能力可以划分为:

• 组织能力。组织能力指公司承担特定业务活动的能力。正式报告结构、正式或非正式的计划、控制及协调系统、文化和声誉、员工或内部群体之间的非正式关系、企业与环境的非正式关系等都属于此类。

• 物资能力。物资能力包括原材料供应、零部件制造、部件组装和测试、产品制造、仓储、分销、配送等能力。

• 交易能力。交易能力包括订单处理、发货管理、流程控制、库存管理、预测、投诉处理、采购管理、付款处理、收款管理等。

• 知识能力。诸如产品设计和开发能力、品牌建设和管理能力、顾客需求引导能力、市场信息的获取和处理能力等都属此类。

与有效资源类似,尽管企业拥有的能力种类很多,但只有在交易结构当中可以拆分并参与交易进行重新配置,或者能够提高交易效率、增加交易价值、减少交易成本和降低交易风险的能力,才是有效能力。若企业的库存管理能力仅作为提高周转效率、降低库存成本的工具,则不能被称为商业模式视角下的有效能力;而如果这个能力被应用在客户服务环节,能够保障对客户急需物资的快速响应,并能够由此获得服务定价的提高,那么它就是支撑商业模式的有效能力。

(3) 关键资源能力

关键资源能力指让商业模式运转所需要的相对重要的资源能力。企业内各种资源能力的地位并不均等,不同商业模式能够顺利运行需要的资源能力也各不相同。商业模式不同,对资源能力的要求也不同,而其中最不可或缺的,可以支撑整个商业模式生存、发展和壮大的静态资源和动态能力,被称为关键资源能力。

经典资源能力学派把资源能力定义为四个特征值(VRIO):价值(value)、稀缺性(rarity)、难以模仿性(inimitability)和组织(organization)。具体来说,企业要自问以下四个问题。

• 价值问题:企业的资源能力能使企业对环境威胁与机会做出反应吗?
• 稀缺性问题:有多少竞争企业已拥有该种有价值的资源能力?
• 难以模仿性问题:不具备这种资源能力的企业与已经拥有该资源能力的企业相比处于成本劣势吗?
• 组织问题:一个企业的组织方式能使资源能力得到充分竞争吗?

资源能力学派认为,价值、稀缺性、难以模仿性和组织可纳入一个单一的框架(VRIO),从中了解与企业资源能力相关的收益潜力。仔细分析可以发现,VRIO 中任何一个指标都着眼于获得与保持竞争优势。而在经典战略理论中,所谓的竞争对手都是基于同一个行业的。

特殊能力与核心能力这些术语的价值在于它们聚焦于竞争优势这个问题,关注的不是每个公司的能力,而是与其他公司相比的能力。与经典战略理论中的核心能力、关键成功要素等概念强调企业自身所处的行业或者与对手相比较的竞争优势不同,商业模式对关键资源能力的判断原则是:资源能力是否重要、是否不可或缺的,这完全取决于企业所选择的商业模式。从本质上讲,是商业模式的选择决定了企业的行业,决定了企业的竞争对手，而不是反过来。因此，商业模式是决定具体资源能力重要性的根本因素。

例如，同样是做餐饮，不同的商业模式对关键资源能力的要求差异非常大。高档餐厅需要高级的装潢、好厨师、创新附加值高的菜品、周到和细致的高级服务，所以环境、菜品质量控制和创新人才等资源能力是关键的；连锁经营餐厅则要控制好对中央厨房、仓储和冷库的管理，对原材料采购、分发、配送等供应链的要求甚高，作为曾经坚信高流量的选址、标准化和快速复制是关键资源能力的连锁快餐，今天其关键资源能力已变为外卖平台的流量、覆盖范围和送达效率；而服务于大型组织的团餐服务企业，除了菜品质量和服务，更重要的是探索如何提高同时供应几千人就餐的效率，在这种情况下规模化、集中化的能力是团餐企业必备的关键资源能力。

同一个行业的两家企业并不一定是生死相搏的竞争对手。首先，占据不同产业价值链环节的两家企业更有可能是合作伙伴而非竞争对手。例如，微软做操作系统、英特尔做中央处理器、戴尔做PC组装，虽然同处于个人计算机行业，但由于从事不同环节的专业化分工，它们并不存在直接竞争关系。其次，更重要的是，即使处于同一个行业的同一个环节，如果两家企业的商业模式不同，它们之间的竞争也会很少、很弱。如高档酒店和外卖餐厅很少存在直接竞争，因为企业对资源能力的要求不一样，不存在对资源能力的争夺，也就无所谓稀缺性；既然需要的关键资源能力不一样，就不必相互模仿，也就不存在难以模仿性。也只有这样，才能让整个商业生态产生欣欣向荣、百花齐放。事实上，很多行业之所以存在竞争最后集体亏损的情况，与商业模式的相互模仿导致对关键资源能力的过度争夺有关。一旦企业的商业模式趋同，对资源能力的争夺就会趋向白热化，并有可能导致整个行业亏损。

在一个行业中，资源能力的总分布是既定的，如果行业内所有企业都用同一种商业模式，那么对资源能力的争夺就不可避免。而只要商业模式不同，不同资源能力的地位就不同，虽然行业目前通行的商业模式更需要资源能力A，但如果创新的另一种商业模式更需要资源能力B，那么与其去模仿、学习和争夺为数不多的资源能力A，不如从头创新和设计商业模式，企业的竞争地位也自然得到提升。同理，在学习优秀企业的商业模式案例时，我们不应重其表而轻其神，而应了解优秀企业商业模式背后的驱动性的关键资源能力。由以上论述可以发现，只有当一家企业在一个行业有竞争优势且其商业模式又是独一无二的时，该企业的关键资源能力才会与其核心能力相同。认识到这一点，意味着企业构建核心能力的最好办法就是差异化地创新商业模式。

案例 7-2 [戴尔的关键资源能力]

戴尔的直销和个性化定制模式闻名遐迩,而支撑其整个商业模式的,至少有三大不可或缺的关键资源能力。

第一,大客户的筛选和获取能力。很多人认为戴尔的主要客户是个人和家庭,而事实上家庭用户只占戴尔销售额的5%,剩下的95%当中,70%是大型企业,25%是中小企业。戴尔通过呼叫中心的内部销售人员接触和挖掘客户,通过高效的客户甄别分类体系识别高价值客户,由外部销售人员跟进,为客户提供性价比高的产品、个性化的服务。戴尔为每一个重要客户建立一套跟踪分析体系,能及时预测客户的系统升级等需求。为了提升大客户筛选和获取能力,戴尔对销售人员的要求极为严格:外部销售人员多为从著名IT企业挖来的具有丰富销售经验的行业精英,每个外部销售人员的季度任务为100万美元,若连续两个季度没有完成任务就要走人;内部销售人员每天要完成100~200个电话沟通;10个内部销售人员组成的团队一个季度的任务是2 000万~3 000万美元,平均每人每天要完成2万~3万美元的销售额。通过这样的锤炼,戴尔销售人员的平均劳动生产率超过2 000万美元/(人·年)。

第二,以客户订单为核心、以戴尔为领导的供应商资源。戴尔只与少数供应商合作,最大的40家供应商为其提供相当于总成本的75%的物料,再加上另外20家供应商,总60家供应商就可以满足95%的物料需求。这样一来,戴尔一方面简化了管理,另一方面提升了自己与供应商的谈判地位。戴尔习惯采用符合工业标准的东西,善于快速将技术进行商业化应用,并通过供应链革命为客户提供较低的价格。

第三,高效的生产和供应链管理能力。戴尔通过电话、网络等接受订货,用管理系统核算,确认库存后,按照数量要求向零部件厂商订货。这样,必要的部件被运到生产点,每两小时进行一次这样的过程,工厂内的部件大约每两小时就会追加一次。各工厂平均库存维持在4天左右,有的工厂甚至只有两小时的库存;而其他对手的库存甚至多达45天。戴尔将成品物流外包,95%的产品可以在7天内送达客户手中。由于大客户的一次需求量和持续需求量很大,即使针对每个客户提供个性化服务,合并订单也能做到规模化采购和规模化生产。这为戴尔提升对供应商的谈判力、建立供应商服务体系、实现高效的库存管理、完成自动化流水线组装、降低客户的购买成本、提升客户服务水平提供了基础和条件。

这三项关键资源能力互为因果、环环相扣,共同支撑起戴尔的整个直销模式。

> 通过以上三种关键资源能力的配合，戴尔在中国的运营成本可以低到9%。中国本土PC企业的运营成本平均占总成本的8.5%，而外国公司则为20%~22%。戴尔敢于声称"本土价格、国际品牌"，确有其底气。
>
> 如果不理解商业模式的原理，不了解支撑商业模式的关键资源能力，对戴尔直销模式的理解就只能停留在表象上。而只单纯追求与戴尔一致的库存、生产周期等指标，机械地套用财务数据进行所谓的标杆管理，是无效甚至危险的。

商业模式中确定关键资源能力的方法有两类：一类是根据商业模式的要求确定，例如不同业务系统需要的关键资源能力是不同的，不同盈利模式需要的关键资源能力也不一样。另一类是以关键资源能力为核心构建整个商业模式。常见做法包括：以企业内的单个能力要素为中心，寻找、构造能与该能力要素相结合的其他利益相关者，并对企业内部价值链上的能力要素进行有效整合，以创造更具竞争力的价值链产出。

尽管企业来自不同的行业，发展各有特点，对关键资源能力的诉求也不尽相同，但有两点是一致的：第一，不同的商业模式需要的重要资源能力一般是不同的；第二，这些企业都具备自己的关键资源能力，并且运用这些关键资源能力控制了其他的资源能力。不同企业即使在同一个行业、同样的竞争环境里，做法也可能不同，需要掌控的关键资源能力也可能不同。由于每个企业的资源能力都是有限的，任何企业都不可能拥有世界上全部的资源，因此只有从商业模式的视角分析整合所拥有的资源，分清各种资源能力的主从关系和不同地位，才能真正、有效识别关键资源能力，找到适合企业发展的商业模式。

7.2 资源能力的禀赋、获取、转化与应用

7.2.1 资源能力的禀赋

企业关键资源能力的选择与构建，与企业的资源能力禀赋有关。在企业发展过程中，企业资源能力禀赋往往是一把双刃剑。一方面，企业最初的商业模式选择会基于企业的资源能力禀赋所带来的比较优势；另一方面，当企业发展到一定阶段之后，如果不能突破路径依赖，那么企业的资源能力禀赋就会制约企业商业模式变革创新。

举例来说，在全球产业分工当中，中国的加工工业扮演了"世界工厂"的角色，

充分利用了中国改革开放初期的人口红利和劳动力优势，由此也催生了不同行业相似的商业模式。然而，随着中国经济的发展以及劳动力价格的不断提高，传统的低附加值加工工业已经不再具有竞争力，企业商业模式出现了比较大的分化。一部分企业开始构建新的资源能力，改变商业模式，从委托加工的承担者转变为品牌运营商、系统集成商等新角色，其具备的关键资源能力完全是新构建的。一部分企业通过技术升级、工艺改进，提高了产品的加工效率，降低了劳动密集程度，继续保持其加工环节的优势，商业模式得以延续，但其依赖的关键资源能力已经发生改变化。还有一类企业将传统的加工模式转移到新兴经济体，继续保持原有商业模式，但在这个过程中培育和复制了中国劳动密集型企业的管理模式，成为跨国的加工企业。最后一部分未能转型的企业，在成本结构迅速变化、国际竞争日益激烈的今天则举步维艰。

上述例子中的前三类企业，其关键资源能力都发生了变化。同样的商业模式和资源能力禀赋，在后期的发展过程中，会演变出不同的结果。固守原有资源禀赋的企业，当环境发生变化时如果没有发展出新的资源能力，就会处于非常被动的位置。

7.2.2 资源能力的获取

不同企业对资源能力的获取方式也不同，可以分为主要向外部获取和主要由内部积累两种。获取方式与企业自身的战略驱动力有很大关系。战略驱动力有资源能力导向型、环境机会适应型和目标理念驱动型三种。

资源能力导向型指量体裁衣，根据企业资源能力状况，确定业务发展规模，稳扎稳打，不过多超越企业的资源能力范围去制定难以实现的战略。按照不同的资源能力，该类战略驱动力可分为产品驱动、技术驱动、生产能力驱动、自然资源驱动、配送方法驱动、组织能力驱动等。

环境机会适应型指因时而动、顺势而为，敢于抓住市场环境中每一个发展机会完成跨越式发展，强调的是对市场机会的快速把握和积极跟进。按照不同的环境机会，该类战略驱动力可分为用户驱动、市场驱动、销售或营销驱动等。

目标理念驱动型指提出一个奋斗目标或企业愿景，鼓动全体员工朝着目标奋斗。按照不同的目标理念，该类战略驱动力可分为规模或增长驱动、回报或利润驱动、战略意图或理念驱动。

每个企业的主导战略驱动力往往只有一种。主导战略驱动力不同，获取资源能力的主要方式也不同。一般而言，资源能力导向型企业倾向于由内部积累资源能力；环境机会适应型企业倾向于从外部获取资源能力；而目标理念驱动型企业则是混合型，内部积累和外部获取并举。需要注意的是，有些战略观点认为战略就是想做（目标理念）、可做（环境机会）和能做（资源能力）三者的交集，但实际上当战略驱动力不同时，同一个企业面临的目标和约束条件是不同的，从而三者的交集也会完全不同。

案例 7-3 ［吉利的资源能力获取］

吉利集团是一家典型的环境机会适应型企业。1997 年亚洲金融危机后，中国启动拉动内需战略，汽车与房地产成为新消费热点。没有汽车生产许可证的吉利，在得知四川某汽车厂有生产经营权后，立刻与其合资成立四川吉利汽车有限公司，这就是吉利汽车制造有限公司的前身。2001 年 11 月，吉利成为中国首家获得轿车生产资格的民营企业。

而在 2010 年吉利收购沃尔沃的过程中，更能看到吉利集团对关键资源能力的整合优势。这个过程至少体现出吉利集团对三大资源能力的整合。

第一，团队。吉利为并购案组织了 200 多人的全职运作团队，骨干人员中不乏业界巨擘，包括曾主持多款车型引进和国产化的资深专家、原世界 500 强公司的财务与内控高级顾问、国际知名汽车品牌中国区总裁、国际并购专家等。

第二，并购经验。在并购沃尔沃之前，吉利已经成功操作了两起跨国并购：2006 年 10 月控股英国锰铜，2009 年 3 月全资收购全球第二大的澳大利亚自动变速器公司。这两起并购为吉利提供了宝贵的并购经验。在此次并购中，吉利获得了沃尔沃 9 个系列产品、3 个最新车型平台、2 000 多个全球网络、人才和品牌，以及重要的供应商体系，斩获颇丰。这次并购的成功，之前的国际并购经验功不可没。

第三，政府支持。为此次并购成立的北京吉利万源国际投资有限公司注册资本为 81 亿元人民币，吉利、大庆国资、上海嘉尔沃的出资额分别为 41 亿元人民币、30 亿元人民币、10 亿元人民币，股权比例分别为 51%、37%、12%，政府背景的资金、舆论支持及国内银行的贷款安排，促进了此次并购的成功。

对吉利来说，这三个关键资源能力几乎无法通过内部积累获得。作为一个环境机会适应型企业，吉利选择了最恰当的资源能力获取方式——寻求外部资源整合，这是最适合吉利的资源能力获取方式，也是它多年来赖以成功的、最熟悉的资源能力获取方式。

7.2.3 资源能力的转化与价值创造

企业的资源能力优势只有契合商业模式，才是企业的关键资源能力。只有成为企业的关键资源优势，才是企业的"有效优势"。有效优势是指这样一类资源能力：其水平超过市场平均水准，同时与企业的商业模式（即交易结构）的契合度很高。根据资源能力水平的强弱和与商业模式契合度的高低，可以将企业资源能力分为四类，列入资源能力判断矩阵，如表7-1所示。这四类状况分别是：有效优势，资源能力强而契合度高；关键劣势，资源能力弱而契合度高；无效优势，资源能力强而契合度低；无关资源，资源能力弱而契合度低。

表7-1 资源能力判断矩阵

与商业模式契合度	资源能力水平	
	强	弱
高	有效优势	关键劣势（不足资源能力）
低	无效优势（过剩资源能力）	无关资源

这个矩阵除了能够判断企业资源能力状况，还提供了"优势"与"劣势"转换、"过剩"与"稀缺"转换的辩证法。

第一，是否具备优势，要看具体的交易结构。在某种程度上，除了"有效优势"，剩下的三类资源能力都要消耗成本而不能创造价值，本质上都是"劣势"。一个企业的研发能力很强，但由于不能把技术创新转化为商业模式创新，任由技术价值耗散，投入了大量的研发成本，却没有一个好的交易结构来获取收入，这种优势是"无效优势"，最终反而会成为企业的负担，变成劣势。反之，企业的内部产品研发创新能力未必最强，但是通过市场导向的开放式创新机制，使内部、外部创新很好地结合起来，加快了从创意到市场化的进程，反而能够获得巨大的成功。本来属于相对的劣势，但通过恰当的交易结构设计，变成了有效优势。

第二，资源能力的不足（关键劣势）和过剩（无效优势），要看具体的交易结构。每一轮商业模式的变革，都意味着资源能力的重新配置。从制造转型服务，原有的产能可能会从专注制造时的产能不足与扩张转化为注重服务时的产能相对过剩，而原本的服务队伍可能会从过剩的无效优势转变成不足的关键劣势。

第三，资源能力的不足和过剩，要看具体的利益相关者。同样一种资源能力，对企业 A 是过剩的，但对企业 B 可能是不足的。这就存在交易的可能性——用相对 A 而言的耗散成本（多余资源能力）的无效优势交换对 B 而言需要补充的关键劣势。

因此，经由商业模式创新，强化和保持有效优势，把关键劣势、无效优势、无关资源等通过重构交易结构、寻求交易或者转化变成有效优势，这才是企业获得持续优势的有效途径。

案例 7-4 [黑石，新一代华尔街之王]

1985 年成立的黑石集团，本质上是一只地产基金。截至 2014 年年末，其管理资产余额达 2 900 亿美元，在过去三年累计对外配置的资产中，地产资产占 56%，购买的地产资产包括住宅、商业中心、酒店、公寓、地产债券、地产证券衍生品等。

黑石地产基金采取"买入—修复—卖出"多平台流水线作业模式。其平台细分为股权基金平台、债权基金平台和地产修复管理平台。黑石的地产资产交易就是通过这三大平台进行多种组合，快速进行全球地产资产套利的。

第一类业务是"股权基金平台—地产修复平台"联动。股权基金平台在全球各地发掘有现金流的成熟地产资产，买入后推送到地产修复管理平台。由当地运营团队接管，将新收购的资产进行扩张、运营、品牌整合，在短期内实现资产品牌溢价，再推回股权基金平台进行资产分拆，并分派到不同股权基金出售。

第二类业务涉及债权基金中的不良地产证券，需要"债权基金平台—股权基金平台—地产修复平台"联动。当遇到违约的证券或债权的时候，黑石就通过股权基金平台和地产修复管理平台进行违约资产再造。三个平台的联动，使得黑石的债权基金比银行基金更有竞争优势，更敢购买风险较高的债权或者证券，套利空间也更大。

第三类业务对某种大型资产的快速拆解，需要"债权基金平台＋股权基金平台—地产修复平台"联动。当某外部大型复杂的混合型地产资产（如 GE 的地产部门、某些上市 REITs）的市场估值偏低时，黑石经由股权、债权基金两大平台配合快速联动购入，主动争抢到被低估的优质资产；这些资产被分拆进入黑石各基金，然后由地产修复管理平台根据业态的不同进行品牌整合，经修复升值后快速卖出。

黑石的地产基金如同一条流水线，不停地将外部的机器设备或者零部件按照

> 自己的工序进行拆解和安装整合,变成价值更大的单个零部件或者整件进行出售,赚取权益价差、资产修复管理费与超额收益分成。
>
> 在黑石的商业模式中,速度和修复能力非常重要,当长年累月地用一种模式运作时,它所积累的能力已经超越先天的初始能力和资源,由商业模式孕育出新的关键资源和能力。这些资源和能力不但在黑石的商业模式中发挥着不可或缺的作用,同时也是其他竞争对手无法匹敌的。

7.2.4 资源能力的利用:评估与配置

在企业确定商业模式、明晰关键资源能力、了解如何获取资源能力之后,还剩下最后一个问题:怎样利用关键资源能力和商业模式的配合,创造高企业价值?资源能力的应用有一个前提,即无论是利益相关者还是资源能力,都应该是可以拆分重组的。在拆分重组的过程中,可以通过提升交易价值、减少交易成本或者降低交易风险来创造高企业价值。

以连锁零售经营商业模式为例,表7-2列出其大部分关键资源能力要素。

表7-2 连锁零售经营关键资源能力要素

与生产相关的资源	技术资源	与产品直接相关的技术
		生产工艺优化能力
		提高产能及质量的能力
		生产经营的管理能力
		信息收集与分析的能力
		专利资源
	实物资源	工厂设备资源
		土地房产资源
		仓储能力
	采购能力	议价能力
		稀缺资源

续表

		营销网络
市场资源	渠道资源	谈判能力
		区位优势
		选址能力
	物流运输资源	覆盖范围
		物流服务能力
	关系资源	客户关系
		政府关系
		金融机构关系
		合作伙伴关系
	营销能力	制造广告效应的能力
		历史文化资源
		服务能力
	杠杆资源	特许经营
		加盟连锁
商誉资源	品牌资源	产品品牌
		服务品牌
		企业品牌
		品牌知名度
	文化资源	企业形象
		企业凝聚力
公司治理资源	管理资源	管理制度
		组织机构
		经营管理能力
	人力资源	内部人力资源
		外部可利用人力资源
		培训体系
	金融及财务资源	资金
		融资能力
		规模
		资金周转能力
	信息资源	获取企业外部信息的能力
		内部信息交换
		合作伙伴信息共享资源

要求一家企业拥有以上所有资源能力是不现实的，最合理的做法就是将资源能力要素进行拆分和组合，把一部分资源能力赋予某一利益相关者，把另一部分资源能力赋予另一个利益相关者等。

首先，可以引入新的利益相关者。例如在选址能力方面，如果焦点企业的选址能力比较弱，就可引入了解各个城市物业分布的合作伙伴，如全国运营的房地产中介。

其次，可以变换原有利益相关者、原有资源能力的用途。例如人力资源方面，原来在大卖场从事导购的员工就可以变成连锁店的店长，原来开便利店的个体户也可以变成加盟商（7-11 的业务转换计划正是如此）。

最后，还可以把几个资源能力打包配置给某个利益相关者。例如在 7-11 的连锁零售经营体系中，供应商提供的资源能力就比较多，如提高产量及质量的能力、工厂设备资源、仓储能力、区位优势等。

关键资源能力和利益相关者的匹配如表 7-3 所示。

表 7-3 关键资源能力与利益相关者的匹配

关键资源能力	利益相关者1	利益相关者2	利益相关者3	利益相关者4	利益相关者5	…
关键资源能力1						
关键资源能力2						
关键资源能力3						
关键资源能力4						
关键资源能力5						
关键资源能力6						
关键资源能力7						
关键资源能力8						
⋮						

通过系统分析和评估，可以得到所有关键资源能力的匹配情况。表 7-3 同一纵列的资源能力可以划归到该列的利益相关者。具备所有关键资源能力的利益相关者可能有多个，取舍的原则是：在交易风险可控的情况下，最大化交易价值与交易成本的差值（价值空间），实现企业价值最大化。最终，任何资源能力都由某一部分利益相关者提供，这就构成了一个完整的匹配利益相关者的关键资源能力列表。在此基础上，设计交易方式就形成了业务系统，设计利益分配规则就形成了盈利模式。最终，一个完整的商业模式设计就完成了。

小　结

关键资源能力指要使交易结构成立,焦点企业需要具备的资源能力。资源能力要区分资源和有效资源、能力和有效能力,从而识别关键资源能力。企业资源能力的禀赋、获取、转化和价值创造是商业模式设计中确定关键资源能力要素时需要考虑的问题。

关键术语

关键资源能力;资源;有效资源;能力;有效能力;资源禀赋;资源获取;资源转化;资源价值创造

讨论案例

2018年是阿里巴巴公司成立的第19个年头。这一年天猫双11全球狂欢节当天,阿里巴巴实现了每秒17.5万笔交易峰值、每秒12万笔支付峰值。而在2009年的首次双11时,每秒交易峰值只有400笔。这些交易数据的背后,是阿里计算平台所承担的艰巨任务,除了电商环节,阿里巴巴还要为包括支付、保险、借贷、出行、物流在内的整个双11生态提供计算能力。从这个角度看,阿里巴巴其实是一家大数据公司,在其所有的产品里流淌着各种各样的数据,这些海量的数据组成了阿里巴巴的各个产品线。而让这些数据转化为业务和产品,最终成为普通用户也能享受到的服务,离不开一个稳定可靠的大数据计算平台。阿里计算平台支撑了整个阿里巴巴经济体90%以上结构化/非结构化数据的存储、交换和管控,数据规模已超EB级别。更重要的是,阿里计算平台是被业务一步步"锻炼"出来的,因此其产品具有实战性、可用性的优势。

当内部业务培育的能力足够强大时,阿里巴巴开始考虑利用自身能力向外部赋能,方向就是为传统行业提供"互联网能力"——阿里云。阿里云创建于2009年,以在线公共服务的方式,向用户提供安全可靠的计算和数据处理能力,产品涵盖存储能力、计算能力、安全能力、人工智能等,旨在让计算和人工智能成为普惠科技。阿里云服务于包括中国联通、12306、中石化、中石油等大型企业在内的制造、金融、政务、交通、医疗、电信、能源等众多领域的用户,在12306春运购票等极富挑战性的应用场景中保持着良好的运行纪录。在新零售、新制造、新金融等很多领域,云计算技术带来的变革才刚刚开始。阿里云通过在线公共服务的方式向企业提供计算资源,帮助各行各业刷新"极限挑战"的纪录。

在著名咨询机构 Gartner 发布的 2017 年全球云计算 IaaS 魔力象限评估报告中，阿里云位列 IaaS 领域的第四名。这是中国企业首次进入 Gartner 的 IaaS 魔力象限，排在阿里云之前的是亚马逊、微软和 Google。

讨论题

1. 阿里具有怎样的关键资源能力？
2. 阿里云的商业模式是怎样的？
3. 关键资源能力在阿里云的商业模式中发挥着怎样的作用？

第8章

现金流结构与企业价值

学习目标

- 掌握自由现金流结构的定义及功能
- 掌握企业价值定义
- 掌握设计好的自由现金流结构的方法

导入案例

2016年11月，埃隆·马斯克合并了两家由他本人控制的公司——家用光伏发电公司SolarCity和电动汽车制造公司特斯拉。特斯拉作为一家年产7万辆电动车的企业，市值达到600亿美元，比年产60万辆汽车的福特身价还高，市场定价的逻辑究竟是怎样的呢？

特斯拉的价值主张是解决和提供人们环保出行所需的清洁能源、新型交通运输工具，并持续维护更新服务。纯电动车只是一个最大的入口，引导消费者习惯于使用可持续的新能源，改变目前人类社会高度依赖化石燃料的状况——95%的化石燃料就是用在运输业上。

特斯拉一直按照战略四部曲完成其改变人类能源使用方式的想法。第一步，打造一款价格高昂但产量很小的车型，也就是2009年面世的Roadster；第二步，用赚到的钱开发一款产量适中、价格相对低一些的车型，也就是2012年出现的Model S和Model X；第三步，再用赚到的钱，创造一款量产的、价格亲民的车型，也就是2017年年底首批交货的Model 3；第四步，提供太阳能电力并用在特斯拉提供的交通运输工具上，也就是2016年年底将特斯拉和太阳城两家公司合并。

此外，特斯拉很早便宣布要实现无人驾驶和共享使用功能。可以想象，在未来，特斯拉公共交通、货运物流、真空运输管道Hyperloop、地下隧道网络Boring等，也必将并入特斯拉的整体商业版图。虽然该商业版图还有很大一部分未完成，但市场已经可以看到特斯拉是按照商业共生体的量级去打造未来商业模式的。因此，即使特斯拉依然严重亏损，其市值仍然超过福特和通用，成为美国本土汽车企业第一。资本市场对这种开创一个行业新生态的企业给予了极高的估值，这个估值不是按公司现有盈利评估的，而是按未来共生体的价值评估的。

8.1 定义：自由现金流结构与企业价值

确定了以何种方式为客户提供什么样的产品或服务，设计了业务系统，整合了关键资源能力，构建了自己的盈利模式，接下来就要分析企业的自由现金流结构，并且最终回归企业投资价值。

现金流结构是按照利益相关者划分的企业现金流入和现金流出及其相应的结构在时间序列上的分布状态。某个时点上的现金流结构实际上是商业模式在此时点上的截面。不同商业模式，现金流结构不同。可以是一次性投资、一次性收入，也可以是一次性投资、多次收入，还可以是多次投入、多年现金流入。现金流结构不同会带来不同的企业估值。公共事业、基础设施项目的现金流结构，往往是初期大规模投入，后续小规模维护性投入，数十年比较稳定甚至递增的特许经营收入。大多数制造、施工企业的商业模式，是先生产后销售，赚取价差，现金流结构表现为：先垫资生产，后销售回款，一次性投资和一次性收入。但是，如果企业在产业链中缺乏谈判能力，那么其采购往往必须当期支付现金，销售却形成应收账款，这就导致企业回款慢、现金流压力大。

现金流结构设计对商业模式的影响主要表现在以下三方面。

第一，与定位、业务系统、盈利模式、关键资源能力一样，现金流结构可以作为商业模式设计的起点，同样会受到交易价值、交易成本和交易风险的影响。一个处于起步阶段的企业，在没有外部资金支持的条件下，设计商业模式时就要考虑现金流的内部平衡和可持续性。如果企业回款不及时，就可能直接导致财务困境甚至破产。这要求企业的定位、业务系统和盈利模式都要适合回款的要求。因此，企业可能更偏向于采取经销、代理、特许经营等模式，而不是需要大量资金的直营模式。相反，如果是一个拥有充沛现金流的成熟企业，在开拓新业务时，就不必过多考虑现金流的平衡问题。这时，现金流状况就会变成设计商业模式和设置竞争门槛的利器。

第二，现金流结构可以检验企业定位、业务系统、关键资源能力及盈利模式所能创造的投资价值状况。按照价值投资原理，企业的投资价值是未来预期能够产生的、可信的自由现金流的折现值。从金融角度看，企业是创造现金流和实现投资价值的工具，每个企业都有其现金流结构、收益率及风险特征——金融特性。而定位、业务系统、关键资源能力的不同，会导致预期现金流结构——现金流入和流出净额分布状况不同。

根据企业的现金流结构，可以评估其投资价值。有价值的投资项目，必须获得正的净现值。若净现值为负，则表明该商业模式不存在创建和投资的必要；若净现值为正，则要考虑如何设计长期的现金流结构使企业价值最大化。

第三，现金流结构可作为设计金融工具的依据。企业可以由此找到合适的融资工具或银行贷款、证券、固定收益等，从而使企业的价值创造进入一个有强大生命力、可持续发展的良性循环。

8.2 现金流结构的功能

企业的现金流结构具有度量企业价值、诊断交易结构、作为金融工具设计依据三大功能。

8.2.1 度量企业价值

要提升企业价值，就必须扩大交易价值、减少交易成本、降低交易风险，这三方面都可以从现金流结构的设计和改善方面入手来实现。

（1）扩大交易价值

企业选择怎样的现金流结构，受其资金实力的影响。资金实力不同，能撬动的资源就不同，可供选择的现金流结构也不同。在不同的情况下，要想获得价值最大化的现金流结构，需要商业模式其他要素（定位、盈利模式、关键资源能力、业务系统）的配合并针对不同的企业状况，设计对应的现金流结构，从而提升交易价值。以下是几种类型企业的现金流结构设计原则。

第一种类型的企业只能承担一年的亏损，外部金融资源比较匮乏。这意味着企业在短中期内就要有现金流入，同时要注意成本控制。这种现金流结构，要求企业在盈利模式的设计上，采用资金回收期更短的方式，比如一次性卖断、即时消费。而在商业模式定位的选择上，可选取投入较少的合作渠道、经销商等。

第二种类型的企业拥有符合抵押要求的资产和较高的信用等级，有稳定回报的现金流结构。只要风险可控，企业就可以获得银行贷款，提高杠杆和投资回报率。例如，一些企业可以利用自身的资产评级优势，获得低成本的资金，为上游供应商提供供应链融资（或担保），也可以为下游客户提供融资租赁等金融服务。这种现金流结构，变革了焦点企业的业务系统，提升了它与中小企业客户的交易价值，最终提高了企业自身的价值。

第三种类型的企业虽然资金不足，但是成长空间大。如果团队能力强，业务系统高效，企业就容易得到风险投资者的青睐，企业也就可以承受早期投入较大、回报时间较长的现金流结构。很多互联网企业在很长一段时间内亏损，甚至上市之后依然亏损，但其通过不断提高的估值获得持续投资，始终处于现金充沛的状况。

第四种类型的企业如果在前期大量地投入，建立起庞大的客户群体，后期就会持续盈利。以前期大投入换取后期的持续回报，这种现金流结构是有价值的。如果没有前期的大量投入，企业就有可能被竞争对手追上，甚至被打败。如果企业一开始就具备雄厚资本，或者把目标定在吸引风险投资上，就可以设计成前期大量投入、后期获得持续和多期丰厚回报的现金流结构。例如，京东商城2010年营业额超过100亿元，但亏损巨大。其策略是建设仓储物流配送体系，提升客户体验，吸引用户注册。这一战略的资金需求量巨大。由于投资人看好京东电子商务平台的成长价值，对它的估值高达数十亿美元，京东在第三轮融资中获得16亿美元。

某些商业模式即使前期投入大量资金也不能加速发展，企业发展前景不明朗，就很难吸引风险投资。此时，企业也不应该追求前期大量投入、后期获得持续和多期丰厚回报的现金流结构。

（2）减少交易成本

现金流交易涉及其他利益相关者，考虑其资源能力（如风险承受能力、资金压力）并设计合适的交易方式，就能降低交易成本。例如，对企业客户来说，购买大型设备是一笔很大的资金投入。一次性销售会给企业客户带来很大的资金压力，也会缩小整个目标市场的容量。反之，采取分期付款或融资租赁等方式，既能让企业客户减少一次性购买带来的资金压力，又能让客户更好地评估各期的投入产出比，从而降低了讨价还价成本。当然，为了把一次性收入化为多期收入，还可以将卖产品变成卖服务，这同样能降低交易中的谈判成本。飞机发动机按运行时间计费，轮胎按行驶公里数计费，都属于这一类。

特别要注意的是，企业在设计现金流结构时，往往会将注意力放在追求交易价值的最大化上，而容易忽视随之增加的交易成本。有些企业在衡量一个复合业务的价值时，计算了多个业务合并后出的价值空间，认为市场庞大，值得投入。但事实上，如果其中某些子业务不存在规模优势或者达到规模经济需要的交易量过大，那么该复合业务根本无法达到成本要求，其整体交易价值可能会因此减少。如果业务的整合不能降低成本，只是简单的业务堆砌，那么这种低效率、多元化的现金流结构，最理想的情况也只是大规模投入、大规模收入，最终盈亏勉强平衡，并不能得到资本市场的溢价估值。很多多元化企业正是如此。这些企业的业务很多、体系庞大，但总市值在很多时候还不如总资产规模大。这正是因为它们的多元化既没有创造独特的交易价值，也没有减少交易成本。

案例 8-1 ［汽车服务行业的现金流结构设计］

> 汽车服务是汽车产业链上最大的利润奶酪，其中的汽车维修服务又是获利的主要部分。但这个蛋糕并不容易吃到，这个行业至今仍然处于一种碎片化的结构之下。市场上存在大量的定位为一站式、全方位服务（维修保养、美容装饰和汽车用品销售）的服务商。由于"全方位服务"的服务内容过多，需要的场地大，固定资产投资多，固定成本高，运营现金流出规模大，而且管理的复杂性和组织成本高，但服务的购买频率不高，单个服务形不成规模经济，多个服务间因不存在交叉购买而形不成范围经济，最终服务成本难以覆盖，企业的净现金流也容易陷入枯竭。
>
> 杭州小拇指是一家成立于2004年的公司，掌握了国际先进的汽车表面微创伤快速修复技术。公司定位于"汽车表面微创伤修复"，包括车身表面微创伤修复、局部补漆、保险杠修复以及前挡风玻璃修复。这些业务，高端4S店不愿意做，路边店又缺乏技术和规范经营理念，维修质量不过关。小拇指的单店投入在50万元左右，相对较低，但客户消费频率高，收益比较稳定，可以形成规模经济。据统计，每辆轿车平均每年擦碰次数超过3次；汽车表面微创伤修复市场规模超过500亿元，且年增长率在20%以上。这使小拇指公司拥有充裕的现金流，在全国110多个城市发展了400多家连锁店，平均日维修量2 000多台，累计近百万修理车次，顾客满意率高达97%。

（3）降低交易风险

现金流结构设计要让企业能够度过经营中最困难的阶段，抵挡恶劣环境的冲击，降低交易风险。在现实中，企业会在现金流方面采取一定措施，对症下药，以适当的方式降低交易风险。例如培训、健身、通信运营商、移动互联网等企业，会采取预付款、先充值的方式。如果企业需要大量的现金投入，就要安排好寻求风险投资的节奏，预留"过冬"的资金；如果企业需要持续的现金投入、持续的现金回报，那就要管理好账期，在必要的时候考虑引入供应链融资；如果企业需要一大笔现金投入、现金回报稳定，但期限很长（如BT、BOT项目等），就要考虑项目融资、上市、信托基金等。

如果新加入一家企业，能降低商业模式中其他多方利益相关者的交易风险，改善其他利益相关者的现金流结构，那么这个企业的加入将很有意义。有些业务需要投入大量现金，而现金收益却具有高度不确定性；有些业务从长期看存在正的现金流入，但波动率很大。类似这两种情况的业务，都需要独立设计融资方案，与其他业务的现金流和风险隔离，不应该留在内部融资结构中。最合理的多业务现金流结构应该是：业务平均具有正现金流，且市场低谷期的现金缺口不是很大。

8.2.2 诊断交易结构

现金流结构可以用来诊断企业定位、业务系统、关键资源能力和收益来源是否妥当以及是否有投资价值。根据企业现有商业模式和投资规划，可以预期未来的现金流状况；而通过现金流结构，可以反向诊断商业模式是否存在问题。表面上不可持续、长期衰减的现金流结构，其背后的定位、业务系统、盈利模式等可能出了问题。商业模式各要素的设计与企业现金流结构的关系可以从以下三方面加以分析。

（1）定位与现金流结构的关系

企业的现金流结构首先受定位的影响。从企业的定位可以初步判断其现金流状况及运营风险。不少企业陷入财务危机，往往是在初期定位时就埋下了隐患。案例8-2比较了两家提供同样服务但采取不同定位的企业，从两家企业现金流结构的巨大差异，我们可以看到定位对现金流结构的影响。

案例8-2 ［差旅服务企业的现金流差异］

畅翔网是一家差旅服务企业，定位于企业客户差旅管理（B2B），主要业务是机票和宾馆代理。它宣称可以为企业提供三种价值：第一，节省现金流，畅翔网可以先垫付资金。第二，畅翔网的差旅管理系统，可以让企业了解差旅人员的详细支出,包括行程、住宿等情况及费用,能够有效避免浪费和虚报现象。第三,将各个企业的差旅业务集中起来进行采购,降低了价格。畅翔网在2007年7月成立当月就实现了盈利,当年10月利润近20万元;近万家企业成为其客户,其中不乏知名企业。畅翔还被多家著名风险投资看好并投资。但随着业务的扩大,企业现金流结构的隐患也开始显现。企业客户不愿将自己的银行账户向其开放,酒店也要求现金结算。畅翔网只得为客户垫资、月底结算,导致应收账款不断增加,坏账风险骤然上升。到2007年年底,畅翔网的资金链接近断裂。畅翔网的定位使其现金流随着规模的增大而增大,如果缺乏外部融资安排或融资成本过高,很容易陷入财务危机。

北京宝库在线网络技术公司(以下简称"宝库")同样为企业客户提供差旅服务,但现金流充裕。它不参与任何旅行产品的销售,而是定位为SaaS(软件即服务)模式的商务旅行在线管理平台。宝库开发的差旅管理软件平台使用云技术,企业无须购买软件或服务器,即可通过互联网登录系统进行差旅管理。该系统拥有很完善的企业差旅管理功能,不仅能够查询全面的机票和酒店价格信息,还可以根据员工的出差频率形成预测报告。如果企业需要确定开会时间和地点,预测报告可以显示在哪个季节或到哪个地区的机票和酒店更便宜。如果出差的员工没有选择最低票价,系统会自动要求员工填写选择高价票的理由。企业还能通过系统了解是否有员工选择了相同的酒店,从而达到分享房间、节约费用的目的。此外,出差员工的行程反映在系统中,管理者可查询员工的差旅位置等。通过这些服务,企业可以节约20%的差旅费。而航空公司、酒店等差旅服务商使用宝库平台,可简化管理流程,节约与企业客户的沟通成本,月底还会收到自动生成的财务报表和差旅管理分析报告。作为一个中立平台,宝库并不参与销售,它的收入有两部分:一是差旅企业通过宝库网站订购机票,每张机票收2元服务费;二是按业务量与航空票务公司和酒店进行分成。由于自身不需要垫资,还可以靠提供服务获得源源不断的现金流,宝库的现金流非常充裕。宝库平台有机票代理客户20多家、终端商务客户500多家,2010年交易额接近20亿元。

(2)业务系统与现金流结构的关系

一般企业特别是制造类企业,通常包含研发、制造、营销、仓储物流等环节。随着企业规模的扩大,资产负债事随之膨胀。企业如果在产业链中缺乏谈判优势,就会出现资产很多、现金流很少的情况。这种情况下,企业容易出现资金缺口,需要外部融资不断地给予支撑。一旦外部金融市场环境恶化，融资难，企业就很容易陷入财务危机。商业模式优秀的企业，专注于核心能力和业务环节，善于和有能力利用产业链资源能力改善现金流。从苹果和双汇两家企业的业务系统构成，我们可以推演其现金流状况。

案例 8-3 [业务系统与现金流结构]

> 苹果公司专注于设计，以创造独特的客户体验价值。它把制造外包给富士康和广达等公司，渠道采用授权专卖店和现有市场渠道相结合的方式。因此，这两个环节基本不需要苹果自己投资，苹果还可以在渠道环节收取授权费。苹果优秀的业务系统设计，让它一直保持零有息负债，现金流充裕。
>
> 双汇集团则因业务系统的改造而面临现金流结构的巨大压力。受 2011 年"瘦肉精"事件影响，双汇的声誉和品牌受到重创，损失惨重。为了保障企业食品安全，双汇要从源头上把控产品质量。董事长万隆表示，面对整个社会诚信缺失的大环境，双汇要加大养殖业的发展力度，在已有种猪、商品猪和养猪场的基础上，争取建立 50 万头甚至百万头规模的大型养猪场。建设现代化的养猪场，每 10 万头猪需要约 1 亿元的投资。如果双汇每年 3 000 万头的屠宰量全部由自己供给，大概需要 300 亿元资金。而养猪环节的投资回收慢、利润率低，养殖风险巨大。显然，如果双汇在相对重资产的养殖环节投入过多，现金需求将显著增加，其原有的现金流结构也将发生改变。

一些重资产的企业通过业务调整甚至重构业务系统，剥离并外包一般制造环节，专注于研发和核心制造，变现资产，优化资产负债率，最终改变现金流结构。

（3）盈利模式与现金流结构的关系

不同的盈利模式会形成不同的现金流结构。盈利模式对于企业现金流结构的影响是最直接的。目前比较盛行的是合同能源管理模式，即企业为用户免费提供设备和技术服务，按运营时间收费，或者从节省的费用中分成。此举可以扩大用户市场，但拉长了设备提供企业的回款期限，增大了企业的现金流压力。举例来说，远大中央空调采取先垫资生产、后按冷风运行时间持续收取服务费的方式，反映在现金流结构上则是"短期较大投资，长期小规模收入"。

反过来，企业从外部获得现金流的能力或内部现金流的供应能力，会影响新业务的盈利模式设计。如果企业没有充裕的外援资金，就需要现金回收短平快的盈利模式；如果现金供应充裕，就可以牺牲短期利润，并将其转化为竞争优势，打击现金流供应短缺、只能实施短平快盈利模式的竞争对手。

8.2.3 设计金融工具

从会计角度看，融资应作为企业的负债。但从商业模式角度看，融资是企业商业模式的有机构成，应该视其为商业模式的内生因素。对不少企业来说，只有考虑了融资，才能形成完整的商业模式。特别是投资大、收益回报期长的项目，没有构建长效的融资机制，扩张将难以持续。企业在成长过程中，有相当长的时间，其经营现金流不足以支持投资，难以实现现金流平衡，这就需要进行融资以弥补资金缺口。

理论上讲，如果金融市场完备有效，不管企业有什么样的现金流结构，只要具有投资价值，就可以设计相应的金融工具匹配其现金流期限结构，解决企业经营现金流不足的问题。金融工具是匹配现金流结构"收益率"和"风险"的手段。企业的收益有固定收益、剩余收益、分成收益三种，由此企业融资形成了两条路线、五大来源。

路线一，基于担保抵押的固定收益融资路线图，包括信贷、信托和租赁三个来源。

路线二，基于投资价值的融资路线图，包括证券市场公开融资、VC/PE两个来源。

在实践中，企业会根据具体业务特性，构建基于两条路线、五大来源的灵活组合来进行融资。

案例 8-4　[嘉德置地的融资结构]

> 嘉德置地是一家新加坡公司，被称为亚洲最大的商业地产公司。它在新兴市场大城市的黄金地段修建商业物业。新建的商业物业往往前几年内没有现金收益。嘉德置地将投资物业按发展阶段分为"培育期"和"成熟期"。在培育期，物业没有现金流入且风险比较高，但资本升值潜在回报空间也相对较大。在成熟期，物业有高端商户租赁，现金流入比较稳定，收益率稳定在7%～10%，具有稳定的分红能力。
>
> 为此，嘉德置地采用了PE+REITs的地产金融模式，也就是在培育期（即商业物业建设期）采用PE/（私募股权）方式融资，在成熟期则采用REITs融资。1998年，嘉德置地参与发起了第一只私募基金，2002年发起设立了第一只

> REITs。之后又在 2003—2004 年成立了三只私募基金和一只 REITs；2005—2006 年成立了五只私募基金和三只 REITs；2007—2008 年成立了九只私募基金，计划成立一只印度 REITs 和一只马来西亚 REITs。嘉德置地计划在未来几年内，将 REITs 总数再翻一倍，并继续扩大私募基金平台。

企业应根据不同的业务状况，设计不同的融资工具，常见的有以下四种情况。

第一，利润为负、经营性现金流为负，企业为支持必要的投资，必须融资。处于成长阶段的企业往往具有这一特征。成长空间大的企业，可以通过风险投资融资。以京东为例，京东从 2007 年开始投资仓储和物流配送，由于企业缺乏可抵押资产，难以获得贷款。但几家风险投资者却愿意投入 16 亿美元，支持京东投资仓储物流。它们对京东估值数十亿美元，是因为看好京东电子商务平台的成长和增值空间及管理执行能力，因此不求近期分配现金红利，而寄希望于京东上市后获取巨大的资本增值。

第二，利润为正、经营性现金流仍然为负，企业为支持必要投资，需要融资。不少制造型企业处于这种状态。

第三，利润为正、经营性现金流为正，企业为支持必要投资，仍然需要融资。不少制造企业、基础设施、公用事业企业处于这种状态。

第四，利润为正、经营性现金流为正且能满足必要的投资需要，即自由现金流为正，不需要大规模融资。如果企业的商业模式是轻资产、竞争力强，将无须外部融资。

融资工具的设计，是通过对企业现金流进行分块（业务板块、业务环节）、分层（切割为多笔现金流，对应不同收益率和信用等级的金融工具）、分段（多轮接力融资）和分散（吸引多个投资者）来匹配企业的现金流结构，满足投资者的期限收益要求；同时，通过引入不同利益相关者的交易结构设计，有效控制风险（方式有防控、分散、降低、转移、锁定、补偿等），以满足投资者的收益率要求和风险偏好。

案例 8-5 ［迪士尼乐园的融资设计］

> 在迪士尼乐园项目前五年的建设期，利息成本和资产折旧等因素会使项目产生高额亏损。由于巨大的亏损无法在短期内在项目内部消化，因此难以吸引外部投资者。
>
> 在迪士尼乐园的投资结构中，由迪士尼公司与其他投资主体共同出资，组建

两个阶段公司——迪士尼开发公司（采用普通合伙制结构）和迪士尼经营公司（采用有限合伙制结构）。

迪士尼开发公司投入较少的资金，吸引外部投资者共同筹建迪士尼乐园。资本结构中的大部分，由外部投资者提供不可追索的借款，开发公司以资产第一抵押权、租赁合同和收取租金的受让权作为担保。采用普通合伙制结构的巧妙之处在于：由于每个投资者都要承担无限责任，因此这些投资者能够直接分享其投资比例的"项目税务亏损"，并与其他来源的收入合并纳税。换句话说，就是投资迪士尼项目产生的亏损，可以通过减少其他收入的税收而获得补偿。公司还加入了一些降低风险的设计，比如贷款时要求银行放弃对普通合伙人法律责任的追索权。这些设计，对投资者非常有吸引力。

开发公司拥有迪士尼乐园的资产，并将其租赁给经营公司。10年期租赁协议终止时，经营公司以账面价值收购项目，开发公司则解散。这样，投资者既享受了税收的优惠，同时出租迪士尼乐园在项目前期就能带来回报，又避免了投资回收时间过长的问题。迪士尼经营公司的股本资金大部分由政府投资公司提供、小部分由迪士尼公司出资，但迪士尼公司是经营公司中唯一的普通合伙人。因此，尽管迪士尼公司在经营公司中只占少数股权，却能完全掌握项目的管理权。

8.3　构建好的现金流结构

按照金融学原理，任何一个投资机会的投资价值是投资对象（项目/业务/企业）未来预期可以产生的自由现金流的贴现值。一项投资是否值得，由三个因素决定：一是投资项目未来预期能够产生的自由现金流的期限结构（FCF_t），FCF_t 表示投资机会在 t 时刻预期能够产生的自由现金流，等于利润＋折旧－投资（包括固定资产投资和运营资本投资）；二是未来预期自由现金流的持续时间（H），由竞争能力的持续性决定；三是投资者要求的收益率，或者投资者的机会成本（r）即资本成本，反映企业预期未来现金流风险。而一个商业模式价值的高低，也可以从这三方面加以衡量。案例8-6综合反映了一个好的现金流结构是如何保障业务本身需要的优质现金流，并搭建与资本市场的桥梁的。

案例 8-6 [星巴克的实物期权与企业价值]

1987年，星巴克在美国西雅图开设了第一家星巴克咖啡店。2017年，星巴克在全球的门店已经超过2.5万家，业务遍及75个国家，市值从1992年上市时的2.5亿美元，一路增长到930亿美元。那么，星巴克是如何做到快速增长的呢？

在最初经营的二十多年中，星巴克主要在美国拓展市场，基于对市场的充分了解和经营质量的保证，公司基本依靠自营开店。从1996年进入日本市场开始，星巴克采取了授权、合营、联营的模式。这种模式在中国取得了巨大的成功，1999—2016年，星巴克在中国118个城市开设了2 382家门店。中国已经成为星巴克全球第二大市场，上海是全球星巴克门店数量最多的城市。

星巴克在进入一个新市场时，首先会采取加盟的形式，由加盟商投入资金，同时设定几条增持股份的业绩线。当营业收入提升到可参股水平时，星巴克可以按相应资产价格的6~8倍进行溢价参股；当营业收入继续提升时，星巴克可以溢价控股并合并到上市公司报表，直到最终完全控股。这种交易结构设计的好处在于：如果门店业绩上涨，星巴克可以收获门店业绩上涨的溢价，并体现在上市公司业绩中；如果没有达到业绩线，星巴克就不用参股、控股，门店的业绩也就不会反映在上市公司报表中，从而可以有效地控制资本风险。另外，由于有大批加盟门店在未来有可能转换为参股、控股企业并合并到上市公司报表中，星巴克的股票在资本市场就有很好的升值想象空间，这也是前几年星巴克市盈率长期高于50倍的原因之一。

星巴克的以上商业模式其实是一种实物期权。在运作这种模式的过程中，星巴克引入了各地的投资代理商。这些投资代理商协助星巴克在各地开设加盟店，星巴克的实物期权实际上是与代理商交易的。这种引入新的利益相关者的好处在于：第一，星巴克在全世界各地的加盟店太多，如果与每家直接谈判，交易成本巨大；引入代理商，可以减少谈判对象，使交易成本大幅下降。第二，大部分代理商能够整合和利用当地的各种政策资源、商务资源和人脉资源等，为星巴克的本地化扩张带来很多便利。第三，随着拥有店面时间的增加，有些星巴克的加盟商可能会改变主意，不愿意被参股、控股；而对代理商而言，由于它们是纯粹的财务投资者，一般不会有这种问题。

因此，从初始的授权模式，到小股权联营，再到合营，最后到全面控股，步步为营的策略使得星巴克在全球拥有了12 711家自营咖啡店、12 374家加盟咖啡店。公司在2016财年创造净收入213亿美元，净利润28亿美元，成为全球最大的连锁餐饮公司。

星巴克快速扩张的秘密（实物期权模式）具有几大优势：在企业进入新兴市场的时候，通过引入加盟商降低了企业投入的资金需求；在中期，企业既能享受收益又能有一定的控制权；后期，完全控股实现了收益和控制的统一。这个过程既降低了企业的现金流压力和企业经营失败的风险，又能更快地实现现金流在资本市场的变现，实现资本和产品的双轮驱动，助力企业快速拓展市场。

8.3.1 企业自由现金流结构

企业的投资价值等于企业未来预期可以创造的自由现金流的贴现值。企业层次的自由现金流可以进一步分为两种：全资本自由现金流和股权资本自由现金流。

（1）全资本自由现金流

全资本自由现金流＝息税前利润＋折旧和摊销－运营资本投资－固定资产投资

息税前利润（EBIT）是扣除利息及所得税前的利润，反映了公司经营业务的盈利情况，同时排除了财务行为（融资、投资）带来的成本及费用的影响。公司财务或者估值方面的书籍一般对公司的财务报表或者现金流进行了简化，因此EBIT比较容易计算。现实中的企业损益表项目可能十分复杂，很多项目需要调整。

折旧和摊销（D&A）属于非现金费用项目。在有些国家和地区的会计准则中，生产成本和经营费用都包含折旧项目，这就需要根据会计报表附注的信息将折旧分离出来。而摊销项目主要来自兼并收购过程中产生的商誉费用，以及一些无形资产等。在有的会计准则下，例如中国香港适用的会计准则，兼并收购产生的商誉会被一次性冲销，而不是分期处理。因此，在对历史财务数据进行处理时，一定要将商誉项目重新加回现金流中。

运营资本投资等于流动资产减去流动负债。流动资产包括存货、应收账款、周转现金等；流动负债则主要是应付账款和其他一些应付项目。需要注意的是，一般要将短期投资和超额现金排除在外，因为这两个项目不是公司经营必需的，如果计入就会扭曲公司经营活动反映出的信息。而流动负债也不包括短期借款。

固定资产投资是为了经营而进行的固定资产投资，包括对外进行的收购等资本性支出。需要注意的是，用全部资本税后自由现金流贴现得到的是企业投资价值，即股东和债权人等所有投资者的价值。

（2）股权资本自由现金流

股权资本自由现金流＝归属于股东的净利润＋折旧与摊销－运营资本投资－固定资产投资＋净债务融资

股权资本自由现金流不包含投资和其他非经营性活动带来的收益，其中净债务融资指企业每年新借入债务与偿还债务的差额。评价一家企业的投资价值，不仅要考察税后利润，还要看企业持续发展所需的投资支出。若没有考察后者，则很可能高估商业模式差的企业的自由现金流和投资价值，而低估资本消耗少的商业模式企业的自由现金流和投资价值。

企业的自由现金流构成也可以转换为企业的"现金流入－现金投资"，其中，现金流入相当于（利息税前收入＋折旧和摊销）；现金投资包括运营资本投资和固定资产，如房产、工厂、设备的投资以及并购投资。

8.3.2 商业模式视角下的自由现金流结构

商业模式对一家企业未来预期自由现金流的期限结构有重要影响。具体来说可以分为五种情况。

第一，商业模式一般的企业处于在成长过程，现金流入开始从负变为正，现金流入随企业规模扩大和竞争力增强而递增；但同样也需要持续递增的投资，即现金投资总是为负。因此，自由现金流期限结构表现为正负交替的模式。

第二，商业模式一般的明星企业在增加现金投资后，逐渐降低的利润率和投资收益率使企业开始减少现金投资额，直至每年的投资额接近折旧，即净投资接近零，同时有稳定的现金流入，表现为现金流入超过现金投资的自由现金流模式。

第三，竞争能力和商业模式差的企业，现金流入和现金投资一直为负，销售额可能很大，应收账款规模递增，但利润率规模递减，盈利来源单调；与供应商的谈判地位没有随着企业规模扩大而提高，应付账款却随规模扩大而减少；同时，一直在进行规模递增的投资。这类企业仍大量投资于利润微薄的"红海"业务，往往是价值的破坏者。

第四，一些快速成长的新兴企业，需要大量的投资，现金流入可能暂时处于负的状态。随着规模扩大，这类企业的自由现金流会变为正值。

第五，商业模式好的企业，现金流入和现金投资都为正，属于超级自由现金流模式。这类企业的现金流入随着企业规模扩大而递增，固定资产则随着企业规模扩大而递减，营运资本随着企业规模递增而减少，具体表现包括应收账款减少、预收账款增加或应付账款增加。

任何企业都可以通过自由现金流的情况来评价。企业投资价值的差异实际上只是未来预期自由现金流的期限结构、持续时间和实现风险的差异。比如，基础设施企业，期初固定投资巨大，后续运营投资少，现金流稳定增长；资本密集型制造业企业，固定资产投资和运营资本会逐渐增加；渠道零售企业，固定资产投资比较少，运营资本随销量增加而逐渐增加，达到一定程度后，随着竞争地位的提升而逐渐减少；而高科技企业，固定资产投资少，研究开发投资逐年递增。

8.3.3　商业模式视角下的企业价值评估

企业投资价值及其实现效率与增长速度由成长空间、成长效率、成长能力、成长速度和成长风险决定。成长空间受企业定位的影响，决定企业的潜在市场规模，影响未来收益持续的时间和最终规模。成长效率与商业模式密切相关。从自由现金流角度看，提升企业的投资价值以及投资价值的实现效率和价值增长速度，应当从减少自身投资规模、降低运营成本、增强自由现金流的持续增长能力三方面着手。商业模式恰恰影响企业的投资规模、运营成本和收入持续增长能力。

商业模式好的企业，往往能够以更少的投资、更低的运营成本获得更多的收益，并且能够高效率、快速地持续成长，即自由现金流规模大、增长快。成长能力一方面与管理机制和执行力密切相关，另一方面与商业模式相关。好的商业模式，往往能够有效聚合优质资源能力，形成竞争壁垒，增强企业发展能力。国内不少企业、投资者和社会公众喜欢追捧高科技企业，技术含量低的传统企业往往不受投资者和公众的青睐。其实，近年来在资本市场上表现好的行业并不仅仅是高科技行业，还包括制造业、住房中介服务、餐饮、经济型酒店等连锁渠道，以及健康、教育培训等服务业。从资本市场投资价值看，市场规模大的行业和具有持续成长能力的企业，都有可能受到资本市场的青睐。因此，企业投资价值规模小、价值实现效率低和价值增长速度慢的原因并不在于企业是否处于传统行业，而在于企业的商业模式落后。

传统银行信贷评价标准关注企业资产抵押价值，企业交易价值也以有形资产价值为准，这个评价标准使得企业普遍重视资产规模。因此，很多企业通过购买土地来增强债务抵押融资能力。一些投资价值低，特别是投资价值实现的效率低、速度慢的企业，在经营环境快速变化的环境下，很容易陷入经营和财务困境。

具有较好商业模式的企业往往能够有效利用三个杠杆。

一是资产/资源/能力杠杆。利用此杠杆，企业能够整合存量关键资源能力，自身投资少，业务系统资产轻。

二是负债杠杆。利用此杠杆的企业库存低，应收账款少，有息负债少，运营效率高，风险低，运营资本消耗少。

三是价值杠杆的企业资本收益率高，成长速度快，成长价值和价值实现效率高，能很快获得资本青睐。

商业模式好的企业，尽管主业利润率可能低，但资本收益率高，因此投资价值并不一定低。利润率只是基于损益表计算的，没有计算资本消耗，而实际上，资本市场最终关注的不是利润率，而是资本收益率。利润率低的企业不代表投资价值低。资本收益率的公式为：

$$资本收益率 =（营业利润 + 其他活动利润）/ 投入资本$$

分子和分母各除以销售收入，可得：

$$资本收益率 =（营业利润/销售收入 + 其他活动利润/销售收入）/$$
$$（固定资产投入资本/销售收入 + 运营资本/销售收入）$$

资本收益率公式可以反映出商业模式视角下的企业价值。

营业利润/销售收入表示竞争格局，在竞争激烈的行业，企业营业利润率不可能一直保持高值。单位销售收入对应的固定资产投入资本反映了商业模式。商业模式好的企业，采用制造过程外包或合作、租赁、资产证券化、存货融资、应收账款融资等方式，可以减少单位销售收入所需的固定资产投资。单位销售收入对应的运营资本，反映企业相对经销商和供应商的谈判地位。谈判能力强的企业，只需很少甚至负的运营资本。此外，随着企业规模的扩大，盈利来源增加，企业可以实现专业化经营、多样化盈利。利润率低的企业，由于单位销售收入对应的固定资产投入资本和营运资本减少，仍然可以创造比较高的资本收益率。

实证研究表明，商业模式对企业投资价值影响很大。即使在相同的行业，商业模式不同，企业未来预期能够产生的自由现金流期限结构也大相径庭，因此企业投资价值，特别是投资价值的实现效率和增长速度差异甚大。Mercer咨询公司统计，1980—1997年，标准普尔500的股票市值年均增长率为12.3%，市场份额领先公司的股票市值年均增长率只有7.7%，而商业模式优秀公司的股票市值年均增长率为23.3%。

1990—1996年，销售收入增长率和营业利润增长率前15名的公司，很多并没有进入股东价值增长率排名前15名。

小　结

现金流结构是按利益相关者划分的企业的现金流入和现金流出及其相应的结构在时间序列上的分布状态，具有度量企业价值、诊断交易结构优劣、作为金融工具设计依据三大功能。现金流结构与商业模式各要素的关系集中体现在定位、业务系统、盈利模式和现金流的关系上。只有好的现金流结构，才能保障商业模式视角下的企业价值。

关键术语

现金流结构；企业价值；自由现金流结构

讨论案例

2019年5月17日，瑞幸咖啡登陆美国纳斯达克，股票发行价为每股17美元，募集资金6.95亿美元，总市值42.53亿美元。而此时距离瑞幸咖啡第一家门店开业仅过去一年半时间。其招股书显示，截至2019年3月31日，瑞幸咖啡共开门店2 370家，2019年计划新开2 500家，这样的发展速度，在全球连锁经营企业中可谓前无古人。

然而在瑞幸上市之前，围绕该公司的质疑一直不绝于耳。2020年2月，浑水资本(Muddy Waters Capital)指控瑞幸咖啡伪造财务和运营数据。经历了一段时间的沉默，瑞幸咖啡承认伪造的交易总额约为22亿元，涉及截至2019年9月30日的9个月的财务报表。4月2日，瑞幸咖啡股价在美股暴跌81%。

中国的咖啡消费市场正以每年15%～20%的速度增长，该市场最成熟的品牌——星巴克在中国经营二十多年，共开了3 600多家门店，覆盖150个城市。与星巴克面向白领营造的门店消费氛围不同，在瑞幸咖啡的门店中，快取店自取消费占60%以上的销售份额。快取店店面小、成本低，自取方式节省了配送费用，更接近咖啡的主要消费人群。当然，这种定位也对店面数量和覆盖范围提出了要求。瑞幸的商业模式显然得到了资本市场的积极响应，它甚至得到了星巴克最大主动投资方贝莱德公司的投资。星巴克也感受到了竞争的压力，2019财年星巴克在中国新开近600家店，也开始提供外卖服务。

补贴促销策略，让瑞幸咖啡的品牌成长周期明显缩短，同时也让瑞幸咖啡饱受争议——如此之大的业务规模却没有实现盈利。根据瑞幸公布的数据，2018 年瑞幸咖啡收入 8.41 亿元，净亏损 16.19 亿元。2019 年第一季度收入 4.79 亿元，净亏损 5.51 亿元。除了盈利，现金流也成为很多人质疑瑞幸咖啡的地方。开店、新产品研发、数据技术加强、补贴用户和扩大市场，这些都需要大量的现金。瑞幸咖啡目前的门店都是自营模式的，这意味着在产业链、租店面、装修和招人等方面的巨大投入。与顺丰合作的外卖模式承诺半小时内送达，又是一笔不小的配送成本。在广告营销方面，只要有瑞幸咖啡店的写字楼和社区，其用户区域遍布瑞幸的广告。瑞幸咖啡靠大量的补贴培养用户习惯，刺激潜在需求。瑞幸公布的数据显示，截至 2019 年 3 月 31 日，累计 1 687 万消费者购买过瑞幸的"小蓝杯"咖啡，每个月平均有 440 万活跃用户。随着规模的扩大，获客成本从最初的超过 103 元、2018 年第四季度的 25 元，到 2019 年 3 月低至 17 元以下。分摊在每一杯咖啡中的销售和营销费用率从 2018 年第一季度的 420.0% 降至 2019 年同期的 35.1%。

瑞幸咖啡的"烧钱"模式一度引发大众议论甚至质疑。对此瑞幸管理团队的回应是：亏损在预期内，未来 3～5 年还会持续补贴。正是因为瑞幸的存在，让 2018 年成为中国咖啡消费的元年。与瑞幸咖啡巨额的现金净流出相匹配的是它的融资节奏和规模。瑞幸的起始资金为创始人团队自有资金和个人借款，共计约 5 亿元人民币。2018 年 7 月，瑞幸咖啡完成 A 轮融资 2 亿美元；2018 年 12 月，完成 B 轮融资 2 亿美元；2019 年 4 月，获得 1.5 亿美元的额外新投资。根据瑞幸招股书的描述，截至 2019 年瑞幸咖啡经营所用资金主要来自此前四轮融资。为了满足发展的资金需求，上市之后瑞幸还将依赖更多元的融资方式，如额外的股权发行、债务融资和银行贷款。

对于瑞幸咖啡的亏损是否会持续，以及如何评估这样一家企业的价值，瑞幸的管理团队认为，用适度补贴获取市场规模和速度是非常值得的。如果一家企业拥有 2 000 多家直营门店、1 200 多万付费用户，开价 8 亿元出售，那么"这是一笔很好的生意"。同时，这样一个拥有数量巨大的门店和活跃用户的平台，其本身就是流量的入口。在未来，瑞幸店面可以进行多元化经营，成为咖啡和所有"轻食"的销售窗口。

讨论题

1. 瑞幸咖啡的商业模式可持续吗？
2. 如何评价瑞幸的现金流结构？
3. 瑞幸咖啡的企业价值该如何评估？
4. 如果有机会，你会投资瑞幸股票吗？为什么？

附录：金融工具的商业模式解释

金融工具种类繁多，可以按是否通过金融中介机构分为直接融资工具和间接融资工具；也可以按交易的主要市场分为证券市场融资、银行融资、银行间债券市场融资等；从投资者获得的收益种类出发，还可以分为固定收益回报、剩余收益回报和分成收益回报三类。关于固定、剩余、分成的概念在盈利模式的有关章节已有描述，这里不再赘述。

第一类：固定收益回报

固定收益回报一般涉及三类利益相关者：资金需求方、金融中介机构、资金供给方或投资者。金融中介机构（一般指银行），以相对低的利率吸收投资者的存款，以相对高的利率发放贷款给资金需求方（一般指企业）。金融中介机构获得息差收益，投资者获得固定的、可预期的投资收益，资金需求方则得到相对低价的资金。

这里最大的交易风险是资金需求方的违约风险。换言之，金融中介机构需要确认企业是否具备偿债能力，一般根据抵押物确认。对抵押物的不同设计，为拥有不同资产组合的企业提供了多种多样的可选合约，并形成了缤纷多彩的固定收益市场。

第一类抵押物是不动产。这类抵押物在企业中不直接产生现金流，但在市场上有较为公允的价格，最终可以在市场上交易。企业可以以房产、土地、固定资产等为抵押物，申请一次性融资或者循环贷款（一次性授信，多次提款，逐笔归还，循环使用）。

不动产抵押物的另一种形式是大型重资产设备。很多资产密集型的大型制造企业可以利用大型设备或厂房来融资，这就是通常说的"化重（资产）为轻（资产）"。操作方式通常是融资租赁和出售回租，两者的区别在于前者是企业最终获得所有权，后者是金融租赁公司获得所有权。这有助于把一次性巨大现金流支出的"所有权"购买转化成多次、分期、少量现金流支出的"使用权"购买。

此外，知识产权（如版权、专利、商标等）也可以作为抵押物，这些抵押物一般需要独立第三方估值。目前，这类抵押物的应用在我国还处于起步阶段，贷款额度很多时候不超过评估值的30%，因此较少被企业采用。

第二类抵押物是流动性资产。这类抵押物一般包括应收账款融资、存货融资、融通仓融资、仓单融资等。由于这些流动性资产能够产生较确定的现金流，因此金融中介机构也接受这类抵押物。

如果企业缺少上述不动产和流动性资产，那么还可以选择第三类抵押物——信用，而且是其他企业的信用。这类抵押物融资一般包括商业汇票融资、联保贷款、联保基金贷款等。这里面，商业汇票是单方面的信用担保，即付款人（可以选择与企业关系密切的合作伙伴）承认到期将无条件支付汇票金额；而联保贷款和联保基金贷款则是多个企业之间相互担保进行贷款，其中前者的担保主体是企业自身，后者的担保主体是由它们组成的联保基金。

第四类抵押物是股权。这类贷款的主体不是企业，而是以上市公司股东为主。具体操作方式是：有限责任公司和股份有限公司的股东，以自己持有并拥有处置权的股权作抵押以获得资金。

必须指出，上述抵押贷款合约一般存在于资金需求方和金融中介机构之间，不能公开交易。如果抵押贷款作为标的变成债券和有价证券，可以在公开市场上交易，就变成了公司债、企业债、中期票据、集合债券、短期融资券等。债券、有价证券与贷款的区别有两点：第一，贷款主要通过银行完成，债券和有价证券主要通过证券市场和银行间债券市场交易；第二，贷款不可公开交易，而债券和有价证券可以公开交易。

固定收益的回报率或者说利率，一般与期限、是否可赎回、流动性、风险水平等有关。举例来说，活期存款一般利率较低；而风险较大，现在属于违法或者法律灰色地带的民间借贷（所谓的"地下钱庄"）利率就很高，这是对风险补偿的结果。

第二类：剩余收益回报

投资者获得剩余收益的金融工具并不多见。这不难理解，项目的价值在很大程度上取决于企业（资金需求方）而非投资者（资金供给方）。如果要求企业把剩余收益完全让渡于投资者，那么企业将不会投入，这将导致剩余收益很小，不值得投资者投资。

剩余收益回报类金融工具只能存在于投资者能做大剩余收益、企业做大剩余收益的空间不大的环节，这就是BT、BOT项目。

以高速公路为例，高速公路建设环节需要的资源能力和运营环节完全不同，因此这两个环节完全可以由两个不同的公司承担。工程公司把项目建设（build）好之后，将项目卖（或者称转交，transfer）给运营公司，获得一次性项目收益，而运营公司作为投资者获得了这个项目的剩余收益。这种收益权的转让是剩余收益回报的一个典型例子。此外,房产租金融资(REITs)、碳排放权融资等一般也属于剩余收益回报。

当然,并非所有的收益权转让都是剩余收益回报,这要看具体的合约设计。事实上,企业也可以转让部分收益权,例如连锁店收取销售额的 20% 的模式就是收益回报,而产权式酒店有保底的分成收益则属于"固定或分成"的组合模式。

第三类:分成收益回报

所谓分成收益,具体到股份公司,一般指股权投资。例如,风投公司投资 2 000 万元获得 A 公司 20% 的股份,就拥有了 A 公司 20% 的控制权和剩余收益索取权,这事实上就是一种分成收益。

分成收益的本质在于风险共担、利益共享。投资者所承担风险和分享利益的大小决定了投资者是"用脚投票"还是"用手投票"。

如果投资者的持股比例较大,足以进入董事会,这时投资者有意愿(利益关系巨大)也有能力(在董事会占有席位)"用手投票",以提升企业的盈利状况。私募股权融资(未上市公司)、定向增发(上市公司)、Pre-IPO 融资(拟上市公司)等都属于这种类型。

作为资金需求方的企业,对这类投资者也会有较高的期望,会要求投资者有一定的资源投入,例如产业链上下游的客户资源、银行贷款渠道、智力资源、品牌支持等。"用手投票"的投资机构一般能够满足这些期望,它们大多有较深厚的产业投资经验和广泛的资源,对企业运营有较深刻的理解。这些都可能对被投资企业的盈利产生积极的影响。

持股比例很小的投资者,如二级市场的散户,则会直接根据企业的业绩买进或卖出股票。而企业通过公开发行股票融资,虽然分散了一部分收益,但也让很多投资者一起分担了风险。这部分散户基本上属于"用脚投票"的投资者。

值得指出的是,不管是剩余收益回报还是分成收益回报,都是基于企业的未来收益,这与可直接变卖的抵押物不同,前两者的风险更大,预期收益也将更大。

组合式金融工具

发达金融市场的标志是结构化金融产品体系的建立,而所谓结构化,就是固定、剩余和分成三类金融工具的组合。

这种组合可以是固定或分成。比如可转债，投资者可以选择获得固定的利息收入或者转为分成的股权。

这种组合也可以是固定加分成。例如可离债，就是投资者同时购买了认股权证和公司债，并且可以分离交易。在股票价格高企的时候，投资者可以同时获得债权的固定收益和股权的分成收益。

这些组合式金融工具给投资者保底的收益，为投资者在不同市场环境下提供了更多、更灵活的投资选择，投资安全性更高，因此其债权的利率较低，投资者用利率的代价获得了收益的保险。

其他的结构化金融产品也是类似的组合，可以以此类推。

第 9 章

共生体与商业模式

学习目标

掌握共生体的定义和相关概念

理解共生体视角对商业模式创新的拓展

掌握基于共生体视角的商业模式设计的结构化方法

了解共生体模式的思维演进

导入案例

DG公司是一家生产滴灌设备的企业，可为种植农户提供增产、节水、节省人工、节约肥料等价值。DG公司一开始采取传统的经销模式，通过经销商将滴灌设备卖给农户，并提供技术服务。尽管在研发设计、产品质量和售后服务等方面处于行业领先，但这些并没有转化为DG公司在商业模式上的有效优势，DG公司在市场上举步维艰。造成这种情况的主要原因是：首先，很多小滴灌公司虽然产品质量不如DG公司，但由于不做研发设计，也不提供技术服务，具有成本优势；其次，DG公司面向种植面积广阔的大田作物（水稻、小麦等），节水效果获得了认可，但大田作物每亩增产产值仅几百元，而DG公司滴灌设备每年的折旧为300元，对农户的经济吸引力不大。

后来，DG公司在H省探索出一种新的商业模式。该省的甘蔗种植面积超过1000万亩，种植农户分区域负责，产出已被当地政府指定由某个糖厂定向收购。糖厂和农户在银行开设联合账户，每年耕种期，糖厂给农户提供部分生产资料；每年收割期，糖厂收购甘蔗，将扣除生产资料费用后的余款打给农户。近几年，糖价稳中有升，甘蔗种植已成为当地经济支柱。

DG公司和某化肥公司合作成立了一家农业服务公司，与农户、糖厂等签订定向服务合同，整合土地，为农户提供水肥一体化整体解决方案。农户享受定向服务并不需要先期资金投入。水肥一体化能够提高甘蔗产量，增产部分产值超过1500元，由农户、农业服务公司和糖厂三家分成。为了降低资金压力，农业服务公司以甘蔗收成为抵押（糖厂担保）向银行贷款解决先期资金投入，并由政府组织农业服务公司、糖厂共同成立风险基金，保证农户保底收入。

DG公司的商业模式从销售滴灌设备转为提供农业服务，商业模式创新突破的关键在于视角的拓展——从商业模式视角拓展到共生体视角。之前DG公司只关注滴灌设备的销售，没有考虑种植环节的价值，种植环节的活动和利益相关者对DG公司而言并不重要，DG公司也就失去了这部分价值创造的可能性。

9.1 共生体的概念

9.1.1 共生体与商业生态

本书第 5 章讨论了业务系统构建的三个层次，分别为基于企业个体的战略空间、基于商业生态系统的商业模式空间和基于商业生态群（簇）的共生体空间。不同空间视角带来的商业模式设计的理念和范围存在巨大的差异，本章重点讨论共生体视角下的商业模式设计。共生体是由焦点企业及与其具有交易关系和业务活动的各类内外部利益相关者角色构成的集合及其相应的业务活动价值创造的元逻辑。商业生态系统是共生体的实例，是共生体中每个真实主体之间的交易关系。这个定义拓宽了焦点企业商业模式的视野，在交易结构中，不仅考虑焦点企业与利益相关者的交易，还考虑利益相关者之间的交易结构，比如客户的客户、供应商的供应商、供应商的竞争对手等。此外，具备独立投入产出、独立利益诉求、独立权利配置的内部利益相关者，如物流、信息平台、支付平台等都在共生体的研究范畴内。这个内外部交易结构的总和，不仅体现了焦点企业的商业模式，还将利益相关者的商业模式纳入考察范围。随着思考边界的扩展，企业对商业模式问题分析的全局性、系统性和洞察力会提升，定位与业务系统的自洽性和内生驱动力会增强，交易结构能够整合的关键资源能力会增加。这种分析、设计和选择商业模式的思维与方法，就是共生体商业模式设计的方法。

根据共生体的定义可知，它有两个基本要点：利益相关者角色的集合和业务活动价值创造的元逻辑。利益相关者角色的集合按照由近到远的范围延伸，并对各种角色价值活动的元逻辑进行具象化，得到三个逐层拓展的概念，即焦点企业的商业模式、共生体和商业生态群（簇）。以本章开篇介绍的 DG 公司为例，用图形对相关概念加以解读，如图 9-1 所示。

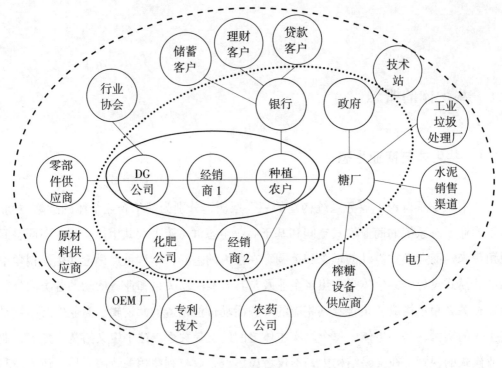

图 9-1 DG 公司的商业生态系统（共生体实例）示例

图 9-1 第一层处在最中心位置的实线圈内，只涉及 DG 公司与直接利益相关者，即经销商和种植农户，这是焦点企业的商业模式。第二层是生态系统也就是共生体实例，是中间层虚线圈内的部分，共生体实例除了包括焦点企业的商业模式之外，还包括利益相关者的部分商业模式，即与焦点企业有直接交易、间接交易和可能有交易的利益相关者的商业模式的集合。共生体实例包括更多的利益相关者，如化肥公司、银行、糖厂等，并以此寻求交易结构创新的机会，正如 DG 公司在扩展的共生体边界内找到了商业模式的创新方向。商业生态系统是共生体实例，是在共生体利益相关者范围内最终形成的利益相关者从事的业务活动的联结方式和创造价值的业务活动流程。第三层是商业生态群（簇），在共生体的边界外进一步扩展，囊括了更多的利益相关者，包括同产品竞争对手、替代产品竞争对手、行业上下游等利益相关者的共生体等，这样一个共生体实例的集合，就构成了商业生态群（簇）。如图 9-2 所示，除了 DG 公司，竞争对手滴灌企业 2 通过经销商 1 销售设备给种植农户，并向银行融资，其共生体包括银行、经销商 1、种植农户等；而滴灌企业 3 主要向政府工程销售设备，银行提供配套项目融资，其共生体包括银行、政府、种植农户等。这样一个包括DG公司的共生体、滴灌企业2的共生体、滴灌企业3的共生体等的总集合，被称为商业生态群（簇）。因此，一个商业生态群（簇）中包含不同的共生体。

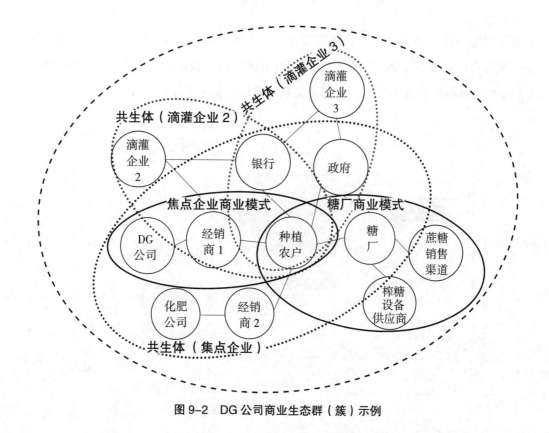

图 9-2 DG 公司商业生态群（簇）示例

以上三个层次的外沿是动态变化的，边界会扩展到哪一层次并无定论，视企业创新视野而定。一般来说，与焦点企业存在直接交易、间接交易和可能交易的利益相关者的商业模式，是利益相关者参与本共生体的"部分"商业模式。毫无疑问的是，思考的外沿越大，发现商业模式创新空间的机会越大，推行实施创新的难度也会随之加大。如何界定商业模式设计范围的边界，在很大程度上取决于商业模式创新目标的交易价值、交易成本和交易风险。

9.1.2 共生体视角对商业模式创新的拓展

共生体视角与焦点企业自身的视角相对应，任何一个企业都应当超越企业当前视角，站在整个共生体的角度审视企业商业模式设计是否最优。从共生体视角拓展商业模式创新可以从以下几方面实现。

（1）交易关系拓展

共生体视角下交易关系的考察对象从利益相关者拓展到利益相关者的利益相关者，

甚至可以进一步拓展到第三层利益相关者。如图 9-3 所示，共生体视角把商业模式创新的覆盖范围拓展到了客户的客户、供应商的供应商、客户的合作伙伴等，在这些交易关系中重新配置的潜力巨大，为交易关系的再设计打下了基础。

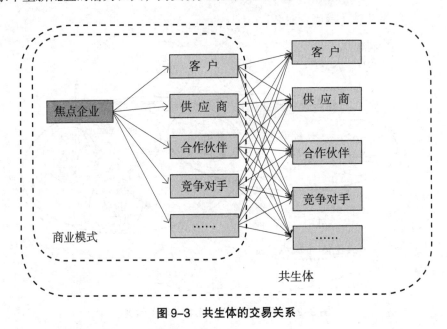

图 9-3 共生体的交易关系

（2）交易构型拓展

单一企业视角下，我们仅考虑焦点企业自身的价值链和业务活动情况，缺少价值链的重构和业务活动交易构型的拓展。共生体视角从两个方向进行交易构型的拓展，一个是现有产业链的纵向价值链，另一个是企业的横向业务活动链。我们可以将利益相关者，以及利益相关者的利益相关者在这两个方向的业务活动进行切割，并根据交易价值进行重新配置，形成或引入新的利益相关者，组建新的交易构型。

（3）价值空间拓展

共生体视角帮助企业从现有价值空间拓展到整个商业生态的价值空间。共生体为所涵盖的利益相关者创造了交易价值，并付出了一定的交易成本，两者之差为交易结构的价值空间。除了交易成本，焦点企业和利益相关者都要付出货币成本（比如原材料采购成本等），价值空间减去货币成本就是商业模式为所有利益相关者带来的价值增值，由焦点企业剩余加上利益相关者剩余组成。共生体视角拓展了总的价值空间，在这样一个更广阔的价值空间中，进行商业模式优化和企业价值增值的可能性得以提高。

传统商业模式下的企业收入主要来自产品销售，而产品定价取决于成本和客户价值。成本决定公司是否盈利，客户价值决定消费者剩余和企业价值的分配比例。在传统模式下，企业和客户之间大多是一种此消彼长的零和博弈关系。将视角拓展到共生体，企业、客户及其他利益相关者能够得到的收入总和减去交易成本和货币成本，是共生体的价值空间，也是企业所能获取的价值上限。共生体视角可以打破零和博弈思维的局限，从提升总交易价值、减少交易成本、减少货币成本三个方向去创新模式。由于业务活动范围更广、价值空间更大，采用共生体视角更容易在交易价值上实现净增长，也能够推动企业更多地考虑与利益相关者合作，共同扩大价值增值。

（4）利益相关者拓展

共生体从现有利益相关者拓展到新的利益相关者。由于利益相关者的拓展与关键资源能力有关，通过引入新的利益相关者，可以将细分、切割的业务活动配置或重组给新的利益相关者，使其具备的关键资源能力得到更好的利用，从而提升交易价值、减少交易成本和降低交易风险。举例来说，企业在与零散的农户打交道的过程中，就往往会引入当地政府或农业经纪人这类具备关键资源能力的中间角色。这不仅能够提升市场拓展的效果与效率，还能够有效降低面向千差万别的农户个体的高昂的沟通成本和不确定性。

（5）企业价值拓展

共生体视角从企业单一追求规模、利润拓展到企业价值导向下交易价值、交易成本、交易风险的统一。影响共生体价值的要素包括交易价值、交易成本和交易风险，共生体视角让焦点企业在构建商业模式时，具有更多的拓展空间和更大的可能性来优化这三个要素。比如在价值和风险相同的情况下，可以消除中间环节，以减少利益相关者、降低交易成本；也可以引入新的利益相关者，以拓展价值空间、引入新的关键资源能力。在第二种情况下，共生体可以容纳的利益相关者种类、每种利益相关者的规模、利益相关者的努力程度等都能够得到提升，处于商业生态系统中的各种利益相关者共生共存，实现商业生态系统的可持续发展，焦点企业也能收获更大的企业价值。

9.1.3 业务活动的切割、重组与评价

共生体视角从焦点企业与利益相关者拓展到整个商业生态系统，包括一个产业的价值链和多个产业的价值链。基于这样一个更广阔和宏观的视角，企业更容易发现交易

的价值空间。同时，要打破传统模式所形成的固化的业务活动组合逻辑，就必须从三个角度对业务活动进行切割和重组。这三个角度分别是业务活动的投入、处理和产出。业务活动投入的是资源，处理过程反映了利益相关者的能力，产出的归属则定义了利益相关者的角色，包括功能、权利、资源能力等属性。站在商业生态系统的角度对这三部分进行切割，我们就可以发现重新构建交易结构的可能性。业务活动要素的关系如图9-4所示。

图9-4　业务活动要素关系

资源包括与投入相关的原材料、零部件等直接资源和间接的支持性资源，如厂房、设备、人力资源等。能力指影响产出的、贯穿活动全过程的、利益相关者的某个属性。利益相关者的能力分为两个维度：一是能力的大小和效率维度，同样的处理环节，利益相关者处理后的产出越大、效率越高，说明能力越强；二是能力的稳定性维度，同样的处理环节，同一个利益相关者在不同情境下，处理后的产出方差越小，说明能力越稳定。共生体是利益相关者可能的角色的集合，也是业务活动的集合。所谓切割也称解耦，就是打破原有的资源、能力和角色的天然绑定关系，将它们拆开参与交易，重新组合到新的角色并让利益相关者承担，从而实现商业模式创新。

在自然自发的商业生态下，每个利益相关者所完成的业务活动及其对应的资源、能力和产出看似由社会分工或行业与企业的自然选择锁定在一起，但实际上这种锁定并不一定能够使整个商业生态价值最大化。跳出企业当前的角色与商业模式选择，逐级解耦资源、能力与产出，并从共生体的视角，在利益相关者中（甚至引入新的利益相关者）重新配置这三个要素，才能实现商业生态系统价值的最大化。

举例来说，传统农业种植活动的角色、资源和能力三个要素都是由农户承担并完成的，生产效率并不高，商业模式价值也不大。而对这三个要素进行切割和重组会产生很大的经济效益。企业负责种子、化肥等农资的投入，发挥规模优势、保证质量水平，还负责田间技术指导和最终的农产品收购；而农户负责种植和田间管理等环节，农产品的销售收入扣除企业的投入就是农户的收益。经过这样的切割和重组，产生的价值远大于传统种植模式。类似的商业模式案例还有很多。又如，企业和农户间是单纯的劳动雇佣关系，资源投入、田间管理、农作物产出都由企业负责，企业不但能够获得农资采购的规模优势，还能够在农业机械的使用、农业生产技术水平提升等方面提高交易价值；但在田间管理方面，由于缺乏针对农户产出责任的有效的约束办法，会增加一部分交易成本。最终的交易价值要看两方面的综合效果。在这种模式的基础上，从共生体的角度出发，还可以进一步切割和配置业务活动，比如使用农业机械，既可以采用购买的方式，也可以采用租用的方式。进一步延伸，还可以考虑使用银行贷款采购农业机械等。

对业务活动的切割和重组的评价，可以采用交易价值、交易成本和交易风险三个标准。本质上，交易风险也可以通过风险损失期望值和风险发生概率量化为交易成本的一部分。好的商业模式要综合考虑交易价值、交易成本和交易风险，也就是至少实现提升交易价值、减少交易成本、降低交易风险三个目标中的一个，并且提升交易价值、交易成本、交易风险的综合效果。一般来说，可以从以下三方面提升共生体价值：第一，提升交易价值，比如增加利益相关者、做大同类利益相关者规模（如连锁经营）、做大同类利益相关者需求（如团购、整体解决方案等）；第二，减少交易成本，比如模块标准化、后台统一化、类似交易合并同类项、治理结构控制、资源能力控制等；第三，降低交易风险，比如化整为零（种植环节外包给农户）、风险切割、风险转移、采用实物期权、设计盈利模式等。

9.1.4 共生体的三大定律

在一个共生体中，无论焦点企业采取何种商业模式，其利益相关者角色总集合、活动系统总集合都是相对稳定的。换言之，共生体外沿在商业模式整个演化过程中应保持一致。在演化过程中，共生体效率的变迁存在怎样的规律呢？一般来说，关于共生体有以下三大定律。

定律一：在无耗散的共生体内，企业采取不同的商业模式，共生体的效率无差异。

在共生体边界确定的情况下，如果在每个交易过程中，价值都能够大小不变地从共生体的某个利益相关者（或某个活动系统）传递到共生体内的另外一个或几个利益相关者（或另外一个或几个活动系统），其间价值没有减少，那么称该共生体为无耗散的，反之则为有耗散的。无耗散的共生体应当满足两个条件：第一，每个交易过程都要消耗交易成本，而所有交易过程中的交易成本都已内化到共生体内某一个或几个活动系统和利益相关者中；第二，每个交易对象都包含多个属性，而所有属性都已被充分定价并交易，且交易过程满足第一个条件。

商业模式的变化指活动系统和利益相关者之间的归属关系发生了变化。共生体的效率由交易价值、交易成本和交易风险的综合结果决定。在无耗散的理想条件下，由于共生体定义了利益相关者集合的外沿（同时也确定了资源、能力的外延）、活动系统集合的外沿，不同的商业模式只是划分活动系统和利益相关者的对应归属关系，共生体没有能力错位、权利配置错位、交易成本等内部价值耗散，考虑到共生体与外部没有价值交换，因此并不影响共生体本身的效率。

定律二：在有耗散的共生体内，企业采取不同的商业模式，共生体的效率不同。

在共生体边界确定、存在耗散的情况下，企业采取不同的商业模式，利益相关者之间的交易、切割、重组等行为所产生的交易成本和交易风险不同，共生体内部的价值耗散也不同，从而导致共生体效率不同。

共生体在两方面可能产生耗散：第一，交易成本。交易成本可能被分成两部分，一部分内化到共生体内某一个或几个活动系统和利益相关者中；另一部分外化，并没有传递到共生体内活动系统和利益相关者中，出现了价值损耗。第二，交易对象。在交易对象的多个属性中，某些属性可能没有被充分定价或者在交易过程中外化了，出现了价值损耗。

仍以农业企业与农户的合作为例，随着企业规模扩大、合作农户数量增加，农业企业与农户的交易成本成指数增长，价值耗散增加。而如果这种分散式交易被大规模种植的田间管理、土地集中流转的集权式交易代替，价值耗散将减少，共生体的效率由此得到提升。

定律三：在有耗散的共生体内，企业若选择某个效率最高的初始商业模式，则更有可能实现效率提升。

假设不同商业模式的耗散系数相等，那么共生体的效率就取决于商业模式本身的交易价值大小和改变商业模式需要耗散的价值高低。任何商业模式的改变都要耗散一定的价值。尽管现存的商业模式不合理，但如果改变商业模式的价值耗散增量大于交易价值增量，企业就没必要也无法改变商业模式。如果一开始就选定某个最高效的商业模式，避免了切割、重组过程中的价值耗散，其效率将优于其他初始商业模式。

商业模式设计的重要性在于：在商业模式设计和实施的过程中，初始条件是不同利益主体的资源能力禀赋。当不同利益主体把资源能力禀赋投入商业模式时，不同资源能力积聚的过程和规模不同，会形成不同的资源能力束。这些资源能力束将成为下一阶段商业模式设计和实施的新起点。同一时点的利益主体、资源能力束所形成的交易结构整体，就是在该时点的共生体全景。而不同时点的利益主体、资源能力束、共生体结合到一起，就形成了一个动态的商业模式演化图谱。同一共生体中大量利益主体通过商业模式演化，提升了自己的竞争地位，形成了整个社会的产业升级。所以，经济结构的升级、产业结构的升级，是微观交易结构中不同利益主体的资源能力束的动态积聚在中观、宏观层面的反映。

9.2 基于共生体的商业模式设计

共生体视角下的企业商业模式设计，是对焦点企业所处共生体进行系统扫描后，对利益相关者和业务活动的最优化配置过程，这个过程可以利用结构化的工具方法完成。为了便于理解，下面以农产品的商业模式为例，进行基于共生体的商业模式设计。

9.2.1 技术工艺流程／业务活动流程网络与共生体

共生体是一系列利益相关者角色集合和业务活动价值创造的元逻辑。换一个角度说，共生体是由产业的基本技术工艺流程或业务活动流程网络构成的，这个基本流程或流程网络被称为价值创造的逻辑层。之所以称之为元逻辑，是因为在共生体中，技术工艺环节或业务活动环节是与角色一一对应的，共生体是最基本的角色与角色交易价值创造的逻辑，而一旦对应到多样化的交易角色分配、业务活动切分和角色之间的交易，就会衍生出丰富多样的共生体类型。

以农产品为例，其共生体可以用最基本的角色结构描述，这种角色结构也称架构层，如图9-5所示。

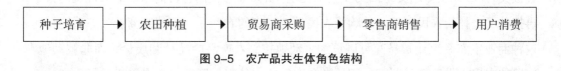

图9-5　农产品共生体角色结构

与业务活动环节一一对应的角色被称为基本角色，每个基本角色仅承担一项活动。这些基本角色直接以交易相连接就构成了一个基本共生体，也称共生体原型。

因为角色（从事某个或某几个活动的主体）是可以组合的，角色之间也可以有不同的交易组合，也就是交易结构。当这些角色由不同资源能力禀赋的主体按关键资源能力的要求去从事（或匹配）时，就会形成每个主体的商业模式，整个商业生态系统也就随之涌现。在农产品的例子中，上述基本共生体可以按不同的价值创造逻辑衍生出多个共生体，图 9-6 中的 A、B、C 就是衍生的三种共生体。

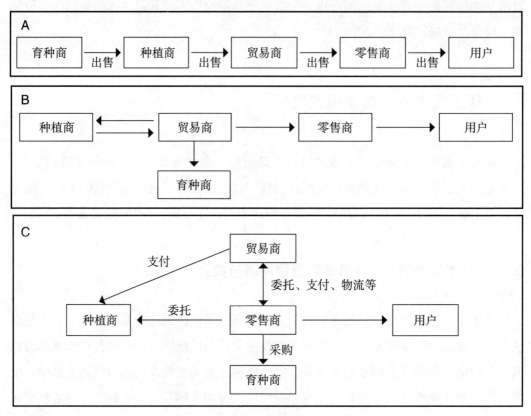

图 9-6　三种农产品角色结构/共生体

图 9-6 中的 A 共生体是比较传统的分工商业生态系统。产业技术工艺流程的每一个环节由一个角色承担，角色之间是一种串行的交易关系，每个环节与自己的上下游直接交易。B 共生体的交易结构发生了变化。贸易商直接向育种商采购品种优良的种子，再把种子委托给农民种植，并购买农民种植出来的农产品。与传统商业生态系统相比，这种商业生态系统让贸易商可以更加主动地控制农产品的品种和质量，而非被动地在农民的产出中做选择；同时，贸易商和农民的交易更加紧密，二者属于委托生产关系，而非传统的市场销售和采购关系，贸易商对品质、风险的控制程度更高。在 C 共生体的商业生态系统中，零售商更加主动地控制整个商业生态系统中的零售商，一方面直接向育种商采购品种优良的种子，另一方面通过委托生产控制农产品生产环节，并通过支付环节把贸易商纳入交易中，由贸易商承担物流、流动资金提供等职能。从这个例子可以看出，角色结构的变化可以衍生出多个不同价值创造逻辑的共生体，形成共

生体选择空间。

9.2.2 共生体与商业模式

焦点企业在一种角色结构或共生体下,选择扮演与自身资源能力禀赋最匹配的一个或多个不同的角色,会与选择其他角色的利益相关者形成一种交易结构,即商业模式。也就是说,商业模式存在于治理层。焦点企业角色选择的组合是多样的,因此焦点企业在每一种共生体对应的生态系统中都可以选择多个不一样的商业模式。继续上述农产品的案例,分析三种共生体下,焦点企业可以设计和选择的商业模式。

(1)A共生体下的商业模式设计

A共生体下,以焦点企业育种商为例,它可以选择不同的角色或业务活动,形成多种不同的商业模式,这里列举四种。需要注意的是,这里仅仅涉及焦点企业的边界选择,也就是焦点企业的治理交易关系和角色两个参数的选择;如果加上构型、业务交易关系、交易方式、盈利模式(收支来源和收支方式)、现金流结构等参数的选择,那么在同一个共生体中可以创新的商业模式数量会更多。

第一种:如图9-7所示,这是传统分工的商业模式,业务活动和角色与共生体原型一致,每一个角色的活动都由一个利益主体从事。焦点企业选择以育种商的角色完成单一的业务活动,与上下游利益相关者展开串行的交易活动。此时,种植商是育种商的客户。

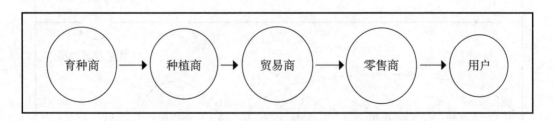

图9-7 商业模式1

第二种:如图9-8所示,上半部分展示了焦点企业(育种商和农民两个角色)和相关的业务活动;下半部分介绍在这样一个角色和业务选择的情况下,焦点企业构建了一个融合育种、种植为一体的商业模式。焦点企业培育优良品种农作物并种植,然后与贸易商进行交易。

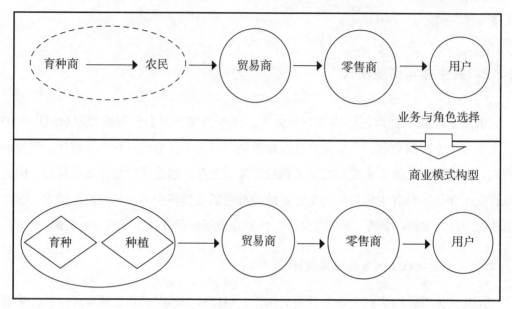

图 9-8 商业模式 2

第三种：如图 9-9 所示，焦点企业选择了育种、种植、贸易三个业务活动构建商业模式，同时涉足农产品产业上下游的三个环节。

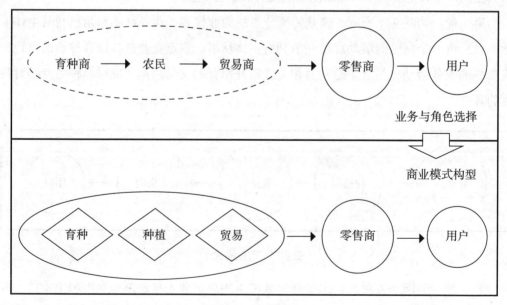

图 9-9 商业模式 3

第四种：如图 9-10 所示，焦点企业选择了育种、种植、贸易、零售四个环节，直接将产品销售给用户。

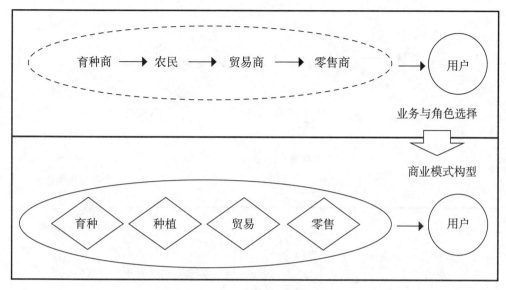

图 9-10　商业模式 4

（2）B 共生体下的商业模式设计

在 B 共生体中，焦点企业也可以选择不同的角色和业务活动，形成不同的商业模式。

第一种：如图 9-11 所示。贸易商与育种商直接合作，采购育种商的种子产品，同时采用委托生产的模式与农户交易。贸易商回购农产品，再销售给下游零售商，然后由零售商卖给用户，此时贸易商是育种商的客户。

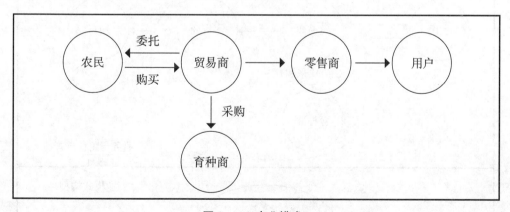

图 9-11　商业模式 5

第二种：如图 9-12 所示，焦点企业选择贸易商和育种商两种角色，同时承担农产品的批发流通和品种繁育工作，并将选育的品种委托农户种植，将产出农产品通过零售商销售给用户。

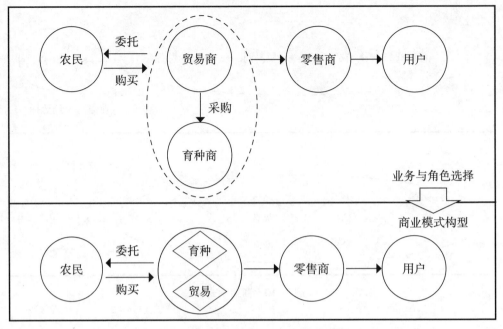

图 9-12 商业模式 6

第三种：如图 9-13 所示，焦点企业选择育种商、贸易商、零售商三个角色，采用委托生产模式与农民进行交易，将产业链的研发、生产和销售环节都内化为焦点企业内部利益相关者的工作。

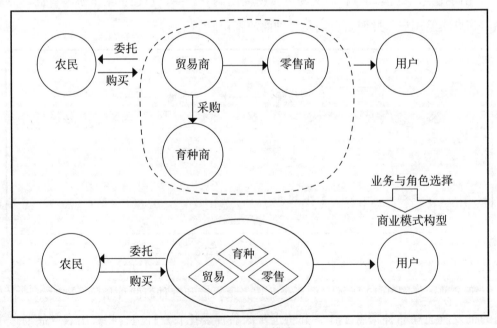

图 9-13 商业模式 7

以此类推，B共生体下还可以构建出其他商业模式。

（3）C共生体下的商业模式设计

第一种：如图9-14所示，贴近商业生态系统原型的商业模式设计，焦点企业选择其中一个角色和一类业务活动，与其他利益相关者进行交易。零售商具备较强的交易结构整合能力，向育种商采购优良品种，委托农民种植，同时委托贸易商提供周转资金，向农民支付农产品款项，获得产品后采用普通的销售方式卖给用户。

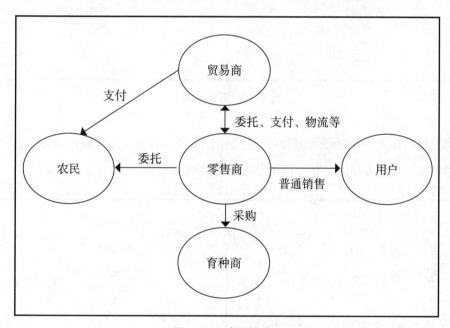

图9-14　商业模式8

第二种：如图9-15所示，焦点企业选择从事育种和零售业务。为了提升农产品品牌的竞争力，拥有终端品牌影响力的零售商往往会选用这种商业模式。焦点企业将自己培育的农作物委托农民生产，由贸易商承担支付、物流等功能，在零售渠道将产品卖给消费者。

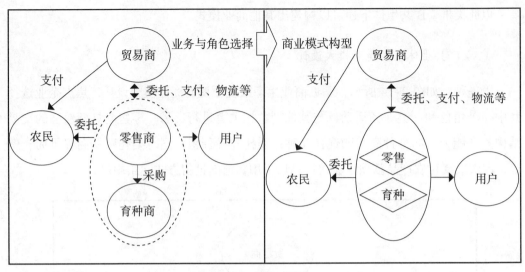

图 9-15　商业模式 9

第三种：如图 9-16 所示，焦点企业选择育种商、农民、零售商三个角色，由贸易商承担支付、物流等功能，在零售渠道将产品卖给消费者。

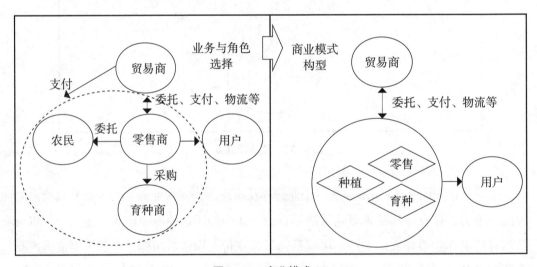

图 9-16　商业模式 10

与 A、B 共生体的商业生态系统类似，C 共生体的商业生态系统同样可以构建出很多不同的商业模式。

技术工艺流程／业务流程直接对应基本角色结构，体现利益相关者角色集合和业务活动价值创造的元逻辑，因此技术工艺流程／业务流程对应的基本角色结构也可成为基本共生体。由基本角色结构衍生出的各种角色结构，虽然是相同利益相关者角色的集合，但有着不同的价值创造元逻辑，进而也属于共生体。共生体基于整体的角色结构视角，只考虑角色的边界。不同角色结构共生体的价值创造逻辑并不一样。商业模式基于某个利益主体视角，在某共生体（角色结构）中，根据自身资源能力禀赋，同时考虑利益主体的边界，选择最匹配的一个或多个角色。价值创造的逻辑层、架构层、治理层三层结构，具体如图 9-17 所示。

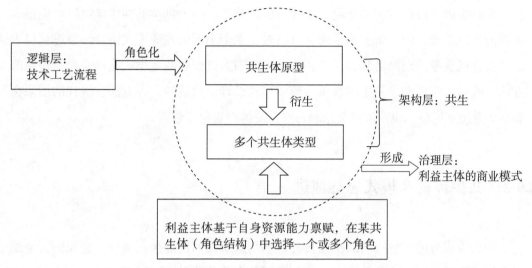

图 9-17　价值创造的逻辑层、架构层、治理层三层结构

9.2.3　方法小结

从以上论述可以看出，基于共生体的商业模式设计会带来丰富多彩的商业模式。在本章介绍的农产品案例中，焦点企业仅以育种商一个角色为中心就可以衍生出数十种商业模式，这正是共生体商业模式设计方法的优势所在。

共生体商业模式设计方法总体来说可以分为三步，每一步都应遵循设计规则，做好资源、能力、产出的切分和重组，穷尽所有可能进行排列组合，只有这样才能把商业模式设计这个充满创意的工作转化为一个系统化、结构化的方法，使之更便于学习和应用。第一步，确定产业技术工艺流程或业务活动网络，即对共生体的交易边界和交易要素加以确认，这个过程不涉及角色信息；第二步，增加角色信息及其结构组合（因为只有角色才可以参与交易、创造价值，才可能有交易参数），构建形态各异的共生体，同一类共生体形成的商业生态系统称为同类生态系统。第三步，焦点企业选择不同的交易角色或交易角色组合，承担这些角色在交易中的业务活动，并与承担其他角色的内外部利益相关者形成一个具体的交易结构，由此形成焦点企业的商业模式。由于企业可以选择多种角色，因此商业生态中每一个利益主体的商业模式也可以有很多不同的选择。通过这三个步骤，可以完成从产业视角到企业具体决策的自上而下的商业模式设计。

在这个过程中，同一个基础技术工艺流程可以对应多个不同的角色结构或共生体，同一个共生体又可以对应多个商业模式。也就是说，一个具体的共生体可以对应很多不同的生态系统，同一个生态系统又可以对应多个不同的商业模式组合。通过从技术工艺流程或业务活动网络到共生体，从共生体到焦点企业商业模式这样一种结构性的方法，就可以实现基于共生体视角的商业模式设计。用这样一种方法，得到的结果会非常的系统和完备，也能够避免遗漏一些重要的商业模式创新。

9.3 共生体商业模式思维演进

当竞争优势的来源逐渐从企业自身转移至其所处的商业生态系统，企业的行动逻辑必然需要随之调整。此前企业行动的目标是企业价值最大化，而面对新的商业生态系统，企业的行动逻辑要兼顾三方面：一是使所在生态系统的价值创造空间变大、成长速度变快；二是在健康的生态系统中提升企业对生态系统的影响力，最大化企业价值；三是把握节奏，平衡前两方面的关系，拿捏好"做大蛋糕"与"切蛋糕"的分寸，实现企业与生态系统的协同发展。

案例 9-1 ［Valve——网络游戏生态缔造者］

创立于 1996 年的 Valve，也称 V 社，推出过很多风靡全球的精品游戏。Valve 公司一方面专注于精品 PC 游戏的研发，另一方面通过 Steam 平台将自研游戏数字化并发行，改变了当时传统的实体商店销售渠道。Steam 服务于游戏的地位就好比 iTunes 于音乐。游戏玩家可以在 Steam 平台上购买、下载、更新游戏，也可以评论、分享或上传改编后的游戏作品。在 Steam 上购买的游戏，无论使用哪台电脑，用户都可以登录 Steam 账号直接下载运行，Steam 通过数字版权管理系统确保平台上所有的游戏均为正版。所有玩家必须安装 Steam 平台并注册账户，才能玩当时备受关注的游戏，并且后续所有的升级更新也必须通过 Steam

平台完成。通过这种方式，Valve 成功将玩家导入 Steam 平台。Steam 平台在 PC 游戏分发环节的市场份额达到 75%，游戏数量超过 10 000 款，远高于同类平台。

Steam 平台不仅发行 V 社自研的游戏，还革新性地代理其他游戏的数字发行，这些游戏只需付给 Steam 收入的 30% 作为分成。为了让整个游戏生态系统更加稳定，Steam 针对游戏开发者采取了一系列措施帮助其成长。例如，独立游戏开发者只需缴纳 100 美元注册费，就可以创建自己游戏的介绍页面，向玩家展示游戏并吸引用户点赞，游戏排名靠前还可以在 Steam 上架。Steam 还推出抢先体验功能，游戏开发者可以提前发售研发中作品，由玩家试玩并提供反馈。

对于玩家，Steam 采取了一系列措施吸引玩家注册，成为平台的长期用户。游戏好友可以添加到玩家的好友列表中，方便未来与朋友一起玩耍，玩家还可以创建游戏攻略分享给其他玩家。此外，Steam 还设置了丰富的社区功能，让用户获得社区经验值，提升用户等级，促进玩家之间的社交。这些措施在庞大且活跃的玩家社群中产生了新的交易，比如游戏物品 C2C 交易平台。在 C2C 平台交易的买家要支付物品价格的 10% 给游戏开发商、5% 给 Steam 平台。活跃的玩家还带动了游戏衍生改编交易的繁荣，玩家可以在 Steam 平台的创意工坊中自己改编创作、自主定价、自由交易，Steam 和原游戏开发商抽成 75%。不仅如此，伴随着技术的进步，Steam 平台的功能还在不断扩展。2014 年，Steam 依托《Dota2》等对战类游戏推出直播功能，2016 年起 VR 游戏也可以加入游戏直播。

一家大企业必须树立这样一种理念：帮助中小企业成长是大企业责无旁贷的责任。大企业能否活得更好，在很大程度上取决于整个生态系统是否繁荣。V 社秉持共同繁荣的理念，通过扩大利益相关者的范围，不仅影响了游戏研发，还深刻地影响了整个游戏行业，创造了玩家、平台、开发者的共同繁荣。

9.3.1 扩大生态系统的价值空间

企业要做大整个生态系统的价值空间，有三种方法：一是可以引入多元化的利益相关者，促进整个生态系统的繁荣；二是可以帮助现有生态中的利益相关者壮大成长；三是为利益相关者设计商业模式，在增加生态系统需求的同时带动自身产品的销售。

企业在生态系统中寻求自身价值最大化的过程中，需要思考自身在整个生态系统中扮演的角色以及发挥影响力的方式，也就是明确控制什么及如何控制。在明确生态系统中的角色定位的过程中，企业需要进行两种反直觉的思考。

一种是将生态系统的价值创造与企业的盈利来源分开进行思考。通常而言，企业的价值创造与盈利来源是一致的，但生态系统的价值最大化与企业的价值最大化有时并不一致。此外，掌控生态系统中的关键盈利环节也很重要。

另一种则要求长程思考，企业不要仅从现在出发，而要前瞻性地预判那些能决定生态系统未来价值创造的关键点。这些关键点具体包括：稀缺资源，不能随着生态系统的成长而同规模扩张的资源，如商圈中的黄金地段；在供给侧可以实现边际成本持续下降的环节，如在电脑生态系统中，IBM作为早期的统治者，把DOS操作系统外包给微软，而软件边际成本极低的特征使微软得以迅速扩张；在需求侧能够实现边际价值递增的环节，如生态系统中的平台控制者，平台上每增加一个消费者或生产者，都能带来更大的边际价值，吸引更多的利益相关者加入。

9.3.2 提升企业对生态系统的影响力

企业对生态的控制可以通过所有权控制与业务活动控制两个维度实现，进而强化自身对生态系统的价值创造贡献的影响力。

所有权控制按程度的不同可以分为控股、参股和非所有权三种状态。在生态系统中，企业相互间建立起股权控制的关系，获取资本收益并非需要考虑的第一要素，更重要的是通过参股控股进入对方企业的董事会，进而影响其业务活动。所有权控制是一种交易成本非常高的控制活动。在进行所有权控制时，通常要么目标企业的业务活动是生态系统未来的关键点；要么双方企业建立联盟性质的合作，共同应对未来的业务风险；要么目标企业的业务活动在市场上缺少竞争，信息不透明，企业需要进入董事会参与决策过程等。

业务活动控制分为：完全由企业内部自己经营的绝对控制；完全通过外部市场进行交易的无控制；介于前两者之间，借助软性影响力展开的相对控制。相对于所有权控制，业务活动控制的手段更加灵活多样，一般总交易成本更低，但是需要更多的智慧。企业对商业生态系统的业务活动控制也呈现一些趋势：早期的控制大多是业务结构的"线形控制"，焦点企业控制价值链上不可替代的环节，如焦点企业控制具有较高技术壁垒的核心零部件的技术和生产；随着生态系统整体技术水平的提高，焦点企业转向"星形控制结构"，焦点企业处于结构中心，但不直接参与具体的业务流程，如焦点企业控制技术专利，通过技术授权的方式控制整个生态系统；更新的方式则是分布式交流协作的"网状控制结构",焦点企业形成生态价值组合的平台。总体来说,业务活动的大趋势就是绝对的"硬控制"力越来越弱,相对的"软控制"力越来越强,效率也越来越高。

所有权控制与业务活动控制两种控制手段各有优劣,企业可以根据不同情况综合选择控制工具,最大化企业价值。图 9-18 展示了腾讯公司所有权控制与业务活动控制的组合矩阵——企业生态系统影响力矩阵。

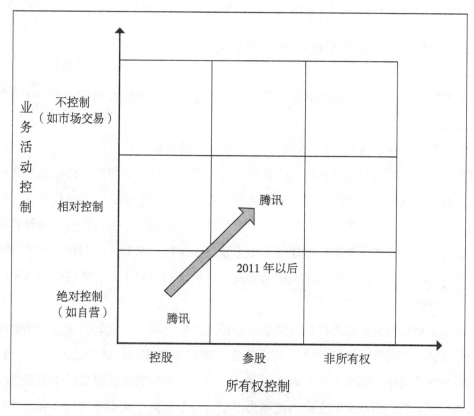

图 9-18 企业生态系统影响力矩阵

案例 9-2 [腾讯对生态系统的控制演进]

腾讯在 2011 年决定调整对商业生态系统的控制手段。在此之前,腾讯追求的是绝对硬控制,由自己亲自组织资源进入目标拓展领域。然而,腾讯虽然强大,却很难做到在所涉及的领域中都具有优势。

此后,腾讯将绝对硬控制调整为相对软控制,通过战略投资进入目标企业,同时强化自身与目标企业的业务互动。这种转变从腾讯先后投资京东、大众点评、滴滴出行等的行为中都可以看出。腾讯在2014年战略投资京东，将自身的电商业务并入京东，同时向京东提供微信和QQ手机客户端的一级入口位置，助力京东在移动电商领域的发展。这种转变不但能够帮助腾讯聚焦于自身的核心业务，而且能够联手其他互补领域的强势利益相关者，共同做大生态系统，而腾讯与生态系统的关系也从之前的彼此竞争转为协同共进。

9.3.3 平衡企业与生态系统的关系和节奏

要控制好生态系统发展的节奏，需要平衡企业与生态系统的关系，其中有两个发展的关键里程碑值得重视。

第一个里程碑是达到最小生态系统，即生态系统能够在没有外力的支援下完成从价值创造到价值实现的完整循环。这意味着这个生态系统的商业模式已经通过实践的检验，具备在竞争中生存的能力。对于具有开创意义的商业模式或共生体而言，率先达到最小生态系统尤为重要。为此，当生态系统的外部利益相关者数量或质量难以达到要求时，企业就必须承担起构建整个生态系统的重任。例如，特斯拉在市场开拓初期就不得不将很大一部分精力和资源放到充电桩网络的建设上，否则其电动汽车的销售也将大受影响。

第二个里程碑是生态系统创造的整体价值规模快速增长。这既体现在不断涌现的新业务活动及利益相关者角色上，也体现在越来越多的客户、资本进入生态系统中，为生态系统持续注入活力。企业的边界是有限的，仅由少数企业组成的生态系统很容易遇到发展瓶颈，而且少数企业的控制力不足，会影响整个生态系统的多样性与创造力。当达到第二个里程碑时，虽然少数企业对生态系统的绝对控制力在减弱，但生态系统整体价值的增长带给企业的利益更大。两个里程碑分别体现了企业"收"与"放"的艺术。

事实上，无论规模大小，企业都拥有一个以其为中心的生态系统。所以，每个企业都应建立自己的生态思维和行动标准。企业可以主动寻找自身在生态系统中的独特位置，也可以成为其他利益相关者生态系统中的关键角色。同行业中的众多生态系统和其中的类似角色虽然是竞争关系，但同一生态系统中不同利益相关者角色之间可以彼此成就，以最大限度地激活和利用整个生态系统的资源潜力。

小　结

共生体是由焦点企业以及有交易关系和从事业务活动的各类内外部利益相关者角色构成的集合及其相应的业务活动价值创造的元逻辑。商业生态系统是共生体的实例，是共生体中每个真实主体之间的交易关系。在共生体视角下，产业链业务活动被切割、重组和评价。共生体的内在规律遵循三大定律。基于共生体的商业模式设计可以遵循三步法——产业技术工艺流程/业务活动流程—角色结构—利益相关者的交易结构，进行结构化的设计。共生体思维模式的演进遵循扩大价值空间、提升价值影响力、平衡企业与生态系统的关系三个基本原则。

关键术语

共生体/角色结构；商业生态系统；切割；重组；产业技术工艺流程；业务活动流程网络

讨论案例

2013年央视财经人物颁奖大会上，格力董事长董明珠和小米董事长雷军有一个著名的"10亿赌约"：如果5年内小米的销售额超过格力，董明珠就输给雷军10亿元。2017年小米销售额超过1 000亿元人民币，2018年7月小米上市，估值543亿美元。小米的快速增长与其商业模式密切相关。

小米于2010年成立，创始团队从智能手机切入，利用互联网营销实现快速成长。到2012年销售了数千万台智能手机，同时制定了"硬件引流、软件开放、服务盈利"的经营策略。2013年年底，小米成立智能硬件生态链事业部，以智能手机作为流量入口，引入更多的智能硬件产品，扩大产品线，实现规模化扩张。

一般情况下，企业的快速扩张会通过两种途径。一种是内部培育，组建团队进入新的领域。这种方式的隐形成本比较高，成果不确定。另一种是兼并收购，如通过收购控股权合并目标公司的收入、利润，掌握目标公司的资源能力。第二种途径成本高、整合难，容易出现文化冲突，成功率低。

小米的智能硬件生态链没有采用上述两种途径，而是采用"孵化加速＋非控股投资"的交易模式，充分发挥小米和生态链创业团队各自的优势。小米经过手机业务的快速发展，已经积累了包括用户资源、人才资源、供应链资源、营销资源等的资源能力，而这些都是创业公司发展的"痛点"。小米主要关注产品的市场空间、与小米用户群的契合度、价值观及创业团队的能力等，不急功近利，通过筛选的公司会进入小米的智能硬件生态链。

小米向进入智能硬件生态链的创业公司提供孵化加速的资源能力，并对其中一些公司以非控股的方式进行投资。小米的收益主要有三部分：第一部分是业务收益，在小米平台上销售产品的利润由小米和生态链企业共享；第二部分是投资收益，小米对部分生态链企业进行非控股投资，获得股权增值收益；第三部分是协同效应，随着智能硬件产品种类的增加，小米平台能够实现低成本引流、维持品牌热度、扩大用户群等功能。

讨论题

1. 小米智能硬件生态链是如何构建共生体的？
2. 小米构建的共生体如何带来价值增值？
3. 格力、美的这样的大企业为什么没有采取小米的共生体商业模式？它们采用这种模式能成功吗？为什么？

第 10 章

商业模式的经济解释与商业模式设计

学习目标

- 掌握三大商业模式设计的工程学原理
- 掌握六大商业模式设计规则
- 了解商业模式优化的经济学路径

导入案例

开市客（Costco）是1993年由两家量贩式仓储超市Price Club和Costco合并而成的美国连锁超市企业。经过二十多年的发展，开市客目前在11个国家及地区开设了721家门店，在全球拥有8 890万持卡会员，2016财年营业收入达1 187亿美元，已经成为仅次于沃尔玛的全球第二大零售商，但其库存周转率是沃尔玛的1.5倍，坪效比是沃尔玛的2倍，客户单价是沃尔玛的2倍以上，运营费用率更是只有沃尔玛的一半！

这个业绩的背后，是开市客独特的商业模式。开市客设定的目标是为会员提供更好的服务，扩大会员数量，而不是像其他超市那样赚取差价。为了贯彻实施经营理念，开市客采取了强有力的运营措施。第一，开市客主动将自己的纯利润降为0。如果说开市客的前身Price Club和Costco作为量贩式的折扣连锁超市，目的还是薄利多销，那么合并以后的开市客就真的放弃所有赚差价的念头了。在沃尔玛、家乐福等国际零售企业都追求毛利增长的情况下，开市客却在探索如何在持平运营费用和税费的条件下，尽可能降低毛利率。在全球的开市客里，都藏着一个神秘数字14，意思是任何商品定价后的毛利率最高不得超过14%。达到这个标准后，除去税费，纯利润就几乎为零了。第二，采取一切办法为客户省钱。开市客门店大多开设在方便家庭驾驶汽车出行购物的高速路口，租金便宜，店面也不多，目标消费群体为中产阶级。开市客希望满足他们对中上品质商品的追求和对性价比的喜好，以及一次购买至少一两周生活用品的购物习惯。开市客构建了精简的供应链体系，商品种类只有动态更新的4 000多种，每一种商品的进货量要大到足以从供应商那里获得最低价格。如果有一种商品不能让开市客获得最低价，它就会永远不会再出现在开市客的货架上；同时，开市客还发展了20%的自有品牌商品。

开市客向顾客收取相对低廉的固定会员费，尽管会员可以随时要求全额退回会员费，但开市客的会员依然以几何级数的速度增长，而且在欧美的会员续费率高达91%，在允许会员携带亲友购物并提供分单结账服务等政策下，几乎没有哪个被带进开市客的非会员在体验购物后，不是立刻申请成为开市客会员的。即使在运营层面努力追求零利润的情况下，开市客依然获得了卓越的经营业绩。

从商业实践角度看，类似开市客这样的企业的商业模式创新与设计，往往来自企业家的经营直觉或灵感。那么，能否从经济原理和逻辑推理的角度，总结出商业模式创新与设计的理论依据和操作规则，从而使商业模式创新与设计成为一种可以复制的组织能力呢？答案是肯定的。本章将从商业模式的工程学原理和商业模式的设计两方面，讨论商业模式创新与设计的结构化方法。

10.1 商业模式设计的工程学原理

我们可以将商业模式设计和创新的过程视为一个工程过程。在商业模式的基本经济学概念和基本要素的基础上，可以得出商业模式设计的三大工程学原理。

10.1.1 原理一：同样的资源能力被不同利益主体拥有时，机会成本不同

同样的资源能力被不同利益主体拥有时，机会成本不同。因此，有时仅仅用企业手中已有的资源与新的或合适的利益主体交易，就可能创造巨大的价值增值。

假设利益主体 A 有资源能力 a，A 对 a 的价值评价为 500 元；利益主体 B 有资源能力 b，B 对 b 的价值评价为 600 元。但是同时，A 对 b 的价值评价为 1 000 元，B 对 a 的价值评价为 1 200 元，双方存在相互交易的机会。A 用 a 与 B 进行交易，A 得到 b，B 得到 a。那么，A 拥有的资源能力从 a 变成 b，价值评价从 500 元上升到 1 000 元；B 拥有的资源能力从 b 变成 a，价值评价从 600 元上升到 1 200 元。资源能力总集合和利益主体总集合并没有发生变化，但通过交易，双方的价值评价都有所增加，总价值评价更得到巨大的提升，如表 10-1 所示。

表 10-1 通过交换使价值评价得以提升

利益主体	交易前资源能力	交易前价值评价/元	交易后资源能力	交易后价值评价/元
A	a	500	b	1 000
B	b	600	a	1 200
总价值评价		1 100		2 200

以此类推，如果有更多的利益主体和资源能力，可交易的机会可能会更多，可创造的价值增值可能会更大。商业模式设计正是通过将资源能力配置给能获得更高效率的利益主体，实现整个交易结构的价值增值的。

（1）资源能力与利益主体的搭配

同样的资源能力，在不同利益主体手中，其可变现的路径和可实现的价值完全不同。一个合适的交易结构，应该将焦点企业手中价值评价不高的资源能力进行交易，获得焦点企业价值评价较高的资源能力。如果存在多个资源能力和利益主体的价值评价错位的情况，就存在通过交易使资源能力与利益主体价值评价相互匹配的可能性，这正是商业模式设计的意义所在。

案例 10-1 [中非光伏基金的交易结构]

中国有很多富余的光伏产能，而非洲有很多丰富的太阳能资源没有得到有效利用。将各利益主体的资源能力列出，并从中找寻合适的交易对象。先从光伏厂商拥有的富余（或稀缺的）资源能力开始，寻找（或拥有）这些资源能力的利益主体；进一步寻找这些利益主体拥有（或缺少）的可交易的资源能力……直到形成闭环。通过这样的分析，一个由政府引导、政策性银行参与融资、以某中非基金（假想的）为核心的交易结构便初具规模，其交易结构如表10-2所示。

表10-2 中非光伏交易的利益主体与资源能力交易

利益主体	富余的资源能力	可交易的利益主体	缺少的资源能力	可交易的利益主体
光伏厂商	光伏设备	非洲国家		
非洲国家	矿产资源、太阳能资源	能源企业	光伏设备、资金	光伏厂商
能源企业	经营能力	非洲国家	矿产资源	非洲国家
中国政府	援非任务	非洲国家	合适的项目	各利益主体
投资者	资金	各利益主体		

从上面的分析可以看出，在中国政府援助非洲的背景下，可以建立一只中非光伏基金解决非洲国家供电和照明问题。中非光伏基金向国内光伏厂商订购光伏产品（赊销），并销售给一些非洲国家，解决这些国家的供电和照明问题，而这些国家的政府以矿产资源做结款承诺。中非光伏基金用非洲国家开具的结款承诺

担保向银行贷款并支付光伏贷款,把矿产资源出售给能源企业。详细的交易结构如图10-1所示。

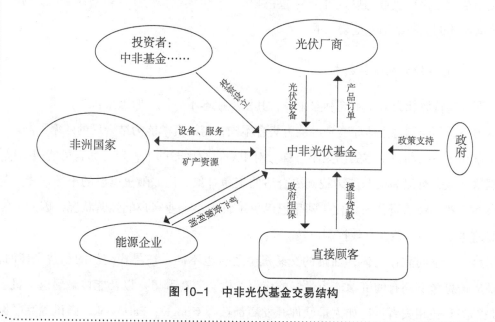

图10-1 中非光伏基金交易结构

（2）抉择收入、抉择成本与机会成本

所谓抉择收入,就是利益主体在选择参与某个交易时可以获得的收入;所谓抉择成本,就是利益主体在选择参与某个交易时需要付出的成本。理性的利益主体,会选择能使抉择收入和抉择成本差值最大的那个交易。

同样的资源能力被不同利益主体拥有时,会产生不同的抉择收入和抉择成本。利益主体需要在众多可实现的交易方案中选抉择收入和抉择成本差值最大者,以达到利益最大化。举例来说,同样一笔资金可以存在银行、用作股权投资给创业者、创立合资公司。这三种商业模式,拥有同样的资源能力,对个人、专业机构、企业这三个不同利益主体而言,抉择收入和抉择成本是不同的。因此,任何一个利益主体,在交易某个资源能力时,可将对这个资源能力有需求的各利益主体罗列出来,形成多个交易方案,分别计算各自的抉择收入和抉择成本,最后选择差值（定义为抉择收益）最大的方案进行交易。

抉择收入、抉择成本与经济学中的机会成本既有联系,又有区别。机会成本强调资源能力的稀缺性,对于不同利益主体,同一个资源能力的机会成本是不同的。对利益主体而言,要根据抉择收益,"抉择"保留哪些资源能力,舍弃哪些资源能力。如果一个共生体中的各个利益主体要形成一个完整的交易结构，那么不但整个共生体要实现交易价值的增值——交易价值大于交易成本，而且要完整评估每个利益主体参与这个交易结构的抉择收益。只有每个利益主体参与共生体获得的抉择收益高于机会成本，这个共生体的交易结构才是稳固的。

（3）资源能力的机会成本

同一项资源能力对于不同利益主体，其机会成本不一样，原因来自三方面：

第一，不同利益主体原有资源能力集合不同，与该资源能力结合后的效率不同。

第二，不同利益主体的约束不一样，对甲而言很困难的事，对乙而言可能很简单。依据这一点，可以为资源能力找到更合适的交易对象。比如阿里巴巴的小额信贷，与银行和一般小额信贷公司相比，阿里巴巴更了解中小企业客户的经营状况，因此能够更好地建立信用体系，有效控制风险。

第三，不同利益主体，面临的交易机会集合也不同。在寻找交易的利益主体时，企业应该思考所拥有的资源能力最好的应用"机会"在哪里，以及能接触到这个机会的是哪些利益相关者。比如大量软件开发商都选择Google、Facebook、腾讯等互联网平台，与自行营销相比，进入这些平台，用户数量的增长速度会更快。

因此，当利益主体寻求合作伙伴以形成共生体时，要从资源能力集合、约束集合、机会集合三方面考虑，找到合适的合作伙伴，通过资源能力的交易，创造出更大的价值空间。

（4）交换、交易与机会成本、交易定价

如本书第2章所述，一次性的销售称为交换，而持续性的交易（如短期合作、中长期契约、股权关系）则称为交易。在交换中，一次性价格是关键要素，双方达成交换的前提和基础是对同一个资源、产品的价值评价不同。而在交易中，各个利益主体的资源能力在共生体交易结构中，已经被转化成资源或产品，资源能力投入与资源产品产出的关系从简单交换的明确对应变成持续交易的模糊对应。虽然不同利益主体在共生体产出中的贡献是模糊的，但各方在交易过程中有实际贡献，仍然可能形成一个认可度较高的贡献比例，这个比例可以成为交易定价的最高值。与此同时，每一个利益主体的资源能力都可以参与其他的交易结构并获得抉择收益，这是参与当前共生体交易结构的机会成本，这是交易定价的最低值。合理的交易定价应该处于最高值和最低值之间，也就是不低于机会成本，同时不高于其在共生体中贡献的价值。

合理的交易定价是共生体交易结构稳定的基础。在共生体中，这些利益主体会不断积累资源能力，由此抉择收益也在不断变化。抉择收益的大小不但受利益主体、资源能力的影响，还与交易方式、资源能力的具体属性等相关。共生体的交易结构需要不断升级，交易定价也需要不断变化。

（5）资源能力与利益主体配对的设计工具

当企业确定了所在生态系统时，基本的资源能力列表也就清晰了。此时，企业的资源能力可以分为三类：第一类，企业在未来发展中需要的资源能力；第二类，企业在未来发展中缺失的资源能力；第三类，企业在未来发展中不需要的富余资源能力。后两类资源能力都可以通过列表，寻找潜在的、可交易的利益主体。如果企业要与某个利益主体交易，也可以用同样的方法分析后者的资源能力。只要分析清楚每个利益主体需要什么资源能力，能提供什么资源能力，各自的抉择收入和抉择成本，就可以从潜在利益主体中找到最合适的交易对象。资源能力列表如表10-3所示。

表10-3 资源能力列表

利益主体	富余资源能力	可交易利益主体	抉择收益	缺失资源能力	可交易利益主体	抉择收益
焦点企业	资源	主体		资源	主体	
		主体			主体	
	资源	主体		资源	主体	
		主体			主体	
主体	资源	主体		资源	主体	
……						

完成利益主体和资源能力的配对后，将形成如表10-4所示的利益主体—资源能力交易表。根据这个表格的整理结果，我们可以进行交易结构的匹配设计。

表10-4 利益主体—资源能力交易表

利益主体	可提供的资源能力	提供给哪个利益主体	交易方式
主体1	资源		
	资源		
主体2	资源		
	资源		
……	……		

10.1.2 原理二：利益主体以不同方式交易时，价值增值不同

原理一主要着眼于不同利益主体，讨论同样的资源能力对不同利益主体的机会成本不同。如果和同一个利益主体交易，选择不同的交易方式，最终的交易效果也会有很大的差别，这就是商业模式设计的工程学原理二。

案例 10-2 [节能企业不同的交易模式]

> 某节能企业在与工业企业用户交易的过程中，至少可以采用三种模式：第一种，直接销售节能系统解决方案。解决方案包含硬件和软件设施，企业获得一次性销售收入，以及提供后续系统维护保养服务的收入。当然，服务不一定能够长期与工业企业绑定，节能系统投入使用后，工业用户可能选择其他的服务商来降低成本。第二种，将节能系统的初始投资和维护保养的总费用按年限分摊，以最低的固定年限租给工业用户。这样可以降低工业用户的初始投资，而节能企业能够获得长期的服务收入，并且可以提高总定价。第三种，与工业企业用户采用 EMC（Energy Management Contracting，合同能源管理）方式合作，由节能企业投资节能系统，建成后就节省的能源分成，实现长期的投资收益。这种模式能够收回初始投资，覆盖运维成本，还具有一定的投资收益，因此它的收益是最高的。当然，节能企业承担的交易风险也更大，同时还需要特定的关键资源能力，比如节能企业须拥有融资能力，以及对工业企业用户合同存续期的保障能力等。

显然，以上案例中的三种交易模式最终实现的控制和价值增值是不同的，这种差异体现在节能企业与工业企业用户的交易在构型、现金流结构、收支方式等参数上的差异，这些参数的差异千变万化，它们的组合形成了多种多样的交易方式。不同的交易方式，其价值增值也不同。

（1）价值增值与交易方式

商业模式创造的交易价值减去交易成本，就是交易结构的价值空间。价值空间减去焦点企业和利益相关者付出的货币成本，就是商业模式实现的价值增值。如果一种交易结构的创新能够提升交易价值，或者降低交易成本，或者节省货币成本，或者同时实现以上三项中的两项或全部，就会提高价值增值。

每个利益主体都具备一定的初始资源能力。如果把一个活动切分为输入、处理和

输出三个环节，那么资源一般处于输入、输出环节，能力则是衡量活动处理效率的一个指标。对活动的不同切割，对活动的输入、处理、输出的不同配置，就构成了各种交易方式。交易方式包括满足方式、构型、角色、关系、收支方式、收支来源、现金流结构七个参数，本书第3章已有详细阐述。这些交易方式参数的取值不同，价值增值的大小也不同。

（2）交易方式的延伸问题：切割重组、抉择收益等

不同的交易方式，其七个参数（满足方式、构型、角色、关系、收支方式、收支来源、现金流结构）的取值也有所不同。在形成这些参数的过程中，一个重要思路是对交易对象和资源能力进行切割，将切割出的不同部分与不同利益主体重新组合，形成不同的交易方式。

这种切割可以是对资源能力的切割、对业务活动环节的切割、对管理活动环节的切割、对权利束的切割、对时间的切割等。因此，切割是产生参数的重要手段。切割之后，与利益主体重新组合，使利益主体与切割出的部分结合后的总价值增值最大。

对每一个利益主体而言，不同的切割形成的交易方式不同，抉择收益也是不同的。只要最终所选择的交易方式的抉择收益超过不参与交易的抉择收益（机会成本），就有可能参与交易。任何一个利益主体获得的收益，也不应该超过其对交易结构的贡献。

甲方选择是否与乙方交易，要考虑两个机会成本：第一，甲方自己的资源能力，如果不与乙方交易，放到别的交易结构，最高收益是多少，也就是甲方的机会成本；第二，乙方如果不与甲方交易，与其他利益主体交易能获得的最高收益是多少，也就是乙方的机会成本。

因此，任何一个资源能力，对不同利益主体的抉择收益是不同的。这种收益首先取决于资源能力与利益主体是否匹配，其次取决于对这种资源能力的交易方式。因此，即使面对同一个对象，不同的交易方式，能够挖掘出来的价值也是不同的。

10.1.3　原理三：以同样的方式交易，交易属性不同，价值增值不同

原理一和原理二主要着眼于不同利益主体及交易方式，那么，交易对象相同，价值增值是否就一定是一样的呢？答案是不一定。即使交易对象相同，由于交易属性不同，定价也会完全不同，产生的价值增值也不相同。例如同一块土地，用作商业或者工业，产生的价值就不同。再如，同样一项专利，是作为申请高新技术企业的条件还

是转化为产品，产生的价值增值也完全不同。

传统意义上的定价，主要指"定量"，即在收支来源、收支方式既定情况下的价格高低。而商业模式定价包括定向、定性、定量、定时，同一个交易对象对不同利益主体的价值剩余也会不同。这部分内容在第6章有详细阐述。因此，如何通过对交易属性进行创造性定价以创造价值空间，是交易属性的核心问题。

(1) 交易属性创造价值空间

传统的交易设计关注客户全生命周期的需求，在向客户提供同样产品、服务的条件下，通过扩大客户规模（更多客户）、提高客户价值（每个客户的支付价格更高）、延展客户的消费时间（销售产品或服务的时间更长）等来提升交易的价值空间。

在考虑商业模式的交易方式设计时，我们应该拓展视角，把价值空间的提升更多地建立在对交易属性的创造性定价上，从原有的交易对象中发现新的交易属性，对其充分定价，挖掘价值空间。

任何合约都不是完备的，因此对某个交易对象的合约，一定只是针对对象的部分属性来定价的。那些未被定价的部分，存在两种可能。一种是未被定价的属性也存在二次定价，获取剩余价值的可能性。例如，以前人们的交易数据、社交数据都没有被定价，而随着互联网和大数据技术的发展，这些属性也被定价，很多新的行业也被创造出来。另一种是未被定价部分由于没有成本约束，有可能被过分使用而降低价值空间。例如，车辆保险合同如果没有对车辆保养行为定价，车主就会疏于保养，过度使用保险。

(2) 交易属性：新交易理论的视角

任何一个交易都涉及三部分：交易主体（利益相关者，如个人、企业组织、政府部门、金融机构等），交易内容（原材料、设备、产品、服务能力等），交易主体与交易内容之间的关系（拥有、控制、可接触、放弃等）。在交易中，交易各方关注交易主体的属性，包括资源能力、利益诉求、归属关系等。交易主体与资源能力的归属关系定义了潜在的价值创造能力，重新定义交易主体与交易内容的关系使这种价值创造能力进一步被提升，这就是交易产生的原因。这种重新定义的过程，必然会影响交易主体的利益诉求，如果其价值创造方向与利益诉求方向一致，交易就有可能达成；如果不一致，就很难达成。因此，所谓交易，本质上是重新定义交易主体与交易内容的关系。这种对关系的重新定义可以是碎片化的或聚合的。

首先，资源、能力、归属关系、利益诉求，都可以进行碎片化的切割，比如利益就存在个人利益、小群体利益、集体利益等。

其次，不同属性聚合之后的价值创造能力是不同的，例如同样一块土地，在农民手中与在房地产开发商手中，其价值是不同的。

最后，资源、能力、利益诉求，以及所反映的交易主体、交易内容的归属关系不同，其价值也不同。如果某个交易主体拥有某种能力，但其利益诉求并没有得到反映，那么这个交易主体就会在低水平下运用这种能力。因此，为资源能力、利益诉求配置恰当的归属关系很重要。

商业社会是高度碎片化的，任何交易对象、交易对象的任何属性，都可以被无限地切割细分下去；商业社会又是高度聚合的，这些碎片化的属性，按照最大的价值创造能力重新聚合，根据新的聚合方式，新的归属关系和利益结构被设计出来。这样，卓越不凡的商业模式就有可能产生。

（3）交易属性的碎片化

交易属性的碎片化可以沿着两条路径进行：静态路径和动态路径。

所谓静态，指的是不考虑时间的变化，只在具体某个时间点分析交易属性。沿着静态路径，一个交易属性可以从组成部分、部分之间关系、对其他人的价值等角度被分析切割。

举例来说，一个零售门店，按组成部分可以分为地段，物业（所有权、经营权、租赁权等），设备，人员（店长、财务人员、销售人员、配送人员等），空间等；按部分之间关系可以分为设备与空间的关系、店长与财务人员的关系、地段与物业的关系、物业租赁权与店长的关系等；按对其他人的价值可以分为地段对竞争对手的价值、对消费者的价值，社区店面人员对大卖场人员的价值等。分析店面的各个组成部分，切割和分析这些属性之间的关系，并尝试进行不同的配置，就可以挖掘店面的最大交易价值。

所谓动态，指的是考虑时间的变化，动态地分析属性会发生哪些变化，可以分为潜在与显现、存量与流量等。随着时间的推移，潜在的属性可以变成显现的属性，显现的属性也可以变成潜在的属性；存量可以变成流量，流量也可以变成存量。

案例 10-3 [Octone 的唱片发行新模式]

Octone 是一家只有 16 个员工的小型唱片公司；然而，根据《财富》杂志的报道，这家小公司在不到 10 年的时间里，发布了 9 张专辑，其中 3 张获得白金唱片奖（销量达到 100 万张）。

在没有出名之前，歌手的显现价值很低，但潜在价值却可能较高。当然，实现潜在价值存在风险，也就是不确定性。对于歌手的唱片，若按照其显现价值属性交易则价值太低，若按照其潜在价值属性交易则可能有价无市。Octone 采取类似 VC-IPO 分段融资的方式，分段配置风险，使其潜在价值属性和显现价值属性都得到较合理的定价，把传统的唱片产业玩出了新花样。

Octone 做了两阶段的商业设计：第一阶段由 Octone 操盘，在乐队还没出名的时候与乐队签约，花钱为乐队做市场推广，当乐队具备一定知名度后（例如唱片发行量超过 7.5 万张），就进入第二阶段。在第二阶段，Octone 和大型唱片公司以各 50% 的持股比例成立合资公司。Octone 将处于成长期的乐队出让给合资公司，乐队的成本均由大型唱片公司承担，利润则按合资比例五五分账。事实上，Octone 类似于艺人的风险投资机构，大型唱片公司则类似于专注 Pre-IPO 的私募股权机构。通过把交易风险分阶段配置，Octone 和大型唱片公司各得其所。

存量、流量同样可以转换。存量指某个时间点的总规模，流量指在一个时间轴上每个时间点的规模流图谱。很多商业模式的关键之处，就在于解决了存量属性和流量属性的不匹配，或者故意设计出这种不匹配。举例来说，拥有一个设备是一个存量属性，但这并不是交易的真实属性，工厂想要获得的交易属性是产能的流量属性。工厂如果希望获得流量属性，那么为了降低一次性购买成本，可以采取融资租赁的方式扩大潜在市场；反过来，工厂如果想获得存量属性，那么可以降低门槛，引进设备以形成存量，阻止竞争对手进入。

通过静态路径（组成部分、部分之间的关系、对其他人的价值等）和动态路径（潜在与显现、存量与流量等），交易对象的交易属性能够被切割、拓展，实现价值的再发现或再创造。

（4）属性间的聚合：叠加、伴生、互补、乘数、指数等

通过属性切割、属性之间的结合，新的价值空间能够被创造出来。因此，分析属性之间的关系非常有价值。属性之间的关系有很多种可能，这里仅列举五种：叠加、

伴生、互补、乘数、指数。

叠加指两个属性之间是相加的关系。分众传媒收购框架传媒、聚众传媒就是一种属性的叠加。叠加还可以是同一交易对象不同属性的叠加。例如，既是客户又是设计师，既是客户又是销售员，既是客户又是媒体等。

伴生指两个属性在时间上具有同时发生、协同叠加的关系。一种伴生的情况是其中一个免费、另一个收费，这种"交叉补贴"的新盈利模式受到很多互联网企业的青睐。例如，搜索行为至少有两个属性，一个是客户希望获取信息，另一个是商家想得到关注。这两个属性是搜索行为在同一时间产生的两个属性，可以分开定价——对客户希望获得信息免费，对商家想获得关注收费——各得其所。

互补指两个属性结合在一起，可以产生"1+1>2"的效果，但并不会达到多倍的效果。举例来说，酒楼门外总有很多代驾司机在等候，酒楼的生意越好，代驾司机就越多。反过来，因为代驾司机很多，客人饮酒非常方便，所以酒楼的酒水消费也会有所提高。

乘数指两个属性放在一起，是放大（或者缩小）的关系。一家拥有领先专利技术的企业，如果遇到一家市场能力非常强的企业，技术能力和市场能力就是乘数的关系。对双方而言，找到对方都是至关重要的。

指数指两个属性放在一起，其价值能产生量级跃升。例如 100 个人和互联网社交行为，这两个属性放在一起，就会产生几何级数的价值提升，这也是 Facebook、微信等受到诸多追捧的原因。在移动互联网的背景下，叠加了地点属性和时时在线的属性后，社交行为属性的价值得到巨幅提升，这也是移动互联网企业的估值非常高的原因。

从自己的交易属性出发，寻求可以与自己产生叠加、伴生、互补、乘数、指数关联的属性，进而追溯利益相关者，是企业商业模式设计的一个可行路径。需要指出的是，这些属性未必需要全部交易，只交易一个对象一个属性中的其中一部分也是可行的。

（5）归属关系与利益诉求：属性的缩减、延展与剩余分配

在完成对属性的碎片化、聚合之后，属性已经有了创造性定价的可能性，这时就要根据商业模式设计的目的，对这些定价可能性进行合理选择。在商业模式设计中，根据商业模式设计目标的不同，可以对交易属性做缩减或延展。

缩减指对某些交易主体、归属关系的简单化处理。缩减属性是为了减少交易成本，降低讨价还价和执行的难度。从提升交易效率的角度出发，缩减是只交易与商业模式

设计目标相关的属性，甚至只交易该属性的一部分。对于与商业模式设计目标无关的属性，涉及得越少越好。以苹果公司为例，苹果公司采取"软一体化"的商业模式，只控制活动的输入、输出环节，而把处理环节交给合作伙伴，对与之合作的元器件供应商、代工厂、应用开发商等，都只交易最想获得的属性，而对无关属性则基本不交易，形成了一条凝练、高效的价值运营链。

延展指针对关键的交易对象，很难从单点上影响和控制，为了提高交易价值，实现多重锁定、多元化盈利，要多涉及几个交易属性，形成多点影响和控制。很多整体解决方案、一站式购买等，都是为了用多个交易属性影响客户，与客户建立多点连接。同样是苹果，为了与客户产生更多的连接，其不但持续推出新产品，如 iPod、iPad、iPhone、mini iPad 等，而且通过 iTunes、App Store 等使客户产生依赖感，还通过云服务实现更换设备时信息的快速转移……对以上任何一个交易属性，用户都可以找到替代者；但这么多交易属性结合到一起，就形成了用户深度习惯的生态系统。这时，用户转移的成本将不断提高，而转移的可能性也就越来越低。

不管是切割、关联还是设计，交易属性都有多种定价可能。按照工程学思维设计商业模式，关键是理解交易属性背后的逻辑，对交易属性做切割和关联，确定交易属性的缩减或延展。这样就有可能设计出合理高效的商业模式，实现高企业价值。在这个过程中，一方面要发现更多的交易结构，另一方面要始终把实现更大价值增值作为一个准绳，找到最合适、高效的商业设计。

有关归属关系与利益诉求的第三个议题是关于剩余分配的。合理的利益分配机制，是将较多的剩余收益配置给对交易产出影响较大的一方，该剩余收益要超过该利益相关者投入的全部属性的机会成本。对于被放弃完全定价的属性，如果这些属性事实上对其他利益主体很有价值，又无法完全阻止其他利益主体参与分享这些价值，那么拥有这些属性的利益主体就有可能和其他利益主体组成一个企业组织。换言之，企业组织的存在，在很大程度上是由于要将某个利益主体无法充分定价的属性纳入公用领域。

因此，交易结构不但要对利益主体贡献了哪些交易属性保持敏感，并根据其贡献匹配收益，还要对利益主体放弃了对哪些交易属性进行定价保持关注，评估这些被放弃属性的机会成本，才有可能正确评估利益主体的付出与回报，构建结构相对稳定、可持续发展的商业模式。

10.2 商业模式设计规则

商业模式设计规则很具体，每一条规则对应的是单一的动作，可以直接用于商业模式设计，其背后的逻辑也更加简洁和直观。

10.2.1 增减利益主体，可以实现不一样的价值增值

根据原理一，当同样的资源能力被不同利益主体拥有时，机会成本不同。增加利益主体或者减少利益主体，都意味着资源能力的分配将发生变化，将导致价值增值的变化。在一个交易结构中，任何利益主体都承担了某个交易角色，或者是为了提升交易价值，或者是为了减少交易成本，又或者是为了降低交易风险。恰当地增减利益主体，可以改变交易结构的价值、成本、风险，从而影响交易增值。事实上，在很多具体交易结构的设计中，为了提升价值增值，引入新的利益主体并不少见。

近年来，中国房地产行业无疑是最受人们关注的行业之一。房地产市场在中国的兴起和蓬勃发展，除房地产企业和购房者之外，银行这个利益主体，毫无疑问是推动发展最重要的增长引擎。在这个交易结构中，根据交易效率的需要，保险、担保、中介等许多利益主体被逐步引入，它们每一个都为整个交易结构的增值发挥着作用。

再如传统的零售领域，由于最终客户分布较广，交易的时间、地点分散，依靠厂家和客户直接达成交易效率极低，而引入中间商，（包括代理商、批发商和零售商），则在交易的融资属性、地点属性、时间属性方面增加了交易价值。反过来，由于电商的兴起，在很多消费品领域已经可以通过互联网平台实现厂商和消费者的高效率直接交易。这时，取消一定的中间环节，减少利益主体，将使交易增值。

类似的例子还有很多，比如近几年土地流转成为提高农业集约化生产的重要方式。然而，由于土地分散、农户众多、农户信用差别大，与农户直接谈判的土地流转模式交易成本非常高，因此一些地方的政府相关部门设计了两级流转制度：农户把土地流转给当地政府或其指定的国有企业，农业投资企业再从当地政府或指定国有企业手中流转得到土地。这种设计可以大大减少谈判对象数量，降低交易成本。

商业模式既是利益主体之间的组合，又是资源能力之间的组合，同时也是它们交易关系的组合。同一利益主体，拥有不同的资源能力，其在交易结构中产生的价值增

值不同；反之，同一个资源能力，被不同利益主体拥有，其在交易结构中产生的价值增值也不同。增减利益主体，改变了利益主体和资源能力的交易关系，最终的价值增值将不同。

10.2.2 增减利益主体的资源能力，可以实现不一样的价值增值

不同利益主体拥有资源能力的机会成本是不同的，因此增加或减少某个利益主体的资源能力，或者将资源能力转由其他利益主体承担，其价值增值都会发生变化。

（1）减少资源能力

每一个利益主体都拥有很多资源能力，但放到交易结构中的资源能力未必越多越好。一个利益主体如果承担了交易中太多的资源能力要求，那么对该利益主体能力的要求就很高，很难做到体系化复制，这就会成为整个交易结构的效率瓶颈。

以传统培训机构为例，培训机构发展壮大往往依赖核心名师，因此名师也就承担了绝大部分的资源能力投入，包括提出理论、授课、咨询，甚至参与销售。若名师的精力无法满足培训业务扩张的需要，一般采取培养一组"小名师"的方式，但这个办法的效率和成功率都不高，很难实现扩张，此时可以对名师参与交易的资源能力进行如下削减：名师只负责推出原创理论、指导课件设计、培训讲师，将课件交给专业的设计公司进行制作；而一般讲师只负责讲课，不需要开发原创理论，也不需要具备深厚的理论功底。与培养全能型人才相比，这种方式很容易复制，名师轻松，讲师成长。可谓是多方共赢。

减少了某一利益主体的资源能力投入，反而换来交易结构的扩张，这是一个辩证的关系。好的商业模式，并不需要企业单方面具备超强的资源能力，相反要通过切割和简化来增强这些资源能力的可获得性，从而提高整体交易价值。

（2）增加资源能力

对于某些利益主体，若新增加的资源能力与原来的交易结构有一定的协同效应，则可以提高交易价值。例如供应链金融，充分利用了供应链上下游的信用、仓储等联动信息，叠加了包括信用背书、交易合同质押等在内的融资能力，形成了对上下游利益主体原有资源能力的再开发，并且没有增加太多成本。

10.2.3 切割重组利益主体及其资源能力，可以实现不一样的价值增值

对不同利益主体的不同资源能力展开交易，其价值增值不同。因此，将利益主体和资源能力相互切割，再重新组合到一起，就有可能产生完全不同的价值增值。

案例 10-4 ［饲料、养殖行业的切割和重组］

> 2000年之前，饲料行业长期处于碎片化竞争的格局，不管是产品经销方式还是"公司+农户"模式，在资源能力与利益主体的组合上都难以达到最优。由于经销方式形不成规模，饲料公司无法对经销商形成有效的市场掌控力；"公司+农户"模式形成了一定的规模经济，但在风险把控上对农户的机会主义有心无力。
>
> 某品牌饲料公司针对这种情况探索了一种新的方案。第一，将养殖户分为专业户和散户。专业户的规模较大，养殖经验丰富，不管是在市场诚信还是示范效应上，都可以产生较好的影响。公司将养殖专业户发展为经销商，通过其销售饲料给散户，组织"养殖户共同体"，将一些较有能力、服从管理的散户组织成一般核心户。第二，对养殖户的功能进行一定的切割重组。繁殖育种这类技术难度大、风险相对高的工作由专业户负责；畜苗培育和育肥由一般核心户负责；最后的育肥出栏则由散户负责。第三，组织大型屠宰场和猪肉销售渠道为"养殖户共同体"服务，形成整个链条的闭环。第四，对某些"养殖户共同体"组合条件不成熟的地区，发展当地有一定规模的兽医机构、农资销售渠道商参与经销，并通过销售信息提供融资，增强把控力。
>
> 通过这种方式，饲料公司获得了快速的规模化发展，实现了市场整合。与原来的模式相比，饲料公司、养殖专业户、养殖散户、大型屠宰场、猪肉销售渠道商、兽医机构、农资销售渠道商及其资源能力组合都在切割之后得到了重新组合。这种对利益主体、资源能力切割重组的交易结构设计也逐渐成为饲料市场的主流模式。通过模式创新，可以有效撬动不同利益主体的资源能力，使其效率比原来更高，这也是该品牌饲料公司突破成长局限的关键。

对利益主体和资源能力的切割重组，其实是将缺乏效率的利益主体和资源能力的组合打散，按规模经济、范围经济的效率重新组合。不同活动和不同利益主体的规模经济、范围经济的效率差异很大，通过巧妙切割，优化组合，令其更好地匹配合适的

利益主体与资源能力，就会形成丰富的交易结构组合，实现更高的价值增值。

10.2.4 以不同交易方式重新配置利益主体拥有的资源能力，可以产生不一样的价值增值

由原理二可以得出，交易方式发生变化，价值增值也会发生变化；由原理一可以得出，资源能力被不同利益相关者拥有，机会成本不同。结合二者则可以得出以下规则：以不同交易方式重新配置利益主体拥有的资源能力，其价值增值不同。

交易方式指的是三种关系：利益主体与资源能力之间的连接关系，如控制、拥有、使用、投资等；利益主体与利益主体之间的连接关系，包括治理关系和交易关系，具体可以是市场交易、所有权控制、层级指令、智力支持、协作等；资源能力与资源能力之间的交易关系，如互补、叠加、乘数、指数等。改变以上这些关系，可以改变利益主体与资源能力相互配置的交易方式，从而使交易结构发生变化，价值增值从而也会发生变化。

案例 10-5 ［SolarCity 的创新金融运作模式］

> SolarCity 为普通居民、学校、非营利性组织及政府机构等提供低价的光伏电力，主营业务是光伏租赁和 PPA（Power Purchase Agreement，电力购买协议）。光伏租赁指的是：SolarCity 负责系统的安装，太阳能设备的所有权归原投资企业所有，客户获得设备的使用权并按年缴纳租金。PPA 指的是：与商业用户及电力公司签订三方协议，SolarCity 建设和维护光伏系统，将电出售给电力公司并根据发电量按月收费，电力公司收购光伏电并出售给商业用户，商业用户出让屋顶并支付较低的电费；SolarCity 直接出售低价的光伏电给客户，五年后客户可以在任何时间收购自己屋顶的光伏系统。
>
> 不管是租赁模式还是 PPA 模式，SolarCity 都需要具备金融能力。为此，SolarCity 设计了三种不同的交易方式。这三种交易方式各有优劣，供 SolarCity 在不同条件下灵活采用。
>
> 首先是合伙制。交易方式为：SolarCity 与基金共同出资成立公司，购买 SolarCity 建造的电站，以租赁或 PPA 的方式给客户，政府的补贴则进入合资公司。其主要产生四类经济收益：客户租赁费、税收抵扣、折旧避税和补贴。这种交易

方式下，SolarCity 和基金都不用全额出资，合资收益也由两家分配，但双方需要谈判利益分配方式。

其次是转租。交易方式为：SolarCity 和基金签订一个主租赁合同，基金再转租给客户。基金会拿走大部分的收益，SolarCity 可以拿到补贴和一笔租赁费。若基金和客户的租期结束后电站仍运转、客户续租，则租赁费会付给 SolarCity。这种交易方式下，基金退出方便，而 SolarCity 要自己出资，资金压力大。但若电站表现超出预期，则 SolarCity 可以收回电站租赁权，取得更多的剩余收益。

最后是售出返租。交易方式为：基金一次性提供租金，然后租赁给 SolarCity，SolarCity 再租给客户。政府优惠都归基金所有，SolarCity 赚取主次租赁费之间的差价，并在主租赁合约结束后附带一个期权，可以选择重新买下电站。这种交易方式下，基金全额出资，但也可以拿到全部的政府优惠，将电站返租给 SolarCity 后不需要继续管理；SolarCity 不用出资，但通常在租赁结束后买回电站的价格较高。

在这三种交易方式下，SolarCity 需要承担的资金压力和风险都不同，相应的收益也不同。

一个确定的交易关系意味着既定的交易价值、交易成本、交易风险组合，改变交易关系，原有的交易价值、交易成本、交易风险组合也会随之改变。在以上案例中，利益主体和资源能力并没有太大的变化，变化的只是它们之间的交易方式。

10.2.5 充分利用利益主体的存量资源能力，而非从零开始构建资源能力组合，价值增值可以变得更大

商业模式视角就是要打破企业的资源能力边界，从商业共生体的角度寻求价值最大的交易。然而，传统的企业管理视角过于强调企业内生性的资源建设、能力培养和由此带来的增长，这一方面会大大降低企业成长的效率，另一方面意味着资源能力的短板决定了企业的成长上限。

与此同时，各个利益主体在过往的商业经历中积累了很多资源能力，但这些资源能力在当前的交易方式下价值可能不高。通过商业模式设计，企业可以找到这些存量资源能力的新价值，激活存量资源能力，获得资源能力收益增加和交易效率提高两方面的价值增值。

案例 10-6 [韶音科技的资源能力借势]

韶音科技是一家中国新锐耳机企业,最初做民用耳机代工,由于没有核心技术,陷入一片"红海"竞争。一个偶然的机会,韶音科技切入军用耳机市场,并逐步形成了骨传导耳机的技术开发能力。此时,韶音科技发现骨传导耳机民用化是一个新的巨大的市场机会。作为在市场开拓方面资源能力比较匮乏的企业,韶音科技如果沿用传统的耳机销售渠道从竞争激烈的中国市场起步,那么可能会经历一个非常漫长和困难的过程。韶音科技该如何切入市场呢?

韶音科技首先切入的是美国的运动耳机市场这个人群庞大且能够充分发挥骨传导耳机的优势:顾客在运动中不仅可以听音乐还可以听见周围的声音,这保障了运动者的安全。

在美国市场,韶音科技通过授予"可转换股份"找到一位富有行业背景和品牌运营经验的人担任公司 CEO。他曾任美国消费电子协会的配件部主席,熟悉美国市场,在品牌运营、产品销售和渠道拓展方面能够快速切入。在品牌运作方面,韶音科技的产品在国际消费电子展会上获得了广泛关注,包括《今日美国》(*USA Today*)《连线》(*WiRED*)等在内的 80 多家美国媒体主动报道了韶音科技的产品,《华尔街日报》(*Wall Street Journal*)还给它颁发了 2012 年度消费电子类的"技术创新奖"。韶音科技没有花广告费,却得到了很好的营销效果。在渠道运作方面,韶音科技快速进入 BestBuy、PETRA、Fry's、Amazon 等美国主流销售渠道。最新消息是,韶音科技已经和苹果公司合作,产品在苹果的全球零售专卖店上架,成为苹果公司在骨传导耳机领域的重要合作伙伴。

从韶音科技的案例中可以看出,韶音科技在目标市场的交易主体选择、技术研发路径、市场营销等方面,都充分发挥了存量资源能力的交易价值,很好地利用了各利益主体的存量资源,不但快速实现了自己的商业目标,而且为各利益主体创造了新的价值,使交易结构更为稳固。

10.2.6 把剩余收益配置给对结果影响大的利益主体,价值增值更大

利益主体获得的收益可以分为两类:固定收益和剩余收益。固定收益指与交易产出并没有直接关系的收益,例如商业地产商对商场收取租金,商场营收的多少对商业地产商的租金收入并没有影响,地产商获得的是固定收益;而剩余收益指与交易的产

出有较直接关系的收益,例如股权收入、分红收入都和交易产出相关,产出越多,收益越大。

利益主体投入资源能力从而对交易产出产生影响。在一个既定的交易结构中,不同利益主体对交易投入的资源能力不同,对交易产出的贡献和影响力也不同。如果资源能力的效率受到利益主体主观意愿的影响,那么利益主体获得剩余收益索取权的多少,也将对价值增值产生巨大的影响。

案例 10-7 ［CSPN:错位的配置］

CSPN(China Sports Pragrams Network,中国体育电视联播平台),由北京神州天地影视传媒有限公司牵头,联合了江苏、山东、辽宁、新疆、江西、内蒙古、湖北七省份体育频道共同设立。对一个电视频道来说,主要环节可以分为节目购买、节目制作、节目播放和广告运营。由于各个地方台本身有制作队伍,有落地的播放渠道,有广告营销队伍,因此在后三个环节,地方台具备配置资源能力的优势。至于节目,神州天地可以化零为整地购买,具备一定的优势但并不明显。因此,如果从盈利模式的设计上看,神州天地应该获得固定收益或小比例分成,而地方台应该获得剩余收益或大比例分成。

然而现实的安排却是,CSPN统一接收并安排广告投放,为地方台提供节目资源,同时根据多项指标评估并设定年固定分成费用。CSPN拥有剩余收益索取权,节目版权属于CSPN,CSPN有多次销售版权获利的权利。地方台为CSPN提供制作队伍,制作队伍的控制管理权归地方台,差旅费由CSPN承担。

在这个盈利模式中,地方台的资源能力优势完全没有体现出来,而获得剩余收益的神州天地在资源能力上却是捉襟见肘。于是,在2008年体育大年中异军突起之后,CSPN在很长一段时间里陷入了困境。

事实上,如果CSPN在设计交易结构时把更多的剩余收益配置给对结果影响大的利益主体,就能够理顺和地方台的利益关系和权利归属:神州天地放弃所有权,退化为管理团队,把所有权交给地方台,各个地方台可以组成一个所有权合作社,地方台把统一购买赛事资源的权利交给CSPN,地方台则分别通过CSPN采购这些赛事资源,各自制作、各自运营广告。CSPN的日常运营管理可交给神州天地,这些资源也可以卖给其他视频渠道。CSPN的控制权和剩余收益索取权由各个地方台共同拥有,份额根据赛事资源的相应采购量按比例分配。由于不涉及各个地方台制作队伍的管理和平衡,内部交易成本将大为降低。

以上案例就涉及哪一方利益主体能够对交易结果有更大影响的问题。如果不能把更多的剩余收益分配给影响力较大的一方，就意味着另一方需要自己培养或者组合这方面的资源能力；否则，交易结构就无法有效运行，而所谓的战略联盟也会陷入困顿。很多交易结构的设计，往往关注了业务层面的交易关系，却忽视了治理层面的交易关系，交易的剩余收益索取权没有合理、适当地配置给相应的利益主体，因此在执行的时候会遇到很大的问题。

商业模式中交易结构的基本逻辑是：各个利益主体将各自的资源能力贡献出来，以实现更高的价值创造。每个利益主体均获得一定的收益，该收益不低于其不参与交易结构的机会成本，同时不高于其对交易结构价值创造的贡献。因此，商业模式设计不仅仅是分配价值，更重要的是创造价值，必须使利益主体参与交易结构的收益大于不参与交易结构的收益。

为了实现更大的价值创造，商业模式设计应沿着以下几个基本的路径去探寻：

第一，利益主体、资源能力的组合达到规模经济、范围经济的边界；

第二，利益主体、资源能力的搭配可以发挥比较优势，将潜能发挥出来；

第三，利益主体取得与贡献相匹配的价值分配，激发其投入资源能力的意愿；

第四，利益主体的收益应不低于其不参与该交易结构的机会成本，保证其不退出交易结构。

在一个具体的交易结构设计中，很难同时满足以上四个条件，甚至一个条件都难以满足。但只要朝着尽量满足这些条件的方向设计交易结构，商业模式的总效率就会朝着更高的方向演进。

小　结

商业模式设计的工程学原理是从经济原理和逻辑推理的角度，总结出的商业模式创新设计的理论依据和操作规则。通过运用这些规则，商业模式创新设计成为一种可以复制的组织能力。在商业模式的基本经济学概念和基本要素的基础上，可以得出商业模式设计的三大工程学原理，并推导出更直接的六大商业模式设计规则，用于指导实践工作。

关键术语

切割重组；交易属性；叠加；伴生；互补；乘数；指数；缩减；延展；剩余分配

讨论案例

宝洁（P&G）创始于1837年，是全球日用消费品巨头之一，在日用化学品市场上享有盛誉。宝洁在全球拥有员工近110 000人、研发人员近万人。2018年《财富》世界500强排行榜中，宝洁位列第135。

时间回到20世纪90年代，宝洁发展陷入停滞，创新产品很少，内部大量的研发成果因为没有配套的战略规划反而成了负担，来自同行的威胁让宝洁的市场份额一点点被蚕食。截至2008年，宝洁每年的研发费用达到25亿美元，宝洁的研发人员共创造了3.8万项专利，但仅有10%应用到企业产品上。

新任CEO上任后，对研发部门进行了大刀阔斧的改革，提出了"开放式创新"，将宝洁研发（Research & Develop）部门扩展为联发（Connect & Develop）部门，创立了创意集市研发网。宝洁在该网站面向全球招募创意，利用开放型创新和外部智慧解决问题，联合外部研究机构、客户、供应商、个人甚至竞争对手开发新产品。当刚刚上任的宝洁CEO雷富礼提出2010年要将外部创新做到50%时，大多数人认为是天方夜谭。然而宝洁不但达到了目标，而且比预设的时间提前了四年。宝洁的研发投入的销售额占比从3.1%下降到2.6%。

早在2001年，宝洁就与技术中介公司合作，通过中介公司的网站与全球50多万名研究人员建立联系，以方便优先收购他们的重大创新成果，如电动牙刷技术就是宝洁通过这个网站买来的。另一个案例是2004年的品客薯片，宝洁的市场创意是在包装上印制定制化图案以增加卖点，但宝洁的研发团队无法实现这个创意。通过创意集市，一名来自意大利的大学教授提供了解决方案，在不到一年的时间里实现了品客薯片上市，而若宝洁采用传统方法解决这个问题，至少需要两年时间。

除了购买专利，宝洁也会出售一些"过剩"的专利，将公司内部研发的但用不到的好点子放在创意集市出售，为公司获利。宝洁公司规定，如果某项专利技术在三年内没有被采用，那么就将其出售给别人甚至竞争对手。利用外部创新，宝洁降低了自行研发的费用和失败概率，减少了研发人员的管理成本。由于研发成果是现成的且无须承担研发风险，宝洁缩短了从发现市场机会到获得收益的时间。依靠开放式创新的新模式，宝洁研发生产力提高了近60%，创新成功率提高了两倍多，而创新成本下降了 20%。

讨论题

1. 宝洁采取的措施符合商业模式设计的哪些工程学原理?
2. 宝洁的研发模式符合商业模式设计规则的哪些部分?
3. 还可以采用哪些商业模式设计的工程学原理和规则,优化宝洁的研发模式?

第 11 章

商业模式创新、演进与重构

学习目标

- 了解商业生态系统的演进阶段
- 了解商业模式创新的途径
- 了解商业模式重构的背景、时机、要素及方向
- 了解商业模式重构的挑战与对策

导入案例

2009年6月1日，成立于1908年，曾雄踞全球汽车制造商榜首长达77年、数十年位居《财富》销售收入500强榜首的美国"百年老店"通用汽车公司，因严重的资不抵债最终申请破产保护。

在此之前，陷入经营和财务困境的通用汽车，曾做过很多努力，希望力挽狂澜。其采取的行动包括：出售欧洲业务，求助丰田汽车出资购买部分资产，甚至还希望向中国民营企业出售悍马品牌；通过债转股削减债务270亿美元；说服全美汽车工人联合会通过退休人员健康保障基金持股20%，以降低固定福利；接受美国政府的数百亿美元填补巨大的亏损；宣布裁减10 000名员工，占员工总数的14%。

分拆或者出售若干非核心业务，剥离不良资产以瘦身；关闭一些工厂，裁员降本；重组债务，降低负债率；收购与核心业务相关的其他企业，强化核心优势业务——这些以业务加减法为主的重组模式，是欧美大公司面临经营和财务危机时的惯用做法，通用汽车更是多次运用这些方法渡过难关。然而这一次，通用汽车用尽手段也无力回天。

很多人认为通用汽车深陷危机的原因包括：对汽车消费需求潮流的变化方向判断失误；巨大的惯性和官僚体系导致对变化反应迟缓；全美汽车工人联合会的强大势力导致庞大的福利支出，增加了通用汽车的成本等。但全球企业领袖比尔·盖茨认为，其根本原因是通用汽车的商业模式与成本结构已经不为投资者和消费者所接受。

通用汽车虽然经历多次重组和流程再造，但一直没有实现真正的变革，没有重构其历史上曾获得巨大成功的商业模式。因此，销售规模越大，固定成本越高，越积重难返。一些投资银行认为，即便这次通用汽车成功摆脱破产威胁，如果不重构商业模式，那么未来也终将破产。

11.1 商业模式创新与演进

商业模式创新是极富创造性的工作，而企业构建商业模式，需要符合商业逻辑，因此为商业模式创新提供全景式的视角和工具，就显得尤为重要。而商业模式演进与商业模式创新具有密不可分的联系。由企业个体到商业趋势的商业模式创新，构成了商业模式的演进历程；商业模式演进的某个时期和阶段，也为商业模式创新提供了商业生态系统的环境支撑和条件约束。

11.1.1 商业生态系统的演进阶段

随着商业生态系统的发展、完善和复杂程度的日渐提高，商业模式创新与演进的环境也在发生着变化。这些变化具有共性的趋势，同时也影响了商业模式演进的顺序。从中国电子商务行业的商业模式发展历程中，我们便可以看出这样一个演进趋势和过程。

第一阶段，商业生态系统的复杂程度不断提高，随着交易角色的不断分化与融合，交易角色、价值创造环节、价值转换层次越来越多，而对应的价值获取逻辑也在发生变化。企业不得不考虑如何选择合适的交易角色和价值创造的交易环节。早期电子商务的交易角色相对简单——买家、卖家、平台、支付、物流等，不同的电商企业选择了不同的交易角色和价值创造逻辑，如阿里巴巴选择了平台和支付，京东则选择了卖家、平台和物流。

第二阶段，商业生态系统的价值空间从"不饱和"状态趋向"饱和"状态，生态系统可以产生的增量价值空间变小，生态系统存在各类不同的交易角色，逐步占满当前商业生态系统的所有价值点，生态系统越来越稳定，也越来越难以改变。伴随着电商的发展，价值空间逐步被增加的角色占据，例如金融、保险等衍生产品的交易空间被逐步释放。

第三阶段，整个生态系统走向稳定成熟，价值创造的效率已经较高，这时在生态系统边界之内会发生结构性的变化，交易关系和企业商业模式的要素会发生变化与调整，一些变化涉及商业生态系统内价值创造效率的优化，另一些变化则对整个生态系统的商业模式产生变革性的影响。举例来说，阿里巴巴开始通过"菜鸟"平台介入物流环节，试图提升物流环节的价值效率，顺丰则一度试图开展卖家业务。这些都是在生态系统边界内，对价值环节进行重新选择和配置的过程。

第四阶段，商业生态系统的空间逐步向外扩展，突破现有的商业生态边界，开展跨界的拓展，这意味着不同商业生态系统在发展空间上已经存在竞争。各大电商纷纷布局传统电商之外的商业生态，包括餐饮、出行等各领域，以及面向企业用户的云和大数据行业，并形成了新的竞争格局。这种跨界的商业模式演进，对行业原来的交易角色、交易结构和交易价值形成了巨大的冲击。

11.1.2 商业模式的创新路径

以上四个阶段是从商业生态系统发展的逻辑和时序上进行划分的，而实际的商业生态系统演进则有可能是几个趋势和特征并存的。基于以上商业模式演进的四个阶段，企业在商业模式创新方面，也有四个对应的途径，分别是设界、补缺、再造和觅新。类似地，这四个途径也并不存在严格的时间顺序和先后逻辑，企业可以灵活选择和组合。

（1）设界

设界就是设定企业边界。一个商业生态系统中有很多交易角色，不同的交易角色会有不同的价值空间、交易成本，以及对整个商业生态的影响力。无论是新进入企业还是在位企业，都要考虑自己应承担哪些交易角色，同时放弃哪些交易角色。新进入企业必须站在商业生态系统的视角选择交易角色，同时形成企业的商业模式；在位企业则要不断地考虑哪些交易环节以前由自己承担，而现在需要交由别的企业承担，哪些交易环节则需要从别的企业那里拿回来。设界就会涉及对传统商业模式的创新。同样是设计环节，在传统的日用品领域，设计是由厂家而非零售商来做的，名创优品则承担了设计和零售两个环节；在传统服装行业，设计是由品牌商来做的，海澜之家却将这个角色交给供应商完成。这两个设界创新案例都取得了不错的效果。

一般来说，设界的主要路径有三条：第一，把市场交易转化为非市场交易，承担自己上下游的一些业务活动和特定角色；第二，把非市场交易转化为市场交易，把自己承担的一些角色和业务活动交给市场；第三，当市场不变时，改变角色的归属，主动选择自己要从事的业务活动和交易角色。

设界带来的交易价值的增加，主要来自资源能力的效率重构——选择怎样的业务活动和交易环节，取决于不同交易角色及其具备的关键资源能力带来的交易价值和交易成本的差异。

(2) 补缺

补缺指增加业务活动角色以提高生态系统交易效率的方法。生态系统的发展完善过程中存在许多可以增加业务活动和交易角色的空间，把握这些空间，一方面可以提高商业生态系统整体的价值空间，另一方面可以让企业把握新的商业机会。补缺的商业模式创新，要对现有商业生态系统有清晰的洞察和敏锐的判断，要自上而下地俯瞰商业生态系统，找到当前商业生态的瓶颈和痛点，把握商业机会。以支付宝为例，支付宝的诞生，就是抓住了电商发展初期，商业信用尚未建立，交易难以达成的痛点。补缺带来的是第三方支付的角色，这个角色不但对阿里巴巴在电商领域的发展至关重要，也推动整个电商商业生态系统释放巨大的交易价值。

补缺主要有两条途径：一是对现有生态系统角色的边界和范围进行补充与扩展，通过补缺提高在位企业的交易价值；二是创造新的交易角色，改善整个商业生态系统的交易价值。

补缺是对交易结构效率的完善，是对影响交易效率的结构性因素，包括业务活动的缺失或短缺以及对应的交易角色的缺失或短缺，进行结构性弥补。补缺拓宽了交易的通道，提高了交易效率，提升了交易价值。

(3) 再造

再造指在当前的商业生态系统中，在利益主体边界既定的情况下，改变交易主体的交易结构要素以获取价值增量的办法。商业模式再造指企业基于当前的商业生态，设计新的商业模式。它不仅需要创新与变革，更需要深度认知商业逻辑。商业模式再造可以改变的交易结构要素包括成本结构、盈利模式、收入结构、现金流结构等。以拼多多为例，它改变了电商的盈利模式，将其他电商常用的分成模式、价差模式改为团购模式，将交易方式从"搜索"方式变成"社交"方式。这个再造过程并没有改变商业生态系统和利益主体的边界，而是在商业生态系统内部进行结构性变革，这种变革让单一企业和整个商业生态系统获得了不同的价值创造能力。

商业模式再造有两条途径：一是企业基于现有商业生态和新的商业逻辑，设计不同的商业模式，完成价值创造到价值捕获的闭环，推动商业生态以多元交易结构扩大生态价值；二是借助技术创新，改变或改善某个业务活动环节，实现商业模式的再造，例如移动互联网技术对交易搜寻成本的改变，催生出许多新的商业模式。

很显然，再造对商业生态系统交易价值的贡献主要来自结构性效率的提高。因此，企业应持续不断地审视和判断商业生态系统内的交易结构，以及时优化商业模式的结构性效率。

（4）觅新

觅新指寻觅新的外部利益相关者或新的资源能力，并在与当前生态系统的联结互动中获取发展的机会，促进现有生态系统的成长。觅新要求企业保持开放与好奇，放眼全局，在生态系统内部和外部搜寻与内部相关联的潜在机会，展开全新合作，实现跨界拓展，创造新价值或降低交易成本。企业要做到觅新，主要通过两条途径：一是发掘并交易当前生态系统中未被交易的资源能力，通过设计新的交易结构令它产生价值，比如电商企业将其积累的数据和计算能力拓展、移植到传统企业中；二是引入其他生态系统的资源能力，如其他行业、新技术带来的资源能力，令生态系统具有更大价值。

觅新对商业生态系统价值的贡献主要来自潜在资源效率的提升。这个潜在的资源，既可能存在于当前商业生态系统之内，与外部的生态系统产生联结与互动，也可能存在于当前商业生态系统之外，实现当前商业生态系统的跨界拓展。

商业生态系统的演进阶段可以用表 11-1 描述。

表 11-1 商业生态系统的演进阶段

属性	第一阶段	第二阶段	第三阶段	第四阶段
商业生态系统特征	复杂程度提高；角色分化融合；价值层次增多	价值空间逐步饱和；增量价值空间逐渐变小	生态系统稳定；价值创造效率较高	生态系统扩建；突破当前生态边界
商业模式创新	设界	补缺	再造	觅新
定义与方向	设定企业选择的业务环节和交易角色的边界	增加业务活动角色，提高生态系统交易效率	商业生态系统和利益主体边界既定下的结构要素创新	寻觅新的利益相关者和资源能力，促进生态系统价值增值
实现途径	市场交易与非市场交易转换；市场交易，改变角色	扩充生态边界；创造新的角色	现有商业模式结构创新；借助技术创新	挖掘潜在资源；引入外部资源
交易效率来源	资源效率	完善结构效率	结构性弥补效率	潜在资源效率

11.2 商业模式重构的背景和时机

11.2.1 商业模式重构的背景

商业生态系统的演进和商业模式的创新，为企业商业模式重构提供了前提和背景。在商业实践活动的复杂性和时效性特征日渐凸显的环境下，商业模式重构受到越来越多企业的重视。1998—2007年，在成功晋级《财富》500强的27家企业中，有11家认为它们成功的关键在于商业模式重构。2008年IBM对一些企业首席执行官的调查发现，几乎所有接受调查的首席执行官认为任职公司的商业模式需要调整，2/3以上的首席执行官认为有必要进行大刀阔斧的变革，而其中一些企业已经成功重构商业模式。商业模式重构之所以如此受到重视，是因为当前的商业环境正在发生巨大的变化。

首先，人口结构变化和居民收入增长带来了消费理念与消费行为的迅速变化，企业经营行为和消费者消费行为与消费习惯的互动影响日益明显。在需求快速变化的形势下，单纯依靠内生式的发展，企业很难跟上环境的变化。企业需要重新定位客户价值，更准确地把握市场需求的变化，重构满足客户需求的方式。

其次，交通、通信、技术等外部环境因素和研发、制造、物流、营销、服务等企业的资源能力正在发生巨大变化，特别是互联网信息技术的革命性变化，从根本上改变了产业链价值的分布、企业的边界、运营条件及传统商业模式的有效性。企业必须有效利用新技术和存量资源能力，重构商业模式。

最后，金融系统正在发生巨变，金融工具日益丰富，金融市场类型多样。一方面，这提供了评价企业的新标准，要求企业关注投资价值实现的效率、能力和风险；另一方面，金融原理、金融工具和交易机制为企业提供了创造价值、分享价值及管理风险的新工具。企业可以利用金融原理、金融工具和交易机制，扩大市场规模，改变传统业务的现金流结构，解除利益相关者的疑虑或企业自身的分歧，聚合关键资源能力，为利益相关者提供更好的服务。

通常，企业获取竞争优势的战略包括成本领先、差异化和聚焦。在现实竞争中，保持持续的成本领先和差异化极为不易。技术加速迭代带来了后发企业优势，以及包括人为成本、社会责任和规范成本、环境成本、服务成本、原材料成本等在内的企业成本的上升。越来越多的企业发现，面对新的商业环境，仅仅对战略、营销、技术、组织行为等进行调整和改善，越来越难以奏效。企业要消除成长瓶颈、摆脱成长困境，必须重构商业模式，以摆脱规模收益和效率递减、风险和管理难度及经营成本递增的困扰，实现规模收益递增、规模风险递减，保持竞争优势。

在新的商业环境中，企业应系统地设计商业模式的总体架构，把握企业在商业生态中的本质——利益相关者的交易结构安排者，不断根据商业环境的变化，优化或重构商业模式，再造高效成长机制。重构商业模式的内容包括：重新定位满足顾客需求的方式，发现新的巨大成长机会；重新确定企业的业务活动边界，界定利益相关者及其合约内容；重新设计收益来源和盈利方式，转变成本形态，调整成本结构，培育新的持续盈利能力。

中国经济总量不断扩大，已成为全球第二大经济体。中国正在转变经济发展模式，商业环境正在发生翻天覆地的变化，这为中国企业带来空前的挑战和难得的机遇。一方面，商业环境明显改善，增长机会众多，市场空间巨大；另一方面，不少企业面临增长瓶颈，进入规模收益递减阶段，必须重构商业模式。而国内一些引领行业发展潮流的优秀企业，早已察觉商业环境的巨大变化和重构商业模式的迫切性，并着手启动商业模式重构。一些中小企业也通过重构商业模式，在细分市场获得佳绩。在理论创新和工具支持方面，还需要做更多的相关工作。

11.2.2　商业模式重构的时机

企业的生命周期可分为六个成长阶段：起步阶段、规模收益递增阶段、规模收益递减阶段、并购整合阶段、垄断收益递增阶段和垄断收益递减阶段。每个阶段的供求特征和行业状况不同，面对的挑战和机会也大不相同。每个阶段的主要矛盾以及解决主要矛盾的路径也有差异，比如企业在成长初期，可能依靠自己的关键资源能力；到了成长期，需要引入金融等利益相关者以快速扩大规模，同时还要考虑整合上下游的利益主体和资源能力。因此，在向不同的阶段过渡时，企业需要重构商业模式，即重构企业内外交易结构安排。在企业生命周期的六个成长阶段中，重构商业模式的契机主要有三个：起步阶段、规模收益递减阶段、垄断收益递减阶段。抓住这三个重构机会，企业就有可能走出与竞争对手不同的发展道路，从而以内生性、结构性的改变，以新的商业逻辑跳出企业生命周期的传统规律，如图11-1所示。

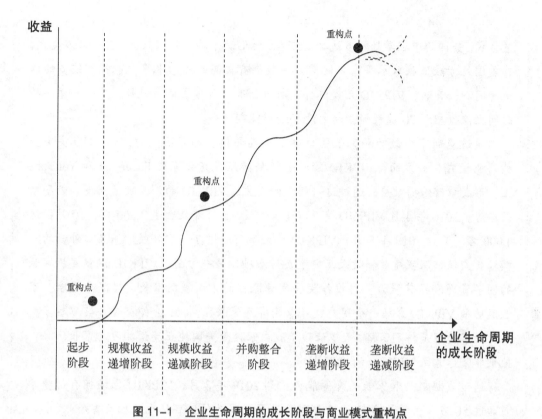

图 11-1　企业生命周期的成长阶段与商业模式重构点

（1）起步阶段

在起步阶段，企业的主要任务是发现商业机会，构想商业模式，并通过实践不断试错和重构。企业之所以创立，是为了满足某类客户的某种需求，或者是为某项技术或者资源寻求商业应用和推广。在起步阶段，企业的第一要素是获得生存空间。起步时，企业资产和员工规模较小，组织架构也简单，商业模式构建和重构所遇到的阻力也会相对较小。

案例 11-1　[VIPKID 的商业模式重构]

从正式上线到估值达 200 亿元，只用了短短三年半的时间——VIPKID 成就了一段创业神话。然而，VIPKID 在起步阶段重构商业模式的往事并不为大多数人所知。

定位为少儿英语培训机构的 VIPKID 独创了包含 7~8 分钟的课前预习视频、25 分钟的一对一互动直播课程、课后线上游戏化的作业和线下复习手册的翻转课堂方式。美国的中小学教师多达数百万人，他们的平均年收入只有3万～4万美元，在美国处于较低收入水平，而他们大多数拥有较高的教学水平，也拥有较多的课余时间。一开始，VIPKID用发邮件、打电话等多种方式邀请教师，然而一年半的时间里仅仅招到20位教师，远远没有达到预期水平。

通过重新审视教师和家长的口碑、圈层和销售的资源能力，VIPKID决定重构商业模式。一方面，VIPKID鼓励老师拍摄短视频分享在Facebook和YouTube上，形成口碑传播效应。通过这一模式的变化，VIPKID的外教数量呈现指数型增长态势。2016年4月VIPKID有2 000名外教，5月外教数达2 500名，10月已达4 000名。截至2019年8月，VIPKID已经拥有超过7万名外教。高品质外教的规模增长为保证课程质量和效果奠定了良好基础。另一方面，VIPKID注重发掘家长的圈层资源和销售能力，用推荐获取免费课程的方式激励家长，提高介绍率。家长成功帮VIPKID介绍一个用户就可以获得免费课程奖励，介绍得越多奖励越多。尤其对家境不是特别富裕，又想让孩子能在家接受美国纯正英语学习的家长而言，他们非常乐意做VIPKID的推销员。

通过发掘教师和家长的资源能力，到2019年8月，VIPKID已经拥有付费学员超过50万人，学员遍布63个国家和地区，成为估值百亿元的独角兽企业。

在起步阶段，企业的资源能力有限，因此重构商业模式并不需要打破原有的路径依赖，有利条件是内部阻力比较小，不利条件是外部借力的可能性也很小。在这个阶段，企业的很多资源能力还未成长起来，很难借助外部的客户资源、供应商资源等渡过难关。此时重构商业模式与创业很相似，实际就是换一种方式创业。一旦企业在起步阶段形成了固定的模式，并由此积累了相关的资源能力，就为今后的商业模式重构同时准备了资源和障碍。

（2）规模收益递减阶段

在规模收益递减阶段，市场的增量需求开始下降，并在某个时点，供给增长等于需求增长，此时市场出现拐点，利润率下降。在这个阶段的大多数企业，资产规模和负债水平显著增加，固定成本递增并呈现刚性，而利润率、投入资本收益率下降，规模收益递减，现金流出的规模增加。内部运营方面，人工成本增加，管理边际效益下降，为满足现金流要求，企业需要增加债务。其中一些企业容易由此陷入经营和财务的双重困境。

这个阶段的企业如果继续保持原有交易结构，那么这种压力毫无疑问将持续存在，直至企业面临的压力在某个环节爆发。在遇到阶段性的成长上限时，企业应当通过商业模式重构来增强企业竞争力、改善经营。企业可以做加法和减法（包括转换成本形态、成本结构），以降低资产占销售收入的比例，减少固定成本等；还可以通过积累的资源能力去发展一些新的盈利点，重新实现规模收益递增。

在这个阶段重构商业模式也存在一些有利因素。随着综合实力增强，企业对各种资源的整合能力也会提升，此时重构商业模式会获得更加充分的支持。特别是行业内的优秀企业，它们具备了某些环节的竞争优势，重构商业模式时可以把不具竞争优势的环节售出或者转为合作，为优势环节重新设立交易结构，寻求以优势环节为中心的市场扩张。通过加法和减法，这些企业在竞争对手陷入困境时，凭借商业模式重构的竞争力实现逆势增长。

案例 11-2 ［万豪的商业模式重构］

控制 2 700 多家酒店的万豪，其固定资产只有 23 亿美元，不到麦当劳的 1/8，仅占公司总资产的 27%。这一秘诀就是在正确的时间重构了商业模式，转换了成本结构。

1993 年，万豪酒店集团一分为二：万豪服务和万豪国际。前者专营酒店地产业务，对名下地产进行证券化包装，即 REITs，为投资者提供投资工具，让万豪享受税收减免，并释放以固定资产形式存在的、地产业务中蕴藏的巨大现金流。后者专营酒店管理业务，几乎不直接拥有任何酒店资产，只是以委托管理的方式赚取管理费收益。

通过做减法，万豪大幅降低了固定资产比率，控制了经营风险。两家公司分离之后，合作仍然紧密：万豪服务融资新建或改建酒店，然后与万豪国际签订长期委托经营合同；万豪的品牌效应则保证了万豪服务的证券化收益。在分离之后，万豪国际在直营的同时还开发了特许业务；经营地产业务的万豪服务则将业务延伸到万豪品牌以外，开始为其他酒店品牌处置固定资产。重构商业模式后，万豪酒店集团的舞台进一步扩大，实现了规模收益递增。

（3）垄断收益递减阶段

当垄断竞争到了一定程度，行业重新进入收益递减阶段。企业的资产与人员规模庞大、管理复杂，加上管制和规范要求，刚性成本上升，原有产品线和业务进入成熟阶段，缺乏增长机会，出现了替代产品或者成本更低的企业，企业经营和财务风险增大。

进入垄断收益递减阶段的企业，要么拥有丰富的产品线，要么通过横向并购等方式消灭了主要竞争对手，形成了专业化寡头公司。前者会因产品线复杂而陷入管理成本巨大的困境，后者则可能面临单一专业化市场经营风险过大的问题。当面临这种状况时，优秀企业会重构商业模式，追求新的增长点，让企业焕发新的生机。在这一阶段重构商业模式一般有三种做法。

一是企业选择重构已有资源能力。以 IBM 为例，其从开始的单纯卖设备升级为提供硬件整体解决方案；通过中间件的布局，又升级为软件整体解决方案提供商，以软件拉动硬件系统的销售；之后又以多年的 IT 运营经验为基础，并购普华永道咨询业务，实现在软硬件集成基础上的知识集成。这个过程既源于已有资源能力，又不拘泥于原有资源能力，在传承之上持续拓展，重构商业模式。

二是企业追求不相关多元化运营。这是很多中国企业最直接的选择，也是类似通用电气这样的企业曾经辉煌的路线。然而，全球范围内不相关多元化运营成功的例子委实乏善可陈。从商业模式的视角看，不相关多元化运营并不是交易结构的改进，而是资源能力的溢出，是在新业务上重构新的业务形态，进入新行业以重新回到规模收益的初期阶段。然而企业同时要面对内部管理指令与不相关多元化业务的不匹配，以及由此带来的内部管理成本——实质上也是交易成本，因此容易导致失败。

三是做企业内部的企业风险投资。以英特尔为例，公司对相关事业群（包括供应商、销售体系、互补产品、技术创新）进行风险投资，为公司发掘新的成长事业、技术和市场机会，同时为英特尔现有的核心技术与核心产品寻求可以利用的外部资源，以提高市场竞争力。截至 2008 年第一季度，英特尔在 45 个国家和地区共投资 75 亿美元，约 1 000 家科技公司，其中 150 家以上的创业公司上市，160 家创业公司被并购。企业风险投资从交易关系和治理关系两方面，打开了重构企业商业模式的一扇新窗户，挖掘了企业已有资源能力，拓展了交易价值空间。

11.3 商业模式重构要素与方法

11.3.1 商业模式重构要素

在商业模式的六个要素中，前五个要素都是重构的对象。

（1）重构定位

定位是企业满足客户需求的方式。这个定义的关键词是方式。企业选择什么样的方式与客户交易，决定因素是交易成本。寻求交易成本最小化，是企业选择定位的动因。交易成本由搜寻成本、讨价还价成本和执行成本三部分组成，好的定位能够降低其中的某一项或某几项交易成本。例如，连锁模式增加了与客户的触点，降低了客户的搜寻成本；中介模式为交易两边的客户缩小了谈判对象规模，降低了讨价还价成本；网上支付模式突破了银行运营时间、地点的限制，为客户降低了执行成本；整体解决方案模式为客户减少了交易商家数量，同时降低了搜寻成本、讨价还价成本和执行成本。重构定位就是寻找和选择交易成本更低的需求满足方式。

案例 11-3 [通用电气：从制造转向服务]

1981年杰克·韦尔奇接任总裁时，通用电气的股票市值为131亿美元。通用电气是一个包括工业制造和消费品生产的多元化制造型企业集团。20世纪80年代初期，企业成功获得超额收益的关键在于以质量和价格赢得更多的市场份额。到了20世纪80年代中期，由于制造能力过剩，客户选择权增强，企业的竞争优势和利润面临严峻挑战。新的利润区正从产品本身转移到产品出售以后的业务活动，好产品只是客户需求的一部分，服务和金融比直接销售产品的收入和利润高出数倍。

因此，韦尔奇将通用电气的定位从产品制造转为提供服务导向的整体解决方案，具体包括产品+系统设计、融资服务、维护与技术升级服务等。客户服务解决方案所需的产品、技术等资源可以从外部获得，不一定完全由自己制造。

经过定位重构，通用电气股东价值业绩突出。股东价值与销售收入的比值从1981年的0.5上升到1997年的2.7，股东价值年增长率为19.9%。

（2）重构业务系统

交易结构最直观的体现就是业务系统。重构商业模式，离不开业务系统的重构。参与商业模式的利益相关者不仅包括产业价值链上的合作伙伴和竞争对手，如研发机构、制造厂商、供应商、渠道商等，还包括企业内部的员工和金融机构等。设计与这些利益相关者的交易内容与交易方式，是企业商业模式构建的核心。业务系统直接决定了企业竞争力所在的层级。当现有业务系统不足以建立或者保持竞争优势时，企业就要及时重构业务系统，改变原有交易结构，提升竞争力层级，以获取竞争优势。

案例11-4 [51信用卡业务系统的重构]

51信用卡多次重构业务系统，最终完成从理财工具到金融生态的转型升级。51信用卡最开始的商业模式是：作为一个工具，帮助用户快速抓取邮箱里的信用卡账单，进行账单管理，并提醒用户每个月的欠款金额和还钱时间。通过这一业务系统，51信用卡很快获取了3000万用户。

接下来，51信用卡基于用户变现开始重构业务系统。51信用卡与广发银行展开深度合作，以在线的方式帮助广发银行推广信用卡，广发银行需要一个季度才能完成的发卡目标，51信用卡一个月就实现了。当时，51信用卡一天就有30万～50万元的营业收入。

51信用卡马上发现，要想获得更大的价值，需要让每个用户每次贡献的价值更高，且要延长每个用户的生命周期。然而，51信用卡将用户导流给广发银行，只赚取很少的佣金，客单价很低，也无法继续从用户身上获取价值。而广发银行得到这些信用卡用户，可以鼓励他们刷卡消费，通过分期还款源源不断地赚取利息。于是51信用卡与宜信金融合作，开发了"瞬时贷"贷款产品，由宜信负责风控规则的设计。"瞬时贷"在51信用卡的一个二级页面上有一个入口，不必与客户见面，通过客户账单数据加上用户社交媒体数据交叉印证即可防止欺诈。51信用卡的用户都有账单且被银行验证，放贷风险比较小。"瞬时贷"上线初期，每天都有1000多人申请贷款，每人的金额为3万～6万元。

接着，51信用卡组建了金融风控团队，开发了自己的"51人品"贷款服务App。与"瞬时贷"相比，"51人品"可以定更低的贷款利率以吸引用户。据统计，51信用卡的用户每月被银行扣除30亿元的生息费用，背后的生息资产高达3000亿元，这相当于银行给51信用卡用户发放的贷款额高达3000亿元。"51人品"的利息低于很多网贷平台，而且放贷金额又比普通的银行信用卡高，方式更灵活。

2015年年底，51信用卡并购了"99分期"，整合出一款针对无信用卡人群的新产品——"给你花"，贷款金额为3000～5000元，还款期为半年。此外，51信用卡还通过成立产品投资基金以丰富产品和生态，与多家城市商业银行开展业务合作以获取低廉的资金来源等，不断重构业务系统以实现爆发式的增长。

（3）重构盈利模式

盈利模式是按利益相关者划分的收入结构和成本结构，是企业利益相关者之间利益分配格局中企业利益的表现。盈利模式包括盈利来源和计价方式。当原有盈利模式不再有效、企业面临盈利困境、计价方式缺乏吸引力时，企业就应该重新审视盈利模式是否有重构空间。

一般来说，盈利来源有以下选择：直接销售产品，出让产品的所有权；把产品租出去，出让使用权而保有所有权；对于生产资料，销售用该生产资料生产出的产品，直接满足终端需求；在稳定生产下游产品的同时，把原产品以固定收益证券化资产包的方式，卖给固定收益基金，企业得到流动资金；等等。而计价方式也有很多：以量计价、以时间计价、以收益的固定和剩余价值计价等。盈利模式重构就是在这众多的可能性中选择最适合的选项与组合。

案例 11-5 ［猪八戒网：重构盈利模式］

成立于2006年的猪八戒网，发展到2014年已经成为涵盖创意设计、网站建设、网络营销、文案策划、生活服务等多种业务的众包平台。此时，猪八戒网买家和卖家的交易方式主要是悬赏模式与店铺模式。悬赏模式是：雇主发任务，设置任务赏金，并由平台托管赏金；有能力的威客接受任务并完成后，雇主若判定其任务合格，则将赏金打给做任务的威客。悬赏模式的问题在于受众面过小，只适合拼创意的小单，不太适合金额高、开发周期长的项目。店铺模式是：买家发布需求后，卖家报价，然后买家选择一个卖家去做一对一的交易。猪八戒网的盈利模式是：利用中介价值赚信息不对称的钱，其交易佣金收入占总收入的90%。这种盈利模式最大的问题是跳单，即买方和卖方跳过猪八戒网完成交易。

2014年，猪八戒网认识到互联网是一个没有围墙的世界，把用户"圈养"起来"薅羊毛"的盈利模式是不可持续的，由此开启了重构盈利模式之路。猪八戒网彻底免除佣金，依靠商标注册、知识产权、财税金融等延伸服务赢利。原来佣金占平台收入的90%以上，免除佣金后，延伸服务收入占平台收入的约70%，而且平台交易更活跃，会员费和广告费收入也进一步增加。到2018年，会员费和广告费占平台总收入的近30%。

新的盈利模式使猪八戒网沉淀的买家数据、卖家数据、原创作品数据、用户和订单交易行为数据快速增长，猪八戒网可以靠海量的数据为用户提供延伸服务。

为了匹配新的盈利模式，猪八戒网成立了"商镖局"，在原有的商标设计服务的基础上，引入商标注册服务。企业完成注册后，在交易阶段、面对纠纷及"走出去"时，都需要服务机构的介入。在知识产权领域，猪八戒网成立的"八戒知识产权"，已经成为国内最大的知识产权服务商。除了知识产权服务，猪八戒网延伸的服务还包括财务代理服务、印刷服务、金融服务、教育培训、创业产业园服务等。猪八戒网的新盈利模式延伸出的每一个服务都有千亿级的市场，未来想象空间巨大。

（4）重构关键资源能力

关键资源能力是商业模式运转必需的、有形或无形的、重要的资源和能力。商业模式不同，背后支撑的关键资源能力也不同。每个企业在成长过程中都积累了各种各样的关键资源能力。

随着商业环境或企业业务目标的变化，原有关键资源能力是否适应新商业模式发展的要求，企业应当进行系统审视。对于不适应新环境或新目标的关键资源能力，企业要及时予以转型或舍弃。反之，企业要及时培养新商业模式下必需的关键资源能力。

案例 11-6 ［Google 的转型］

2015 年以前，Google 最普及的应用就是搜索引擎。一边是为用户提供搜索结果，另一边则是与关键词相关的广告栏，用户每次点击都可以让 Google 获得广告收入。这就是最早的 AdWords 关键词模式。随后，Google 把这种模式复制到更多的中小网站上，形成 Adsense 联盟模式。中小网站一般是针对某个领域的垂直网站，内容相对聚焦，但每家的浏览量并不高。Google 联合这些中小网站分发广告主的广告业务，使 Google 的影响力进一步增大，同时让这些中小网站获得收益。随着互联网广告的扩容，一个广告主通常需要面对几十乃至上百个发布者，这催生了专门为供需双方服务的互联网广告交易平台 Ad Exchange。Google 旗下的 Double Click 就是 Ad Exchange 平台之一。每家 Ad Exchange 平台的看家本领是数据管理平台 DMP，DMP 能整合分散的数据并纳入统一的技术平台，对这些数据进行标准化和细分处理，并把结果推向广告交易平台。由此，广告主就可以知道访问广告位的用户对什么感兴趣了。Google 凭借多样的数据来源和过硬的技术，掌握了这种广告交易平台模式的关键资源能力，成为其中的领先者。

而新 Google 则试图建立完全不同的资源能力。2015 年 8 月 10 日，Google 宣布对企业架构进行调整，创办一家名为 Alphabet 的"伞形公司"，分离旗下搜索、YouTube 及其他网络子公司与研发投资部门。重整后的 Google 成为 Alphabet 母公司下的一家子公司，并且只含有与之前广告变现模式相关的一些业务板块，包括搜索、安卓、YouTube、安卓手机移动应用、地图、广告业务等。而包含无人驾驶汽车、无人机、可穿戴眼镜等各种超前黑科技业务的 Google X 实验室、生命业务公司 Life Sciences、Verily、智能家居公司 Nest、超高速千兆光纤公司 Fiber，以及投资公司 Google Vertures 和 Google Capital 等之前包含在老 Google 内的创新业务，都将直接分拆为与 Google 一样的子公司并归属于 Alphabet。

新 Google，也就是 Alphabet 及旗下子公司，已经从一个靠搜索和广告盈利的公司转变为一个孵化平台。基于自身的搜索和互联网基因，Google 重构了资源能力，鼓励内部孵化和外部投资，对未来领域进行布局，形成多元化结构。当然，每一个领域的投资能否成功，还有待时间的检验。

（5）重构现金流结构

现金流结构是在时间序列上按利益相关者划分的企业现金流入和现金流出的结构。相同的盈利模式可以对应不同的现金流结构，对交易价值的影响也不同，长期持续的交易既可以选用预付费方式，也可以采用现结方式。对于前者，企业使用的是用户的资金，可以提前获得充沛的现金流；对于后者，企业则需要先将自身的现金流投入运营服务。在客户初期投入较大的情况下，借助金融工具，采用分期付款或融资租赁，降低客户一次性购买门槛，无疑会吸引更多的客户。

当企业面临现金流压力时，就要考虑重构现金流结构以改善商业模式。在设计与客户交易的现金流结构的同时，企业一方面要考虑和评估不同现金流结构对企业资金压力的影响，另一方面可以引入新的利益主体——金融机构，借助不同的金融工具化解现金流压力。

案例 11-7 [名创优品的现金流重构]

成立于 2013 年的名创优品，到 2018 年已在全球 79 个国家和地区开设了 3 500 多家门店，营业收入达 170 亿元，员工突破 30 000 人。名创优品以加盟店为主，在其他连锁企业的基础上巧妙重构现金流结构是名创优品快速扩张的秘笈。

以一家面积为 150 平方米的标准名创优品店为例。加盟商首先要缴纳 20 万元的品牌使用费、80 万元的货品保证金（退出返还），承担约 50 万元的货架和装修费、150 万元的房租和流动资金，总投入约 300 万元。

店铺的货品由名创优品公司免费提供，统一上架，店员由名创优品统一培训，店员工资、社保由名创优品代发、代缴。店铺开业后，每天总营业收入中的 62% 归名创优品所有，剩余 38%（食品为 33%）是加盟商的收入，在第二天由名创优品转入加盟商账户。加盟商无须承担任何运营事务：加盟商每天分现金，而且只负责投资和开店，后面的经营管理由名创优品负责；滞销、库存、损耗等都与加盟商无关，全由名创优品负责。若加盟商的加盟费不够，则可向名创优品的核心控制人叶国富名下的 P2B 理财平台——分利宝申请借款，年利率为 18%。

名创优品现金流结构的背后是：由于名创优品在渠道谈判中的话语权极大，能够吸引最优质的店铺资源，因而能大幅缩短回报周期。名创优品全国单店平均日营业额为 2 万元，加盟商一年就能够分到 273.6 万元，这对加盟商无疑有着较大的吸引力。

11.3.2 商业模式重构方法

基于商业模式的要素，可以从定位、业务系统、盈利模式、关键资源能力、现金流结构五方面入手重构商业模式。而从商业模式本质上看，交易价值、交易成本和交易风险是商业模式重构关注的核心问题，围绕这个核心，商业模式重构的方法有如下选择。

（1）从固定成本结构到可变成本结构

固定成本和可变成本看似由行业特征决定——很多行业的成本结构是约定俗成的，然而只要进行重构，就有可能实现从固定成本结构向可变成本结构的转变。

案例 11-8 [苏威与宝洁的成本结构调整]

> 苏威（Solvay）集团是一家总部设在比利时首都布鲁塞尔的知名制药公司，在全球 50 个国家拥有近 2 万名员工，2009 年全球销售额达到 85 亿欧元。昆泰跨国公司（Quintiles Transnational Corp.）是一家世界领先的制药服务机构，向世界 20 家顶级药物公司中的 19 家提供服务。2001 年，苏威集团将研发外包给昆泰，约定苏威按昆泰的研发给自己带来的实际效益支付研发费用。合同公布时，两家公司的股价开始上涨。五年的合作成绩斐然：苏威完成了三个第三阶段临床试验计划，提前完成了两种成分药从第二阶段到第三阶段的试验计划，为其他两个项目提供了第二阶段结论性数据并终止项目，提前释放了研究资源。苏威首席执行官 Werner Cautreels 认为，和苏威独立研发相比，与昆泰的合作，使苏威的项目推进得更为快速、灵活性也更高。
>
> 和苏威相比，宝洁走了一条更为开放的道路。2000 年，雷富礼被任命为宝洁公司 CEO，其上任后的第一件事就是大刀阔斧地整顿研发部门，提出"开放式创新"的概念，把研发改名为联发，创立创意集市网站，在上面发布解决办法的需求信息并寻求回应。雷富礼计划到 2010 年引入 50% 以上的外部创新，事实上，这个目标在 2006 年就提前实现了。2007 年，宝洁建立了"C+D"英文网站，全球研发人员都可以在"C+D"网站上提交方案，并在 8 周内得到回复。网站上线一年半就收到来自全球各地的 3 700 多个方案。2004—2008 年，宝洁公司的研发投入不断增加，但研发投入占销售额的比例却从 3.1% 下降到 2.6%。开放式创新取得了巨大的成功。此外"C+D"网站还负责出售宝洁自己的专利，宝洁从中也获利不菲。

对现代企业而言，产业链条上各种利益相关者的种类齐全、数目繁多，任何一种需求都有可能通过合作伙伴得到满足，这为固定成本转变为可变成本提供了前提条件。从设计和实施的角度来说，把固定成本结构变为可变成本结构有两个方向。第一个方向是改革企业成本结构。企业通过合作把原本需要大规模投入的固定成本变成可变成本，节约了成本，提高了增长率，降低了运营风险。第二个方向是设计将固定成本转为可变成本的交易结构，并应用于客户，这类应用包括房地产按揭、以租代买、提供外包服务等。通过把固定成本结构变为可变成本结构，企业有效地降低了投资及管理成本，打破了扩张的关键资源能力约束，同时降低了客户的使用门槛和当期的购买压力，增加了交易价值。

（2）重资产向轻资产转换

轻资产的概念起源于2001年，很多明星企业执行轻资产战略，如耐克。在很长一段时间里，轻资产战略似乎成了企业发展的一个必然选择。随着企业竞争力和软实力的增强，不少企业剥离重资产，将企业资产从重变轻，这似乎成为了一个流行趋势。

从商业模式的角度来看，轻重资产的转换，其实是重构交易模式的一种选择，是一种手段而不是目的。是否选择轻资产战略，很多时候与交易结构的选择有关。评价轻重资产的最终依据是企业关键资源能力与交易结构的匹配程度，以及交易价值是否最大化。

一般而言，轻资产模式指企业自有资源能力的杠杆率高，有两种具体解释。第一种解释是固定资产少，可变资产多。轻资产就是通过合适的交易方式，将交易中固定资产产生的固定成本转变为可变成本。第二种解释是企业重点构建产品设计、品牌建设、营销渠道、客户管理等方面的软实力资产，而把自己不具备优势或难以管理的业务环节交给合作伙伴，从而减少自身的投资和管理成本。轻资产的实现策略有两种：一种是一开始就设计轻资产商业模式；另一种则是随着企业发展重构商业模式，从重转轻。

重资产模式指企业持有的资源能力杠杆率低，特别是固定资产类的资源比较多，在业务管理和运营能力方面的投入较大。企业究竟该选择重资产模式还是轻资产模式，需要进行综合评估，没有证据表明轻资产模式就一定比重资产模式高效或交易价值更大。

企业在刚进入市场的时候，受先天条件所限，往往采取轻资产模式，选择产业链中自己收益最大的环节，这就是典型的轻资产模式。在企业实力逐步提升的过程中，企业发现自身在相关的其他价值链环节具有更强的行业控制力，开始进行重资产的结构调整，目的是凭借关键资源能力获得更大的交易价值；而在进入成熟阶段、资产收益比较稳定的情况下，企业可以将资产本身以固定收益证券形式售出，在借助资产运营管理能力获得资产剩余收益的同时，回归轻资产模式。

（3）盈利来源多样化

传统企业的盈利来源往往十分单一：依赖主营业务获得直接收入，企业自己支付成本、承担费用。随着竞争加剧，收入的边际贡献降低，而边际成本不断增加，企业很容易陷入经营的不良循环，这时就要考虑从盈利模式多样化的角度实施商业模式重构，扩展盈利模式。盈利模式的一个可行选择是：专业化经营，多样化盈利。企业规模的扩大会给企业带来内生的资源能力，这些资源能力可以支撑企业不断开辟新的收益来源。虽然主营业务利润率可能下降，但是净资产收益率和投资价值可以持续递增。

案例 11-9 ［赫兹租车的盈利来源］

> 赫兹（Hertz）租车是全球最大的汽车租赁公司，在150多个国家拥有8 100多家营业门店，能提供55万辆来自福特、通用和丰田等厂家的汽车。赫兹租车通过规模优势创造了多个收益来源。第一，由于赫兹的采购量大，汽车厂商给以高折扣优惠。赫兹70%的车有回购协议，剩余30%可通过二手车销售部门卖出。赫兹的车辆一般只使用一年，一年后还保有八九成新，不管是被汽车厂商回购还是在二手市场销售，都能够以与购买时差不多的价格售出。赫兹用新车的价格做租赁生意，却让汽车厂商分摊了最大的一笔固定成本，等于让汽车厂商免费提供新车。第二，由于赫兹租车的广告经常出现汽车的形象，汽车厂商由此也分担部分广告费用。第三，赫兹和航空、铁路、酒店、银行、旅行社、邮政快递、传媒业等合作，不但获得了很多客户，而且让合作伙伴分摊了部分营销成本。多元化的角色为赫兹带来了多样化的收益来源。最近20年里，赫兹收入年均增长率达到7.7%，位列"全球100个最有价值品牌"。

（4）利益相关者角色的多元化

每个利益相关者都是一个复杂个体，拥有各种不同属性。如果能充分挖掘每个利益相关者各种属性之间的关系，并在设计和重构商业模式的过程中恰当运用，往往就会收到意想不到的效果。

案例 11-10 ［三圣花乡］

> 自2004年起，中央连续多年出台"一号文件"聚焦"三农"。这一方面反映了政府对"三农"问题的关注，另一方面也映射出解决"三农"问题的难度和复杂性。"三农"问题的难度和复杂性的根源，在于农村产业结构单一，以及由此导致的农民在产业中扮演角色的单一。如果改变思路，发挥农民在交易模式中多元化属性的优势，就有可能带来不同的效果。

> 成都市锦江区三圣花乡在城市乡村旅游市场上设计了一种商业模式，倾力打造五朵金花，赋予农民多元化的角色，通过重构农村商业模式破解"三农"难题，取得了令人赞叹的成果。在三圣花乡的商业模式中，农民至少可以选择五种角色：土地出租人、工人、老板、股东、参保人。五种角色对应五种收入来源：
> - 出租土地，获得租金；
> - 到企业打工，获得工资；
> - 开办服务业，获得投资收益，例如农家乐、景区的车辆服务，工艺品制作等；
> - 入股宅基地，获得企业和艺术馆等外来投资实体的股份分红；
> - 参与社会保障获得福利收入，农户达到社会保障条件后，每月可领取固定的养老金、低保金、报销住院费等福利性保障收入。
>
> 不是每个农民都会同时扮演五种角色，但同时扮演三四种角色，获得多种收入来源，对三圣花乡的农民来说是再普通不过的事情。三圣花乡农民的人均收入远远超过周边区域，老百姓对政府的满意度为100%。

（5）从刚性到柔性

随着企业规模的扩张，企业沉淀的固化的资源和约束越来越多，比如预算的刚性、资产的刚性、成本的刚性等。刚性的增加一方面是企业规模扩张和实力增强的标志，另一方面意味着企业灵活性下降，柔性不足，抵御系统风险的能力下降。

在这样一个阶段，企业应该重构商业模式，化解过高的企业刚性，同时从内部管理的角度提高企业的运营效率，降低企业的经营风险。

柔性的商业模式重构核心仍然是切割、分拆和重组业务活动，将其中刚性较强的部分交给适合的利益相关者，而焦点企业掌握最为柔性和核心的业务活动，包括通过信息流撬动产品流、服务流和现金流；通过交易结构整合所有业务活动；通过软一体化的管理掌控业务流，以管理跨企业的业务流程协作等，完成全部交易活动。

11.4 商业模式重构的挑战

商业模式重构无疑是充满挑战的，它意味着打破原有的交易模式，重新构建所需的关键资源能力，改变利益格局，影响局部的利益最大化的交易主体等。在此过程中，企业要舍弃很多以前赖以成功的经验，要从认知上更大程度地洞察整个商业生态，要在内部资源的动员上付出巨大的努力。而商业模式重构带来的巨大价值，则是推动商业模式重构的最大动力。

11.4.1 理念障碍

企业的成长有赖于企业家的理念，包括价值系统和基本认知。重构商业模式，首先要重构企业家的理念。

（1）对企业本质的认知

对企业本质的认识决定了企业家的格局和视野，也决定了企业商业模式重构的成败。传统经济学认为，企业的本质是以达成交易成本和管理成本总和最小化为目标的经济组织。新制度学派企业理论认为，企业和市场一样，也是利益相关者合约关系的总和，是解决利益冲突的合约结构安排。根据这个定义，不同的商业模式，涉及的利益相关者类型、层次和责权利分配方式等也不同。企业都有自己的边界，但企业并不是一个边界封闭的组织。企业家应当打破传统的企业理念和企业边界，以开放的心态与利益相关者动态竞合。

（2）企业价值理念

大多数企业非常关注资产规模和销售规模，而市场其实更关注企业的投资价值，即企业预期未来可以产生的自由现金流的折现值。好的商业模式，企业价值实现效率更高，即同样的资产规模，能创造出更充沛、更持久的自由现金流。

因此，评价企业是否成功的标准就是它所创造的现金流折现值总和能否最大化，反映到资本市场就是高企业价值。单纯依靠人力资本、资产规模提高企业估值，不是企业追求的目标。

（3）管理控制理念

很多企业很在意控制权，特别是控股权。企业之间合作，矛盾的焦点往往也是寻求控股地位。强调法律意义上的股权控制，增加管理和监督环节、层次和成本，解决的是企业运营层面的控制力和风险问题。实际上，企业法律所有权与价值驱动因素控制权并不一致，甚至是分离的。随着企业知识密集程度的增加，业务发展和增长机会与有形资产的关联度反而降低，而与人力资本高度相关，但这些人力资源并不能真正由法律上的企业所有者控制。

因此，最好的控制是借助组织能力等软实力，通过优化商业模式，以价值分享或增值的方式吸引利益相关者，与利益相关者形成收益激励、违约惩罚、风险分担的动态合约。这种方式可以有效解决信息不对称、逆向选择、道德风险问题，减少管理协调监督的成本。

(4) 企业生态理念

传统商业竞争的目的是独占整个市场，获得最大化的利益。然而，商业模式重构要求企业善于与合作伙伴分享未来收益，扩大总体交易价值。因此，企业商业模式重构的一个关键因素就是商业生态系统理念。企业只有在共赢共生的基本理念之上设计和重构商业模式，才能组合更多的利益相关者，让大家参与交易的意愿更强，从而创造更大的利益。

11.4.2 能力障碍

除了对商业生态理念的认知，企业在重构商业模式过程中，也会遇到能力方面的障碍，这种障碍可能是难以突破原有的能力桎梏，也可能是难以建立新领域的关键资源能力。

(1) 路径依赖

每个成功的企业都有赖以成功的因素，由于行之有效，久而久之这些因素就成为企业发展的规则，内化为企业价值观和企业文化。当市场出现大的变动时，企业总会依赖以往的成功经验去解决新的问题。然而，时代已经改变，运用原来成功的经验原封不动地应对新的市场，其结果不言而喻。而新市场、新环境需要新的资源能力，这又往往是传统企业所不具备的。企业一方面害怕抛弃原有能力，另一方面又缺乏开放的勇气拥抱新的变化，就会陷入进退两难的尴尬境地。这也是商业模式重构中的一项巨大挑战。

每一项新技术的出现，每一次商业环境的变化，都是一次行业洗牌的机会，结果往往是新兴企业赶超传统企业，而不是传统企业维持市场优势。很多时候，传统企业的失利正是缘于路径依赖：固守传统优势不愿放弃，做不到自我颠覆。比如柯达胶卷曾经统治全球胶片市场，而数码相机的兴起并没有引起柯达的充分关注和积极应对，于是柯达在数码摄影时代颓然陨落。类似的例子还有诺基亚——功能手机领域曾经的绝对霸主，但是在智能手机市场爆发性增长最关键的时间段，诺基亚却犹犹豫豫，错失转型良机，最终被微软以 1 美元收购。这些令人扼腕的企业经历，背后的答案都很简单：路径依赖。延续过去的成功模式来应对新的市场环境，无异于刻舟求剑。

（2）打破惯例

缺乏想象力的企业似乎早已认定每个行业只有一种特定的商业模式。在设计、生产、销售、服务等业务链条，可以选择的只有专业化、纵向一体化、横向一体化等战略。然而任何一个行业，其业务链上都可能有很多种可切割与重组的方式，也可以引入新的利益主体重构交易方式，以此获得高企业价值。

任何一个行业的颠覆者，总能从习以为常的视角中，找到差异化的重构商业模式的机会。随着互联网技术的普及，大量行业面临行业的重构与洗牌，打破传统的惯例就显得尤为重要，这不仅是未来发展的需要，也是在新的环境下企业生存的基本法则。以 IBM 个人计算机为例，在苹果已经研发出第二代个人计算机 Apple II，并获得巨大的商业成功的情况下，IBM 个人计算机要想在短期内赶超苹果，不但要走不同于苹果的道路，还要打破 IBM 大型计算机成功的经验。IBM 做到了。与苹果的封闭架构不同，IBM 个人计算机采用了英特尔微处理器和微软 MS-DOS 操作系统的组合，其他的外围设备、软驱等采用供应商最便宜的元件，IBM 唯一做的事就是整体研发和组装。在销售方面，IBM 个人计算机销售也打破了以往由内部业务代表销售大型计算机的惯例，而是将销售环节交给经销商。IBM 个人计算机的性能不如同期的苹果，但更为开放的颠覆性商业模式无疑更吸引合作伙伴和客户。1981 年，刚创立一年的个人计算机部门就为 IBM 贡献了近 10 亿美元的收入，并在 1983 年占有企业个人计算机市场的 75%。

（3）从熟悉到陌生

企业重构商业模式，或者推翻原有模式重新构建，或者基于已有模式基础进行优化设计，不管选择哪种，都要面临从熟悉领域到开拓新疆域的挑战。

面对全新的陌生疆域，企业可以选择不同的策略。比如，一些企业选择较为激进的方式，进入行业的最前沿，承担最大的风险，也能够获得最大的回报预期。另一些企业则选择"跟随战略"，比如腾讯在决策是否开展某个互联网新业务时，马化腾有三问：这个新领域的业务你是不是擅长？如果你不做，用户会损失什么？如果做了，在这个新的项目中你能保持多大的竞争优势？这三个问题貌似激进其实稳健，腾讯由此进入了门户、博客、输入法、邮箱、网络游戏、社区网站等新领域，实现后来居上。

和开拓新业务相比，开拓新市场可以重构的方式更多，常用的如授权。授权有很多不同的业态，比如在动漫行业，做内容的企业很喜欢把动漫形象授权出去。迪斯尼通过授权，专注于动漫创作这一熟悉领域，而把开拓新疆域的任务交给其授权合作伙伴，用最小的投入获得最大的收益。连锁加盟是另外一种常见的授权方式。连锁企业拥有品牌、管理流程和后台支撑资源，加盟商则拥有资金和当地的运作资源。连锁企业和当地加盟商合作，前者实现了市场拓展，提升了企业价值，后者则获得了支持，得到了对应的投资收益。

小　结

在外部环境发生巨大变化的时期，企业需要重构商业模式。企业可以根据企业生命周期的六个成长阶段，找到商业模式重构的时机并分别提供相应的重构方案。重构商业模式仍然遵循商业模式的要素框架及要点。重构商业模式可以从固定成本转化为可变成本、轻重资产转换、盈利来源多样性、利益相关者多元化、从刚性到柔性等方面展开。商业模式重构过程充满了挑战，包括理念障碍、能力障碍等。

关键术语

商业模式重构；企业生命周期

讨论案例

2018年上海市户籍、60岁以上老年人口总数突破500万，而这一数字仍在逐年增长，养老问题已经成为一个不容忽视的现实。常规的养老模式是把老人送到养老机构，这些养老机构需要投入场地、人员和运营成本，价格往往较高，而且服务态度和服务资质达标的员工非常短缺。针对这种情况，上海市探索"9073"养老模式，即90%的老人依靠居家养老，7%的老人依靠社区养老，3%的老人依靠机构养老。居家养老所需要的保姆等服务资源的供应数量仍存在不足。

一个名为新沪商社区老年互助关爱行动的公益项目，正在试图用不同的思路解决居家养老问题。这个项目被形象地称为"老伙伴"计划，即每个社区成立一个服务站，以社会捐款资助组织招募社区65岁以下的"小老人"作为志愿者，以居家为基础，以社区为依托，以机构为支撑，打造"没有围墙的养老院"，服务70周岁以上的老年居民。申请该项服务要符合一定的要求，并且接受专业机构的上门评估，经街道公示后才能享受服务。志愿者按小区所需照顾的高龄老人人数配备，通常是每5户高龄老人由1名志愿者负责。志愿者和70岁以上高龄老人住在同一社区，陪聊天、打扫卫生、陪同看病取药等都很方便。通过"精神慰藉、急难相助、邻里关照、老年互助"为社区老人服务，帮助居家养老的老年人安度晚年。

一般来说，做志愿者的老人刚刚退休，时间充裕、体力较好，而且退休时又存在失落心理，帮助他人会得到被需要的感觉。那么，如何保证志愿者会持续付出呢？这个公益项目按服务时间积分，志愿者根据积分每年平均可以获得5 000元补助。但这些钱不是直接支付现金，而是通过年度体检和旅游、发放红包或油米、现金表彰、优先获得志愿者服务等方式体现。这种灵活的"福利激励"，使志愿者们既能获得一些鼓励，又能够认同自己所做工作的意义，从而得以将工作持续下去。

这个养老公益项目从2010年9月开始试点，2011年在上海市的30个居民区推广，到2014年已经在74个社区建立了63个义工站、招募了540名志愿者、结对了3 084名高龄空巢特困老人。

讨论题

1. 新沪商社区养老模式与传统模式的优劣势分别是什么？
2. 新沪商社区养老模式对商业模式的哪些要素进行了重构？
3. 重构养老商业模式有哪些挑战？这种社区养老模式是否可以持续下去？

第12章

业务系统类型与典型商业模式

学习目标

- 了解业务系统类型
- 理解双边平台型商业模式的概念和业务系统的特征
- 理解单边平台型商业模式的概念和业务系统的特征
- 理解软一体化商业模式的概念和业务系统的特征

导入案例

黄河上游水电开发有限责任公司（以下简称"黄河公司"）是国家电力投资集团公司控股的大型综合性能源企业，公司成立于1999年10月，总部位于青海省西宁市，是青海省最大的电力投资商。截至2017年年底，黄河公司电力装机投产规模近1 600万千瓦，其中清洁能源占比超过90%。依托电力生产优势，黄河公司还开展了晶硅产品、太阳能电池及组件、电解铝及镍矿资源开发业务。其中镍钴是生产三元锂离子电池重要的金属材料，具有非常广阔的应用前景。然而从镍钴矿到电池生产的产业链条很长，而黄河公司并没有直接掌握产业链相关的技术能力。因此，在已取得资源开发权的格尔木夏日哈木镍钴矿的开发上，黄河公司进行了非常巧妙的设计。

在矿山采选环节，黄河公司与具备丰富行业经验的甘肃金川公司合作，采用"合资＋委托管理"的方式，由金川公司运营选矿厂及管理尾矿库等，黄河公司设立矿区实验室，对矿区的生产工艺和指标进行监测与管理。这样大幅降低了黄河公司的前期投资和项目风险，降低了技术和施工成本，提高了资源利用率和施工效率。由于夏日哈木镍钴矿要求露天开采，生产成本只有金川公司现有矿山生产成本的30%，因而具有极强的竞争力。黄河公司则利用矿区太阳能、风能等，建设新能源智慧微电网，为矿山生产提供能源供应。

在镍钴冶炼环节，由于国内产能相对过剩，黄河公司在冶炼环节选择与金川公司合作，采取给料代工的方式。黄河公司支付加工费，省去高昂的固定资产投入，获得高冰镍或硫酸镍等冶炼产品。

在深加工环节，初级产品可以应用在动力电池、储能电池两大领域。在动力电池方面，黄河公司引进掌握先进的三元前驱体生产技术、三元正极材料生产技术的企业，在青海建立合资工厂，并以电动汽车生产厂商为间接合作伙伴，锁定下游市场。在储能电池方面，黄河公司选择与比亚迪开展合作，进行三元电池原材料及储能电池的生产，用于发展太阳能电站和储能电站。

在整个产业链条，黄河公司一方面充分利用青海省最大的清洁能源生产企业的优势，解决这些合资合作工厂的能源供给问题，同时促进电力生产；另一方面充分利用镍钴原材料和储能市场的优势，以开放的合作方式，在没有大规模的资产和技术投入的情况下，快速进入存在不同技术和管理壁垒的价值链环节，实现价值最大化。这就是软一体化商业模式的竞争力所在。

12.1 业务系统的分类

本书的第 5 章详细阐述了业务系统的概念，即企业为达成定位所要涉及的业务活动环节、各内外利益相关方扮演的角色，以及利益相关者之间的业务交易和治理交易关系的状态。交易主体所从事的业务活动不同，交易各方的业务交易和治理交易关系不同，由此形成的交易构型（网络拓扑结构）也有所不同。

图 12-1 以业务交易关系和治理交易关系为出发点，横轴表示焦点企业在产业链中从事的业务活动多少，纵轴通过焦点企业资产的轻和重表征市场交易关系或科层交易关系，将业务系统分为五类基本形态，每类对应一种典型的商业模式：专注型、硬一体化、软一体化、双边/多边平台、单边平台。

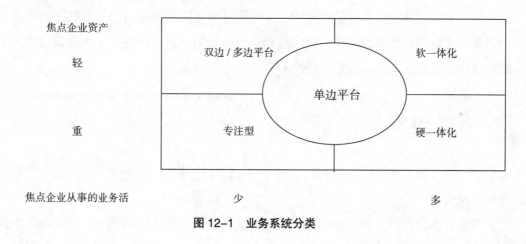

图 12-1　业务系统分类

12.1.1 专注型

专注型业务系统，指重资产的焦点企业仅从事产业链条上有限的业务活动环节的商业模式。传统企业尤其是资源型和劳动密集型企业，表现为"专注型"的比比皆是。它们秉承一种简单的自上而下"生产→销售"的线性价值创造逻辑，利益相关者较少且交易结构简单明了，比如东莞市数量和规模庞大的 OEM 企业选择同样的"代工—交付"模式。

12.1.2 双边/多边平台

双边/多边平台的业务系统，指焦点企业在产业链条中从事的业务活动较少且资产较轻的商业模式。

平台型企业服务双边/多边市场，在交易过程中扮演中立角色，并关注价值在市场中的合理分配，利用"平台"对买卖双方产生相互吸引的作用，以确保平台的市场黏性和网络效应。因此，双边/多边平台型商业模式与传统商业模式相比存在显著差异。

12.1.3 硬一体化

硬一体化的业务系统，指重资产的焦点企业在产业链条中从事的业务活动较多的商业模式。

硬一体化包括硬垂直一体化和硬横向一体化。硬垂直一体化指通过获得所有权的方式，将焦点企业的经营活动沿着价值链两端（向后扩展到原材料供应或向前扩展到销售终端）延伸；硬横向一体化指通过获得所有权的方式，将本企业一级供应商从事的业务活动交由企业内部利益相关者从事。

12.1.4 软一体化

软一体化的业务系统，指焦点企业在产业链条中从事的业务活动较多且资产较轻的商业模式。

与硬一体化类似，软一体化商业模式包括软纵向一体化和软横向一体化。软纵向一体化指焦点企业只从事产业链上中下游环节的投入产出管理，各环节由外部利益相关者从事的模式；软横向一体化指焦点企业仅从事多个横向的一级供应商的投入产出管理的模式。相较于硬一体化，软一体化并不通过所有权控制，而是设计合理的交易结构以增强对产业链两端及横向企业的控制力。

一方面，软一体化商业模式让焦点企业具备了一定的行业影响力和控制力，特别是在外部利益相关者的交易设计方面，其作用尤为明显；另一方面，软一体化在保障了控制能力的同时，并没有以焦点企业的高额固定资产投入和上下游、横向供应链的松散为代价，而是以一种更加有效的交易结构设计，实现在没有所有权的前提下对整个产业链条的影响和掌控。本章开篇黄河公司的案例就是典型的软一体化商业模式。

12.1.5 单边平台

与前四种业务系统不同,单边平台的业务系统是一种创新的商业模式,采用单边平台型商业模式的焦点企业的业务活动范围可大可小,资产可轻可重。

单边平台的业务系统指把每个具备单独要素能力的价值环节或其组合转换为以焦点企业为中心的业务单元(以达到规模经济边界为限),并搭配一定资源能力的基础设施平台的商业模式。

单边平台型商业模式把焦点企业从事的业务活动分为两类:一类是以业务为中心的活动,可以依据经济责任独立衡量;另一类是以焦点企业为业务中心,以具备规模经济的、与业务中心互补的资源能力为主的平台。换句话说,基础设施平台和业务单元的总和即单边平台商业模式。两类业务活动的有机结合,提高了交易效率。

12.1.6 多种形态的组合

平台型、专注型、软一体化、硬一体化和单边平台是基本的业务系统形态,那么,同一焦点企业可能存在两种或多种业务系统形态吗?答案是肯定的。一方面,一家企业的业务活动领域可能不止一个,多元化企业覆盖的业务领域往往千差万别,焦点企业在各领域中的定位和运行机制也各有不同;另一方面,焦点企业在同一产业链上可能覆盖不同的业务活动,企业应该能够在不同的业务活动领域为客户提供多种形态的组合应用,根据不同的业务特征和利益主体的角色定位,在不同领域分别采取不同的商业模式,并整合成一套完整有效的交易结构。比如案例 12-1 所述的苹果公司,既构建了以 App Store 为载体的平台型商业模式,又在供应链端的"设计—生产—组装"业务上采用了软一体化模式,苹果公司利用不同的交易结构设计,形成了一种混合型的商业模式实践。

案例 12-1 [苹果的双边平台与软一体化]

2012 年,苹果公司以 6 235 亿美元的市值,成为有史以来全球市值最高的公司,这比 9 年前(即 2003 年)的 60 亿美元市值增长了 100 多倍。在《商业周刊》(*Businessweek*)列出的全球最伟大公司中,苹果公司排名第一。作为一家伟大的企业,苹果公司高速成长的秘密是什么?

App Store 被誉为苹果公司发展史上最具开创性意义的发明，也是平台型商业模式成功的典范。所谓平台型商业模式，是指除焦点企业之外，利益相关者之间存在相互依存、相互加强特征的模式。苹果公司的平台型商业模式，以 iTunes 的出现为起点，通过 iTunes 链接 iPod 用户和唱片公司，既为 iPod 用户提供高质量的正版音乐试听体验，又为唱片公司提供正版音乐的创新销售渠道。而 iTunes 带给苹果公司的，则是对 iPod 销量的巨大拉动。在 iPod 之后，苹果公司对推出 iPhone 的商业模式设计更加得心应手。2008 年 3 月，苹果公司对外发布了针对 iPhone 的软件开发工具包（Software Development Kit，SDK），供用户免费下载，方便第三方应用开发商开发针对 iPhone 的应用。同年，苹果 App Store 上线。平台上大部分应用的价格低于 10 美元，用户支付的费用由苹果公司和应用开发商按 3∶7 分成，并且约 20% 的应用是供用户免费下载的。对于第三方开发商和个人开发者而言，这有着极强的吸引力，既调动了开发者的热情，又丰富了 iPhone 的应用，苹果公司的多边平台型商业模式的竞争力得以充分体现。

而在供应链端，苹果公司在美国进行产品设计，在日本生产关键零部件，由韩国制造核心芯片和显示屏，由中国台湾厂商供应另外一些零部件，然后在深圳富士康的工厂内组装完成，最后卖到全球各地。苹果公司的全球供应商已经达到数百家，从芯片、显示器、电池等核心零部件到各种小料件，无一不是由资本雄厚、实力极强的企业代工。由此可以看出，苹果公司在制造环节是典型的软一体化模式。苹果公司进行产品研发、设计后，将生产部分外包给 OEM 厂商，并对生产标准进行管理控制。在管理供应商的过程中，苹果公司不允许供应商存在任何"黑盒"，苹果公司必须完全控制手机生产的每道环节，了解每一个元器件的来源、研发、生产、测试等过程。对于某一零部件，苹果公司往往会让供应商相互博弈；或者扶持弱小、相互制衡，防止供应商的议价能力提升过快。而作为苹果公司的供应商，在巨大的规模体量下，这些措施也让它们甘之如饴。

12.2　平台型商业模式

12.2.1　平台型商业模式的内涵

随着信息技术和互联网技术的发展，现实经济生活中广泛存在这样一类企业，它们向两边用户提供产品或服务，并促使两边用户在平台上实现交易，这样的平台被称为"双边平台",形成的市场被称为"双边市场"。这种市场形态在现实生活中普遍存在,如搜索引擎Google、网络购物平台淘宝网、开展人际交往的平台Facebook、电子支付平台支付宝,以及与人们生活息息相关的移动通信、媒体平台等新经济产业。

构建双边/多边平台业务系统的企业采用的是平台型商业模式。所谓平台型,指的是在商业模式中,焦点企业之外的利益相关者存在相互依存、相互加强的特征。它以焦点企业所构建的交易平台为载体,设计合理与规范的交易规则与保障体系,吸引某一市场中具有供需关系的企业与用户,这些交易主体与焦点企业共同组建一个平台型商业生态系统;在这个商业系统内,双边用户通过平台企业构建的交易渠道实现彼此价值的互换与满足,同时核心企业通过向双边用户的交易提供服务与管理实现自身的价值创造。

一般来说,按照除焦点企业外利益相关者的类型的多寡,平台型商业模式可分为双边平台型和多边平台型。双边平台指除焦点企业外,参与的主要利益相关者有两方的商业模式,例如信用卡公司,一边联结着消费用户,一边联结着商家。多边平台的利益相关者类型更多,例如手机平台,涵盖用户、商家、内容提供商、服务提供商等利益相关者。本章暂不讨论多边平台型商业模式。有些商业模式虽然也联结着多边利益相关者,但实际上相互之间并没有依存和加强的关系,这种只能被称为单边市场而不属于平台型商业模式。举例来说,传统百货商店从供应商处进货并卖给社区居民,虽然表面上看也联结着供应商和居民两类外部利益相关者,但焦点企业与外部利益相关者的盈利模式都是剩余性质的价差模式,它们之间的交易是分离隔绝的,只能算是单边市场。

12.2.2 平台型商业模式的特征

(1) 正反馈性

双边平台型商业模式中,各利益相关者相互依存、相互加强的特征一般被称为"正反馈性",也就是网络效应,即关系网的增值性。正反馈性是这种商业模式的核心所在,有两种类型。

第一种是不同类利益相关者之间的正反馈性。以获取租金收益的家电连锁卖场为例,家电供应商越多,家电连锁卖场中的家电种类和品牌越多,吸引的消费者就越多;反过来,消费者越多,企业通过家电连锁卖场接触的终端消费力就越强,卖场吸引的家电供应商也就越多。

第二种是同类利益相关者内部的正反馈性。以移动即时通信软件微信为例，微信的用户越多，用户间的交流越多，对新用户的吸引力就越大。为什么在即时通信软件领域很少出现后发制人的情况？原因就在于已经使用微信的用户的绝大部分联系人也使用微信，换到一个新的即时通信软件需要一群朋友和潜在联系人整体搬家，转换成本太大。

如果同类利益相关者内部的正反馈性足够大，平台对这类利益相关者的黏性就会很大，除非有颠覆性的破坏因素出现，否则出现大规模退场的可能性较小。这就为原有的大规模领导企业设立了竞争优势的势能。打破领导企业的优势，关键要打破这种内部正反馈性。

这两种正反馈性的直接结果就是：企业对参与者的态度是"多多益善"，特别是在软件平台上，增加一个新用户或者一个新商家的边际交易成本基本为零，而增加新用户和新商家却可以带来边际交易价值，这种相互加强的循环使很多领导企业很难被后来者追赶。

（2）开放性和多样性

双边或多边平台存在的基础是形成规模足够大的"双边"或"多边"，能够聚合足够多的利益相关者群体，因此开放性和参与主体多样性也是平台模式的重要特征。

在保持开放性和多样性的前提下，平台企业需要审慎思考"入场券"的标准。如果某类利益相关者对平台吸引力的边际贡献比较可观，那么就要设定门槛，保持双边平台的双边正反馈性。比如 Shopping Mall（超级购物中心）虽然不直接从消费者身上获利，但是由于出租的空间有限，选择优质商家就成了 Shopping Mall 的一项重要任务。只有优质商家多了，吸引到的优质客户才会更多，反过来才会提升 Shopping Mall 对商家的吸引力，为下一期的租金谈判奠定基础。同样，即使第二家电影院给出的租金比第一家更高，也很少有 Shopping Mall 会引进第二家电影院，原因之一是提高商家的多样性会提升 Shopping Mall 对消费者的持久吸引力。

（3）价值逻辑复杂性

传统商业模式下，顾客与企业是价值逻辑的基本单位，企业提供的产品/服务成为顾客价值创造的唯一形式，顾客为购买产品/服务而支付的货币成为企业价值实现的主要来源。顾客价值与企业价值同步实现，共同构成传统商业模式二位一体的价值逻辑关系。这是一种简单的线性关系。

平台型商业模式的价值创造逻辑是以先"联结"再"聚合"的方式降低各个平台参与方的交易成本，促便正反馈性发生作用的非线性方式。即使最简单的平台模式，也至少包含平台企业、终端顾客、内容供应商三个角色。对平台企业而言，单独的终端顾客或单独的供应商都不具有任何意义，如何组织二者，使需求互补的顾客组合的交叉网络效应最大化才是平台企业追求的目标。

（4）交易特征：价值、成本与风险

平台型商业模式之所以能够吸引各方利益相关者参与，无疑与平台中各方的交易价值、交易成本和交易风险有关。

对终端消费者而言，平台型商业模式提供的交易价值包括可横向对比的海量商品，比如一个节俭的消费者可以从淘宝上不同的店家中搜索同款最低价的服装，消费者能够同时接触的商家和商品数量，远远大于实体店。同时，平台型商业模式也可以提供一站式服务，消费者只需在一个平台上操作，就能获得系统的解决方案。

从交易成本来看，平台型商业模式首先降低了交易者的搜寻成本。平台交易有效扩大了消费者的产品搜索范围，使消费者能够迅速找到适合自己的产品，根据平台型商业规则，消费者能够有效鉴别产品的属性和卖家的信誉。其次在统一平台规则的监督下，平台模式降低了讨价还价和执行的成本。接入平台的商家分摊了多项服务，更容易积累专业化竞争优势，与单一企业提供所有服务相比，长期内降低了相互之间的交易成本。

平台吸引的利益相关者种类越多、规模越大，利益相关者对平台的依赖性越强。相应地，平台规模越大、汇集的客户流量越大，卖家越蓬勃、越容易在平台上找到客户，客户也越容易在平台上找到满意的商品，平台切换成本越高，因此单一利益相关者对平台的依赖性越强。因此，拥有大量客户的平台将有效降低交易风险。与单边市场相比，双边平台抵抗风险的能力无疑更强。通过为各利益相关者提升交易价值、降低交易成本、控制交易风险，平台型商业模式成就了一大批成功企业。

案例 12-2 [Uber 的双边平台]

Uber 作为一款出行应用软件，它的终极价值体现为：采取信息化的手段，利用经济学最简单的供求原理，提供一个平台，匹配司机和乘客的信息，让资源分配更合理。对于乘客来说，他们面临高峰期打车难的困扰；对于司机来说，他们的空驶是不经济的，并且私家车主的空闲时间也无法变现。因此，Uber被很多人称为共享经济的鼻祖。共享经济，是一种每个人既是供给者也是需求者，利用各自的闲置资产和时间，为他人提供服务的新的经济模式。

Uber致力于"为乘客提供一种高端和私人的出行方案"。乘客使用软件时，Uber会根据手机的定位系统准确定位乘客位置并给出估价参考，自动分配离乘客最近的车辆。乘客可以查看司机的资料和实时位置分享，呼叫司机后，只需原地等待短信或电话联系即可。行程结束后，车费将从乘客绑定的支付卡自动扣除，操作简便且可靠。

Uber作为一个平台，不仅进行需求匹配，还负责整个系统的运营及效率管理。Uber具备一套独家开发的精准算法，对用车需求、供给进行测算，进而确定某一时段和区域该派多少车上路，以达到效率最大化。但司机不是平台的，要如何调整司机的数量呢？这就得益于Uber的实时定价系统，在高峰期或供不应求的区域，车程价格会自动调高，这样就会吸引周边的空闲车辆汇集到这一区域。这个定价技术还在美国获得了专利。除了算法，Uber还提供司机评分平台，交易结束后乘客可以根据服务质量对司机进行评分，司机一旦违反规定，就会遭到永久封号，不允许再接单。

从盈利方面来看，Uber的盈利方式首先是按单分成，收取每次租车费用的20%。值得一提的是，每单结束时，车费会从乘客的支付卡直接划到Uber的账户，而Uber与司机的结算周期为一周，这就意味着Uber有了一个至少七天的稳定现金池，市场越大，这个池子就越大，借此获取的资本回报越多。另外，在积累了庞大的用户数量后，Uber通过与广告商的合作还可以获取广告收益。

12.2.3 平台型商业模式的成功关键要素

在互联网时代，平台型商业模式极具吸引力。当我们谈及中国伟大的互联网公司时，平台企业占据绝大多数。

很多企业看到平台型商业模式的成功，试图通过模式转型实现交易双方的交易撮合，并获得自身价值的提升。平台型商业模式的成功取决于以下关键要素：

（1）交易价值、成本和风险

双边平台型商业模式要想成功，首先要确定平台提供的交易价值。双边平台是交易各方的信息、交易行为的聚集之处，其在交易价值增加、交易成本降低和交易风险控制方面的贡献尤为重要。一般简单的撮合交易仅仅降低了交易各方的搜寻成本，但是对交易各方其他价值的贡献相对较小。

除了搜寻成本降低，双边平台的交易价值还可以体现在信息透明化、交易信用增加、交易附加服务等方面。比如淘宝在推出之初，以撮合交易为主，但是当时整个电子商务市场最大的隐患是交易信用风险——如何实现交易过程中钱和货物的安全。为此，淘宝推出支付宝，解决了这个隐患。在交易过程中，通过顾客的反馈评价，为潜在购买者提供了信息透明的价值，进一步降低了交易成本和交易风险；同时吸引物流、广告等第三方入驻，为交易提供便捷便利的服务，也增加了交易价值。再如今日头条，它实质上也是一个双边平台，提供的核心价值是根据客户需求特征进行个性化推送，解决用户在资讯获取方面的个性化需求和海量信息搜寻成本太高的矛盾。因此，在互联网领域，无论是横向扩张还是往垂直纵深，如果没有核心价值的独特贡献，单纯依靠信息交互和撮合，双边平台是很难成功的。

（2）初始用户规模聚集

双边平台的正反馈效应也是网络效应发挥作用、推动正反馈循环的初始力量。如果在平台建设初期能够形成交易一方的规模聚集，就很容易撬动其他利益相关者参与，形成平台规模。而如果缺乏这种能力，就会出现平台冷冷清清的状况，即便吸引了一小部分利益相关者，他们也会因没有交易而离开。规模聚集能力的来源有如下几种。第一种，建立在平台企业的现有资源之上，比如苏宁，原本就是国内大型电器连锁销售商，推出苏宁易购的电子商务平台后，通过线下门店客户邀约的方式，较容易地将部分线下流量导入线上，形成初始客户群体。第二种，通过交易的方式从其他平台导流，比如新建的双边平台往往通过战略合作或支付获客成本的方式从其他互补性的平台导流，不少平台网页下方都有推广新项目的链接。第三种，自己建设规模聚集能力，比如通过强有力的线下地面推广活动，吸引客户在平台上聚集。携程最初的用户规模就是通过在全国的车站、机场铺天盖地地发送卡片获得的，外卖平台"饿了么"的快速崛起也与大规模的红包补贴有关。大多数试图实施或转型为平台型商业模式的企业，仅仅在交易价值的设计和平台功能的完善方面做好准备是远远不够的，很多企业倒在了规模聚集的初始阶段。在这个阶段，企业的投入十分巨大，对接好资金来源的利益相关者也至关重要。在出行 App 领域，曾经有十几家企业竞争，并爆发了补贴大战，其实质就是提高用户规模。最终，滴滴和快滴双雄并立并携手整合；而大多数企业的资金难以为继，退出了市场。"烧钱"换用户成为许多初创平台企业信奉的扩张法则，资金不足的竞争对手退出比赛，留下来的玩家通过兼并整合、汇聚大量客户，平台的网络效应在后期才得以凸显。

（3）范围经济

在具备初始的规模聚集能力的基础上，双边平台可以进行业务扩张以增强平台黏性，提升企业价值。而企业需要考虑扩张是否符合范围经济条件，比如电商平台扩张至物流服务、小额消费贷款、供应链金融、广告服务、培训服务等。越来越多的利益相关者加入，在交易价值方面只要是正向增值的，都能够从整体上提升平台的吸引力和竞争力，甚至锁定一部分利益相关者。

当然，垂直领域的双边平台也要关注业务领域的扩张是否会影响企业的价值定位。举例来说，一开始专注于家居生活类的垂直电商，在具备一定的规模后，延伸到生鲜领域，尽管面对的消费者是同一个群体，但两个领域的关键资源能力完全不同，二者之间并不存在范围经济，这样的延伸具有很大的风险。

（4）盈利模式设计

双边平台的盈利模式可以是非常多样的，如按交易额收取佣金、收取固定的入场费用、按照特殊的时间段和场景收费，甚至主营服务免费而在其他服务领域赚钱等，这些都是双边平台可选择的模式。当然，具体选择怎样的模式，也取决于不同的收费模式带来的交易价值的差异。

有流量不等于能盈利，盈利模式的设计需要准确抓住用户的价值主张，界定什么是他们愿意支付的。现实中可以看到一些人气非常高的传统非商业平台（比如一些早期非常有影响力的网上论坛等），一旦进行商业化转型就会流失大量活跃用户。这正是因为平台在盈利模式方面没有进行深入的思考，想当然地认为流量就是收入，可以快速顺利地变现。事实上，构建一个好的盈利模式，是双边平台赖以成功的非常重要的因素。

12.3 单边平台型商业模式

12.3.1 单边平台型商业模式的概念

一些行业普遍存在规模不经济或范围不经济的现象。小微企业依靠贴近客户、效率较高、灵活决策等优势，竞争力很强，而一旦企业规模做大，就会出现很高的管理成本，出现规模不经济。涉及业务领域太窄，无法形成范围经济；涉及业务领域太广，外部服务难度和内部管理难度成倍增加，又会失去竞争力。典型的例子有管理咨询公司、律师事务所、设计公司等。

单边平台是一种企业组织模式，指把每个具备单独要素能力的业务环节或多个环节的组合（以达到范围经济边界为限），转换为以其为中心的业务自主体（以达到规模经济边界为限），为其搭配具备互补资源能力组合（缺什么补什么）的平台企业。其中范围经济指当自主体经营范围扩大时，其生产要素单位投入的经济效益提高；反之，则为范围不经济。单位投入经济效益最高的经营范围临界点，即为范围经济边界。同理，单位投入经济效益最高的经营规模临界点，被称为规模经济边界。

单边平台整体上是一个规模经济的专业化平台，具有统一、集约、有效率、规模天花板高等特征，实践中可以提供品牌、金融支持、业务信息系统、行政人力资源等基础设施资源能力，是一种创新的商业模式。

单边平台企业和业务自主体交易结构的总和，被称为单边平台型商业模式。其中，业务自主体的划分以范围经济和规模经济边界为限。显然，规模经济和范围经济的边界，是划分业务自主体和单边平台最重要的概念与实施操作的依据。所有具备规模经济性和范围经济性的环节都由平台负责，获取经济优势；而所有不具备规模经济性和范围经济性的环节则交由若干个业务自主体独立负责，自主经营、独立核算，平台通过管理或交易方式给予支持。由此可见，单边平台型商业模式具备竞争优势的基本原理是：把规模经济边界小的业务变成一个一个的、分权的自主体，把集合在一起、规模经济边界大的业务变成一个统一的、集权的平台；同时，平台企业和自主体也按照范围经济边界自由组合，使单边平台的总和形成范围经济，从而实现规模经济边界不同、范围经济边界不同的环节在一个体系内和谐共存。

单边平台型商业模式改变了传统的只从纵向分析价值链环节的思维，增加对横向价值环节的分解。例如，养殖的纵向产业价值链可分为饲料和种猪的供应、饲养、销售等环节，其中饲养环节又可以横向分成土地、资金、管理标准、技术、劳动力等。每个环节或者每层的组合都有潜力成为一个独立的业务单元。案例12-3展示了在国际贸易这个"碎片化"的行业中，香港利丰集团通过构筑具有规模经济的专业化平台，与达到规模经济边界的一个一个的、分权的业务自主体相结合，构成事实上的单边平台模式，从而不断抬高组织的规模天花板。

案例 12-3 [香港利丰集团]

国际贸易行业是一个典型的"碎片化"行业，行业内存在大量的小微企业。利丰集团在贸易、物流及分销业务的营业额在2010年达到159.2亿美元，员工总人数为27 000，业务遍及全球逾40个经济体系，拥有由15 000家供应商组成的环球采购网络，全球客户达到2 000多家。利丰集团在劳动力成本和生产能力具有一定优势的地区——以东南亚为主——整合劳动密集型消费品资源，为欧美客户提供从设计到产品交付的服务和广阔的消费品供应链服务，收取订货额6%—12%的佣金。

香港利丰集团的采购、出口产品主要以成衣、纺织品为主，还包括时尚饰物、家具、礼品等。它不仅为供应商和客户提供中介服务，还为客户提供出口贸易供应链内各种增值多元化组合，包括市场研究、产品设计开发、原料采购、工厂选择、物流送达及融资等服务。

利丰集团目前有数百个事业部制的销售、服务团队。每个事业部团队一般由20个人组成，包括经理、贸易员工、品质监控员工、船运员工及其他员工。贸易员工包括产品经理、高级采购员、采购员、助理采购员等，而品质监控员工包括品质监控经理、品质监控主管、高级品质监控员、品质监控员等。每个事业部团队业务规模为2 000万~5 000万美元，当业务规模超过5 000万美元时，就必须分拆为两个团队分别单独运作。每个事业部团队按照客户涉及环节的具体情况，组合少至一个多至十个的环节，"为每个订单打造一条最优的供应链，为客户提供最大弹性和最具竞争力的产品"。事业部经理的主要收益来自与业绩挂钩的提成。

对事业部团队而言，利丰集团实质上为其建构了一个单边平台，平台提供品牌、金融支持、业务信息系统、行政人力资源等基础设施，是一个规模经济的专业化平台。平台上的事业部团队负责销售和服务客户，其构成达到规模经济边界。业务自主体内部由多个环节组成，这些环节的组合存在范围经济。平台企业和业务自主体之间存在协同效应，其组合具备范围经济。

对单边平台来说，存在两类规模经济：第一类是业务自主体的规模经济；第二类是聚合了平台企业和业务自主体的单边平台整体的规模经济。第二类的整体规模经济，是同时达到第一类中业务自主体的规模经济边界、自主体之间相互组合的范围经济边界和平台企业环节的规模经济边界之后的结果。

行业相同的前提下，在平台企业和业务自主体之间分配不同业务活动时，业务自主体的规模经济边界是不同的。如果平台企业承担了更多的活动，业务自主体只承担单一的业务功能，那么业务自主体的规模经济边界可能较小；反之，如果业务自主体需要承担较多活动，那么规模经济边界可能相对较大。平台企业对业务自主体有约束、管理和支持、激励的双重作用。业务自主体规模经济边界过大，会削弱平台企业对诸多业务自主体的向心力。除了要考虑整体单边平台的规模经济、范围经济，为了使单边平台的交易结构更加稳定，在处理平台企业和业务自主体的关系时，还需要注意两点：第一，要在平台企业和业务自主体之间合理分配活动，使平台企业的规模经济边界大于业务自主体的规模经济边界，并且二者在数量级上要形成一定的落差；第二，在业务自主体的设施基础、技术基础和管理基础升级后，业务自主体的规模经济边界可能会扩大，此时平台企业的设施基础、技术基础和管理基础也应保持适度的升级，或者重新分配双方活动，使双方的规模经济边界保持一定的数量级落差，从而形成更稳定、可持续性更强的单边平台结构。

12.3.2 单边平台的交易结构

单边平台要形成集权的平台企业和分权的业务自主体，就涉及重新配置原来商业生态的业务活动和资源，也就是切割和重组。切割涉及两类对象：业务活动和资源。每个业务活动或者资源及其组合，都有潜力成为一个独立的业务自主体。

案例 12-4 [单边平台的活动切割]

> 家电行业普遍采用连锁专卖店形式。专卖店的业务活动可以切割为客户捕捉、销售、配送、服务等，还可以按资源切割为资金、地点、管理标准、人力等。大多数家电厂商的专卖店需要负责以上几乎所有活动。某家电厂商建立连锁专卖店，连锁店的业务活动只专注客户捕捉、执行、门店人力等规模经济边界较小的环节，余下的物流配送、收款、安装、服务等规模经济边界较大的环节由家电厂商建立的单边平台提供。单边平台下的专卖店平台企业统一调配，发挥了平台企业和业务自主体各自的优势，运营效率和效益都得到巨大的提升。表面上看，专卖店从该家电厂商拿到的销售返点只有传统家电厂商的一半，但由于各个业务活动和资源形成了规模经济和范围经济，最终到手的收益可能反而更多，整个专卖店体系的竞争力也得以增强。

单边平台型商业模式的最大价值在于，把传统企业的分工、专业化和组织化的切割与重组进一步做了两方面拓展：一是对业务活动和资源的切割更加精细；二是切割、重组的对象不只针对内部，也针对外部，或者说单边平台型商业模式模糊了内外部利益相关者的边界。与传统企业组织相比，组成业务自主体的内部利益相关者与企业有更明确的交易行为，用更低的交易成本替代随规模递增的管理成本。

单边平台对交易价值的提升与创造，就是要突破传统商业模式的局限，最大可能地扩大平台企业和业务自主体的交易对象，聚合交易对象本来分散的价值空间，实现更高层级的整体规模经济。在设计单边平台交易结构的过程中，要注意以下几点。

(1) 交易价值与交易成本

在构建单边平台型商业模式时需要注意，切割和重组都要耗散一定的交易成本，包括构建成本和运营成本。单边平台设计就是寻求交易价值创造大于交易成本耗散的过程。在构建阶段，有些单边平台的交易价值创造可能低于交易成本耗散，但在运营阶段的增值较大，从综合构建和运营两个阶段的效益看，如果总交易价值创造大于总交易成本耗散，那么也是可行的单边平台设计。

(2) 切割可拆分，重组界面标准化

降低交易成本耗散，就要使切割基于可拆分且重组后的交易界面相对标准化。所谓切割基于可拆分，是指某些业务活动和资源在现有技术条件或者管理水平下是很难继续拆分的，比如法律诉讼的过程，很难拆分为委托、沟通、出庭等活动，交由不同的律师完成；而在企业的研发环节，随着管理和技术手段的进步，可以逐步拆分成结构化和标准化的环节，实现一些环节的切分和重组，比如代码外包。

重组后的交易界面相对标准化，是为了方便集权式的平台企业在面对分权式的、不同的业务自主体时，能够采取相对一致的交易流程，从而提高效率。由于平台和自主体之间需要进行频繁的交易与交流，交易界面清晰、交易内容标准化，可以使交易成本最小化。

(3) 交易风险控制

与个体零星交易或者松散的合作社相比，单边平台对业务自主体的控制力更强，更能降低交易风险，这无疑是单边平台的另一个价值所在，也是单边平台结构设计的要点之一。某些情况下，虽然由切割、重组带来的价值增值空间不大甚至为负，但为了控制规模化的交易风险,在考虑交易价值、交易成本和交易风险的综合效益上,企业构建单边平台仍然有可能是划算的。

案例 12-5 [生猪养殖的单边平台]

> 生猪养殖行业长期实行公司加农户的模式,但由于合作比较松散,在猪肉市场行情好时,个体户和合作社偏向于自己卖给市场;在市场行情不好时,则偏向于卖给企业。这意味着企业在好年景没捞到好处,在坏年景兜底,成了冤大头了。
>
> 某养殖公司设计了一个单边平台型商业模式,它在每一个区域内集合当地投资人建设猪舍,20 栋为一个建设单元,一个建设单元包括 10 个农户,每个养殖农户负责两栋猪舍。养猪分为配种、妊娠、分娩、保育、育成五个环节,每个农户只负责其中一个环节。公司按农户的养殖成果扣除物料消耗,核算农户应得的养殖利润,有最低保底。比如,妊娠猪舍的养殖成果为转栏妊娠的种猪数量,保育猪舍的养殖成果为出栏仔猪重量相比进栏重量的净增加数量等。该公司通过这种核算方式将每一个农户转变成一个业务自主体,对生猪饲养每个环节的经营成果负责,又没有让渡生猪所有权。历史经营数据显示,养殖户的平均收益达到当地平均农户收益的 2 ~ 3 倍。
>
> 很显然,养殖公司采取的也是一种单边平台型商业模式,有两个关键点:第一,作为平台的公司在资金、饲料、免疫、水电、猪舍内部装修、管理流程、会计核算等方面的集权管理是规模经济的,切割、重组的交易价值创造超过交易成本耗散;第二,更重要的一点是,通过与纯市场化的个体户或半市场化的合作社合作,单边平台的控制力更强了,既不会出现雇用农户吃大锅饭的现象,也不会出现有了经营成果之后农户违约的情况。

12.3.3 单边平台的定价、辨析与适用范围

(1)单边平台的定价

单边平台的定价其实是一个很有挑战的问题,因为平台对自主体的定价是一个内部定价,价格不一定真实反映市场信号,定价偏差有可能带来额外的交易成本。在实践中单边平台的定价,有两个参考路径。

第一,让业务自主体的收益和产出挂钩。平台企业的收益本质上来自对业务自主

体的总产出切割部分。对业务自主体内部实行较精细管理的成本太高，因此可以通过业务自主体的收益与产出挂钩的方式来定价，通过定价和核算机制实现自主体在内部管理上的自我优化。

第二，让业务自主体的收益超过机会成本。在业务自主体客观定价比较困难的情况下，可以采用相对定价的方法。对平台企业而言，只需确保构建单边平台的净收益严格为正。而业务自主体只需比较努力，即可拿到比不参与单边平台更高的收益。

（2）对单边平台的辨析

单边平台是一种关于业务结构的商业模式，与组织结构、治理结构相比，其概念内涵和外延完全不同。组织结构有 U 型（united structure，管理层级集中控制结构）、H 型（holding company structure，控股公司结构）、M 型（multidivisional structure，事业部制）。治理结构可以简单分为所有权交易和市场交易，主要形式有直营、合作、加盟等。

根据企业实际情况，可以选择 U 型、H 型或 M 型的组织结构，也可以选择直营、合作或加盟的治理结构，并没有固定的搭配（如 M 型搭配直营）。单边平台业务结构、组织结构和治理结构是三种不同的企业分析视角。

以下简单对单边平台与事业部制、连锁店做一个辨析。事业部制一般是按业务划分的，可以是同类产品划到同个事业部，也可以是同类客户划到同个事业部。单边平台若采取事业部制，一个事业部里面可以包括多个业务自主体。当然，单边平台也可以采取集中控制或者控股公司结构。传统连锁店一般是一个独立核算单位，可能包括销售、服务等业务活动环节。而单边平台的业务自主体一般功能比较简单，主要负责业务环节。传统的连锁店不属于纯粹的单边平台，但若把连锁店的功能简化（例如像前文提到的家电专卖店），则可以转化为纯粹单边平台下的业务自主体。显然，这种纯粹单边平台下的连锁店业务自主体可以采取直营、合资、合作或加盟中任何一种形式的治理结构。

（3）单边平台型商业模式的适用范围

企业是否适合单边平台型商业模式，只需考察切割、重组的交易价值、交易成本、交易风险综合效益是否划算。因此，单边平台型商业模式的适用范围包括但不限于知识密集型企业（如管理咨询公司、律师事务所、设计公司等）和农业种植、养殖等存在天然规模天花板的小型专业化组织等。

只要技术条件具备、管理水平足够，单边平台型商业模式就可以应用于各行各业的任何环节，包括业务活动和资源等。不管是采购、财务、制造还是资金、管理标准等，都能以这些环节为中心业务单元构建单边平台，实现更高层次和数量级的规模经济。当然，由于技术条件和管理水平有差异，不同平台企业最终建立起的单边平台规模可能有大有小，甚至有些企业根本不具备构建单边平台的资源禀赋。任何商业模式创新都有一定的门槛，这种结果不足为奇。

12.3.4 单边平台的设计步骤

设计单边平台，可以从以下五个步骤出发：

一是发现、创造和聚合价值空间。一个商业生态，包括业务活动和资源等多维度的利益相关者，每个利益相关者都有相应的价值空间。首先要发现和创造新的利益相关者，其次把零散利益相关者的价值空间聚合起来，最后把它们各自的价值空间成功地聚合起来。

二是要对利益相关者的资源、业务活动、产出的产权进行切割。任何一个活动都涉及资源的投入、活动的处理和产出。业务活动可以切割为销售、生产、研发、服务等；资源可以切割为品牌、资金、人员、技术、协作制度等；产出的产权有些归属于业务自主体，有些归属于平台企业。

三是按业务活动和资源的经济边界重新聚合成业务自主体与平台企业，并设计交易界面。这里要注意三个经济边界：单个业务自主体的规模经济边界、平台企业和业务自主体聚合的范围经济边界、平台企业的规模经济边界。基本的原则是规模经济边界较小、可复制性强的利益相关者应该成为业务自主体，而规模经济边界较大的利益相关者应该成为平台企业。同时，要设计好业务自主体和平台企业之间的交易界面，使其交易过程可复制性增强。

四是保护价值空间。单边平台要建立起足够高的壁垒，平台企业至少要实现以下两点中的一点：第一，让业务自主体不愿意离开平台企业，使业务自主体的综合效益超过机会成本；第二，持续提高平台企业的能力，通过设施基础、技术基础和管理基础的升级，使更多环节的规模经济边界扩大并聚合到平台企业。与此同时，提升业务自主体内部团队的专业能力，弱化团队的综合能力，从而使其可复制性越来越强。最终使单边平台的整体能力不断提升、规模越做越大、竞争优势持续提升。

五是最大化平台企业的企业价值。在单边平台交易结构构型和业务自主体收益基本确定的情况下,平台企业的企业价值主要取决于业务自主体的规模增长和业务自主体归属于平台企业的收益。前者取决于扩张速度,后者取决于盈利模式。而归根结底,二者都取决于交易结构的竞争力。

12.4 软一体化商业模式

12.4.1 软一体化商业模式的概念

产业价值链是设计、生产、销售产品或服务必须完成的一系列连续活动。如果产业价值链足够长,就会产生一体化和专业化两种不同的价值链定位。根据不同的价值链分类方法,一体化存在横向一体化和纵向一体化之分。软一体化意味着企业在实体上实行专业化管理,聚焦价值链的某些环节,而在虚拟控制上进行一体化运营。企业自己做的事情较少,能实现的控制力却较大,能够以较少的投入撬动较多的资源。

案例 12-6 [ARM 的软一体化]

> ARM 是一家英国半导体芯片设计企业。今天,运用 ARM 指令及其架构芯片的移动设备在全球市场上高达 90% 以上,连苹果、三星、高通、Google、华为这些海内外的巨无霸都处在 ARM 所设计的移动芯片生态圈体系内;但是,ARM 自己却没有一座工厂或者一条生产线,只有 3 000 多名研发人员和一套芯片行业内独特的软一体化控制模式。控制了移动芯片,也就意味着控制了未来的移动互联时代。
>
> 芯片产业包括几个主要的环节,即最顶端的指令和架构创造—芯片设计—晶圆生产—芯片封装—芯片测试—芯片销售。而芯片产业的两大阵营就是分别从最顶端的指令和架构加以区分的。芯片是通过指令,在架构范围内指挥机器设备工作的。
>
> 以英特尔为代表的高性能、高功耗的复杂指令阵营在互联网时代是绝对的霸主,然而对于移动设备来说,英特尔芯片的高运算能力不仅功能过剩,而且高功耗的缺点更加突出;加之英特尔长期的封闭式硬垂直一体化,不对外授权自己的指令和架构,在芯片制造的所有环节上大包大揽,其制造出来的芯片无法满足五花八门移动设备芯片的个性化需求。

> 而代表低功耗、低性能的精简指令阵营的 ARM 则完全不同。ARM 只涉及芯片的指令和架构的创作，剩下的环节则授权生态圈内的不同参与者进行。在芯片设计环节，ARM 的主要伙伴是苹果、三星等大牌的移动手机厂商，或者英伟达、高通等拥有芯片设计能力的科技巨头企业。ARM 向它们授权，由它们自己利用 ARM 的指令和架构设计芯片。而在晶圆生产环节，上述合作伙伴自行选择台积电、三星等加工企业进行生产。芯片封装测试则交由第三方的台湾日月光、长电科技来完成。最后将完成的芯片出售给各种移动设备整装厂家。
>
> ARM 不涉及对任何工厂的投资，但对每个环节的厂商收取 100 万～1 000 万美元的一次性技术授权费，并抽取每个厂商出货价格 0.5%～2% 的版税，不同的收费标准意味着 ARM 所提供的帮助和授权的内容不同。2015 年 ARM 的营业收入只有 15 亿美金，但毛利率却高达 96%，净利率也高达 35%。

毫无疑问，软一体化商业模式对焦点企业有很大的益处，但这种商业模式对焦点企业的资源能力的要求也是很高的。一般而言，软一体化要求企业具备以下关键资源能力：

一是业务环节模块化。产业价值链环节之间必须相对独立，才具有分解的可能。业务环节的模块化，一方面保证了垂直一体化和一体化协同商业模式出现的可能，另一方面保证了各个环节都可以因专业化分工而做专做强做大，获得专业化的企业价值。如何分解产业链环节，使其既能吸引合作伙伴，使它们有足够的利益驱动做专业化，又能最大化自己产业链运营的效益，是产业链一体化协同需要思考的第一个问题。

二是界面标准化。产业链之所以成为一个链条，是因为前后环节间的相互影响力很大。如果不能解决产业环节之间适应性和兼容性的问题，产业链一体化就无从说起。特别是当同一环节交给很多合作伙伴的时候，多个伙伴的产出内容、产出质量、产出节奏能否一致，是一个特别关键的问题。不管是垂直一体化还是产业链一体化协同，界面标准化的重要性均不言而喻。由于垂直一体化带来的专业化价值必须与一体化协同带来的规模效益组合价值实现很好的匹配组合，界面标准化就显得尤为重要。

三是供应链管理与物流整合能力。软一体化的本质是产业价值链整合，会涉及不同区域、不同企业之间的资源流动，包括组织研发、生产、销售、服务等职能，要通过软一体化达成产业价值链协同的增值，必须具备强大的供应链管理与物流整合能力。

12.4.2 软一体化模式的商业实践与对比

在价值链相对复杂的行业，涉及的业务环节很多，如果环节之间界面都相对标准化，环节各自能够实现专业化和模块化，那么价值链分解就具备了前提条件。在这种情况下，如果单一企业涉足全部环节，必然会因管理的复杂性而导致运营风险大、运营效率低，难以形成竞争优势。这种情况下，行业内的企业多会选择在价值链中从事一个或几个环节，形成单一环节专业化或者若干环节的纵向一体化模式。然而要成为行业内最具影响力和盈利能力的企业，软一体化商业模式是一个重要的选择。

软一体化商业模式与专注型、硬一体化商业模式的区别，可以从新能源行业的发展历程中获得对比。

案例 12-7 [新能源软一体化商业模式的竞争力]

进入 21 世纪以来，全球新能源行业经历了波澜壮阔的发展历程，其中既有快速发展实现规模倍增的企业，也有在大的行业风险来临时訇然倒下的行业巨头，而我们能从这些企业不同的商业模式选择中找到一些原因和线索。以下从新能源行业的两大主流——光伏领域和风电领域，对比不同企业的商业模式选择及其商业效果。

1. 光伏行业的商业模式对比

光伏行业涉及的产业价值链非常长，简单来说包括多晶硅生产、硅片生产、电池片生产、光伏组件、系统集成等几个关键环节。如此复杂的价值链，如果一家企业采用硬一体化方式介入所有价值链环节是不现实的。因此，不同企业会选择不同的价值链环节，形成不同的商业模式。光伏领域比较普遍的商业模式分为两种：专注型和局部硬纵向（垂直）一体化。前者的代表是赛维LDK太阳能高科技有限公司（简称"赛维LDK"），其专注于硅铸锭和切片，硅片切割环节对切割厚度及破片率有较高技术要求，因此硅片切割的毛利率高达31%左右。赛维LDK成立于2005年7月，2007年6月赛维LDK成功登陆纽交所。后者的代表是无锡尚德太阳能电力有限公司（简称"尚德电力"）。尚德电力通过与上游合作稳定多晶硅硅片的货源，然后通过技术手段提高电池的"光电转换效率"，并介入电池片和电池组件的生产。由于稳定了上游并通过多个环节提高利润率，尚德电力刚成立5年（2001—2006年）就进入了世界前三。

然而，这两种商业模式在2008年前后都遭遇到了严峻的考验。2008年第四财季，尚德电力亏损6 590万美元，当财季裁员800人。整个中国市场有80%的光伏企业倒闭。这一切的根源在于光伏价值链利益驱动的剧烈波动。

根据招商证券的研究报告，2004—2006年，下游电池生产企业的利润率从20%增长到30%，上游高纯硅制造企业的利润率则由不到10%上升到50%。光伏行业成本的大幅上升，使得光伏发电项目投资的需求被严重抑制，市场快速萎缩；在利润的驱动下，很多企业纷纷上马多晶硅项目，囤积原材料，中下游企业则签订远期合约，锁定未来价格。这两个因素综合发生作用，导致2008年下半年多晶硅产能释放，价格直线下降，远期锁定的原材料价格转为巨额成本，光伏企业被打了个措手不及。

在此之后，随着光伏原材料价格下降，下游需求得以恢复和激发，BP Solar在这种背景下启动软一体化商业模式重构。通过组织全球优势资源，BP Solar寻求从原材料、生产制造到营销服务全过程的最优资源组合和一体化协同，构建成本低廉、品质稳定、营销高效的组件生产制造服务体系。

光伏行业的特点决定了采取全产业链的硬纵向一体化方式的投资难度和风险都很大，而只专注于一个环节的专注型商业模式，又有可能在与上下游企业合作时受到市场波动的机会主义威胁。而通过半松散的合作方式，BP Solar与合作伙伴建立了一种高于一般市场交易又低于内部层级管理的关系，在降低交易成本和风险的同时提升交易价值，并最终提高了BP Solar的企业价值。BP Solar的软一体化商业模式包括如下内容：

签订长期合同。鉴于多晶硅生产具有固定资产投入大、电力消耗大及技术密集等特点，BP Solar并没有选择进入，而是采取全球采购、与国际知名企业长单锁定的方式控制资源，获得采购的价格优势。

委托加工合同。在拉晶、铸锭和切片等环节，鉴于固定资产投入高、高能耗、生产精细化程度高等特点，BP Solar选择了委托加工的方式，利用低成本、高质量的专业化制造企业的能力，在中国选择了赛维LDK和浙江昱辉等展开合作。在电池片制造环节，也同样选择了低加工成本伙伴进行加工，逐步停止了自有工厂的生产。

合资合作方式。由于电池组件环节的固定资产投入低、品牌效应大，BP Solar采取了设立合资企业加工与OEM相结合的方式。

渠道合作与认证。BP Solar组件的20%由自己销售或通过系统集成提供给最终用户，80%选择欧洲各国的顶级代理商进行销售，保障了市场的基本销售；并在应用市场上坚持推行自己的认证安装方案（certified installer programme），以确保代理商安装的安全性和质量。

通过软一体化商业模式，短期内，BP Solar 控制了上游的成本波动，将业务重心置于销售组件以占领市场份额、提升品牌影响力。长期来看，随着行业逐渐成熟，系统集成业务的经验和技术优势将凸显，组件产品利润削减的威胁将通过系统集成服务业务增长得到减轻。这种软一体化在企业价值上也体现了良好的回报。2009 年，在全球一片减产呼声中，BP Solar 的销售收入增长了一倍，固定资产周转数达到 15 次以上。

2. 风电行业的商业模式对比

风电行业价值链包括研发、零部件制造、整机制造、运营维护、风电场开发、风电场经营等价值环节。从风电价值链和各个厂商的选择来看，厂商的商业模式可以分为专注型、硬一体化和软一体化

专注型的典型代表是全球最大的风机制造商丹麦的 Vestas。在研发环节，Vestas 拥有两个研发中心和庞大的研发团队，负责对整机、关键零部件及其相关技术开展研究，保持企业在行业内的技术领先优势。在零部件制造环节，Vestas 进行了不同的一体化选择：对具备生产能力的关键零部件，如叶片、电控、机舱，采用自己直接生产的方式；对专业化程度高、标准化程度低、生产难度大的零部件（如发电机、齿轮箱等），采用与供应商建立战略合作伙伴关系的形式获得稳定的供应。而装配和现场交付则由 Vestas 分布在全球主要风能市场的装配厂完成。在服务方面，Vestas 机组向质保期内客户提供条款内的免费维护，Vestas 的运营维护部门联合外部独立服务提供商，向质保期外全球客户提供风机运营维护、优化改进服务。

硬一体化的典型是印度的 Suzlon。Suzlon 与 Vestas 最大的不同在于两个方面：第一，在零部件制造方面，Suzlon 通过并购、合资的方式，控制了叶片、齿轮箱、发电机、塔架和电控系统，形成垂直一体化的战略态势和业务布局；第二，Suzlon 成立了一家子公司作为独立的电力生产商，从事风场投资和经营业务。显然，Suzlon 的纵向一体化程度远远高于 Vestas，后者在资产规模和业务范围上的投入都比较"重"。

金风科技则采取了软（横向）一体化商业模式。在研发环节，金风科技专注于整机研发工作，同时充分利用全球先进的研发资源和关键零部件厂家的研发力量开展协同研发，并为供应商提供协作平台，开展密切的技术合作。在制造环节，金风科技针对主要风电市场合理布局总装厂，除电控部件以外，零部件的生产全

部通过供应链提供。在一些关键的零部件环节，金风科技通过适当的参股控股，保持整个产业链的风险可控。在运营维护等服务环节，金风科技则反其道而行之，布局了非常"重"的覆盖全国的备件网络和规模庞大的技术服务队伍，为客户提供高质量和及时响应的服务。在风场开发环节，金风科技成立了专业的风电场投资运营的子公司，以风电场投资收益对冲风电整机制造的行业波动风险。

这三种模式带来的效果明显不同。Vestas 依托多年积累的技术和市场优势，长期雄踞全球市场领先的地位。金风科技采用软一体化商业模式，避开了上游的重资产投入，重点控制研发和后端的服务市场，运营效率一直很高，多年保持中国市场第一，并在 2015 年首次实现全球新增装机第一。而 Suzlon 的纵向一体化商业模式让整个企业的投资规模和投资风险剧增，并且这种模式对内部各环节的协同提出了巨大的挑战，在经历多轮收购之后，其业绩仍表现不佳，已经跌出全球排名前十。

小　结

以业务交易关系和治理交易关系为出发点，可将常见的业务系统类型及其对应的商业模式归纳为单边平台、双边/多边平台、软一体化、专注型、硬一体化模式。双边/多边平台型商业模式是指焦点企业搭建的平台的业务范围比较少，而交易的利益相关者大多来自外部的交易模式。单边平台型商业模式是指以业务为中心的活动按经济责任独立衡量，焦点企业提供的业务共享、规模经济、业务互补的资源能力平台。两类业务活动的有机结合，提高了交易效率。硬一体化商业模式是指通过获得所有权的方式，将焦点企业的经营活动沿着价值链两端延伸；软一体化商业模式并不通过所有权控制，而是设计合理的交易结构，增强对产业链两端及横向企业的控制力。

关键术语

双边/多边平台型商业模式；单边平台型商业模式；软一体化商业模式

讨论案例

韩都衣舍成立于 2008 年，定位是基于互联网的多品牌运营集团，当年销售额为

300万元。截至2018年,集团共有110个服装品牌,销售收入超过10亿元。实现这种快速增长的背后,是韩都衣舍选择的多款少量模式以及对应的"小组制"商业模式。

韩都衣舍的组织可以分成两大类。一类是服务平台,下设企划、市场、生产中心等部门,负责品牌策划、运营、生产、产品摄影、物流仓储、客户服务、数据采集等可以标准化、流程化、具有公共服务性质的基础工作。另一类是众多的产品小组,也就是业务自主体。韩都衣舍有280多个产品小组,每个产品小组通常由3名成员组成,包括设计师(选款师)、页面制作专员、货品管理专员,负责产品设计、页面制作、库存管理、打折促销等非标准化环节的工作。

在设立新的小组时,每人可以获得2万~5万元的初始资金,保证小组业务正常启动。小组长协同组员工作,分配组内提成比例,组内利益保持一致。管理层每年10月会和每一个小组确定第二年的生产和销售计划,包含小组预计完成的销售额、毛利率和库存周转率等。而完成目标任务后的奖金的计算也非常简单,根据小组实现的利润分成比例确定,奖金不是由公司决定的,而是小组自己干出来的。在这个基础上,给予小组充分的业务权,包括上市款式、颜色和尺码的选择,最终销售价格,是否参加促销活动等,都可以由产品小组自己决定。产品小组也可以申请创立自己的品牌,通过后平台会给予资金和流量上的支持。如果小组发生裂变,裂变后新小组向原小组贡献月销售额的10%,作为原小组的培养费,持续一年。小组每周每月进行销售排名,并且以季度排名进行末位淘汰。

产品小组模式在最小的业务单元上实现了"责权利"的相对统一,培养了大批具有经营思维的产品经理和运营人员,有效支持了韩都衣舍的多品牌战略。在这种模式下,韩都衣舍一年可以设计30 000款新品,而业内标杆企业Zara一年的新款也不过2 000余种。

作为平台部门,因为每个小组的责权利相当明确,如果哪一个平台部门因服务不到位而侵犯了某个小组的利益,这个小组就会进行不断地投诉,这是促进平台部门效率提升的重要机制。

讨论题

1. 单边平台型商业模式中,如何划分平台和自主经营体?
2. 韩都衣舍为什么会选择单边平台型商业模式?这个商业模式的价值如何?
3. 单边平台型商业模式存在哪些不足?韩都衣舍应该如何规避?

参考文献

[1] 程愚,孙建国,宋文文,岑希."商业模式、营运效应与企业绩效——对生产技术创新和经营方法创新有效性的实证研究".《中国工业经济》,2012年第7期.

[2] 程愚,孙建国."商业模式的理论模型:要素及其关系".《中国工业经济》,2013年第1期.

[3] 戴天宇.《商业模式的全新设计》.北京大学出版社,2016年6月.

[4] 郭蕊,吴贵生."商业模式理论辨析".《技术经济》,2014年第1期.

[5] 郭海,沈睿."如何将创业机会转化为企业绩效——商业模式创新的中介作用及市场环境的调节作用".《经济理论与经济管理》,2014年第3期.

[6] 郭京京,陈琦."电子商务商业模式设计对企业绩效的影响机制研究".《管理工程学报》,2014年第3期.

[7] 郝秀清,张利平,陈晓鹏,仝允桓."低收入群体导向的商业模式创新研究".《管理学报》,2013年第1期.

[8] 贾振勇,魏炜.《商业模式的专利保护:原理与实践》.机械工业出版社,2018年9月.

[9] 荆林波."国内外关于电子商务商业模式的综述".《世界通讯》,2001年第5期.

[10] 雷家骕.《技术经济学基础理论与方法》.高等教育出版社,2005年7月.

[11] 李黎,莫长炜,蓝海林."政治资源对商业模式转型的影响——来自我国中小企业的证据".《南开管理评论》,2015年第5期.

[12] 林伟贤,魏炜.《慈善的商业模式》.机械工业出版社,2011年1月.

[13] 林桂平,魏炜,朱武祥."基于交易结构的商业模式构成要素分析".《商业时代》,2014年第28期.

[14] 林桂平,魏炜,朱武祥.《透析盈利模式》.机械工业出版社,2014年6月.

[15] 罗珉,李亮宇."互联网时代的商业模式创新.价值创造视角".《中国工业经济》,

2015 年第 1 期.

[16] 欧阳桃花，武光."基于朗坤与联创案例的中国农业物联网企业商业模式研究".《管理学报》，2013 年第 3 期.

[17] 汪寿阳，敖敬宁，乔晗等."基于知识管理的商业模式冰山理论".《管理评论》，2015 年第 6 期.

[18] 汪寿阳，乔晗，胡毅等.《商业模式研究全景图》，科学出版社，2016 年 6 月.

[19] 王翔."商业模式对技术创新和获利间关系的调节效应研究".《管理学报》，2014.

[20] 王雪冬，董大海."商业模式创新概念研究述评与展望".《外国经济与管理》，2013 年第 11 期.

[21] 魏炜，胡勇，朱武祥."变革性高速成长公司的商业模式创新奇迹：一个多案例研究的发现".《管理评论》，2015 年第 7 期.

[22] 魏炜，滕斌圣，张振广."竞争需要"三视角"打造"多维空间"战略".《哈佛商业评论》，2015 年第 7-8 期.

[23] 魏炜，张振广，朱武祥.《超越战略：商业模式视角下的竞争优势构建》.机械工业出版社，2017 年 7 月.

[24] 魏炜，朱武祥."雀巢解决难题的一个思路商业模式这样构建".《深圳特区科技》，2007 年第 3 期.

[25] 魏炜，朱武祥."发现商业模式".机械工业出版社，2009 年 1 月.

[26] 魏炜，朱武祥.《重构商业模式》.机械工业出版社，2010 年 6 月.

[27] 魏炜，朱武祥，林桂平.《商业模式的经济解释》.机械工业出版社，2012 年 4 月.

[28] 魏炜，朱武祥，林桂平."基于利益相关者交易结构的商业模式理论".《管理世界》，2012 年 12 期.

[29] 魏炜，朱武祥，林桂平."设计共生体——为你的'利益相关者'设计商业模式的联盟".《深圳特区科技》，2013 年第 1 期.

[30] 魏炜，朱武祥，林桂平."模式的联盟——一个商业模式如何从 1.0 进化到 4.0 版本".《深圳特区科技》，2013 年第 6 期.

[31] 魏炜，朱武祥，林桂平.《商业模式的经济解释Ⅱ》.机械工业出版社，2015 年 1 月.

[32] 肖挺，刘华."两种商业模式下高管团队与上市房地产企业业绩研究"《南开管理评论》，2015 年第 1 期.

[33] 邢小强，仝允桓，陈晓鹏."金字塔底层市场的商业模式：一个多案例研究"《管理世界》，2011 年第 10 期.

[34] 闫春."组织二元性对开放式创新绩效的作用机理".《科学学与科学技术管理》，2014 年 07 月

[35] 姚明明，吴晓波，石涌江，戎珂等."技术追赶视角下商业模式设计与技术创新战略的匹配——一个多案例研究".《管理世界》，2014年第10期.

[36] 张建新，乔晗，汪寿阳等."基于交易结构理论商业模式分类研究".《科技促进发展》，2016年第1期.

[37] 张晓玲，葛沪飞，赵毅，周盼凤."典型商业模式特性量表开发与效度验证研究".《科学学与科学技术管理》,2015年第3期.

[38] 朱武祥，魏炜，林桂平."创新商业模式：创造与保持竞争优势".《清华管理评论》,2012年第2期.

[39] Afuah, A., 2002. Internet Business *Models and Strategies: Text and Cases*. McGraw-Hill, Inc.

[40] Alt, R. and Z. Hans-Dieter, 2001. Preface: Introduction to Special Section–business Models. *Electronic Markets*, 11(1), pp.3-9.

[41] Amit, R. and C. Zott, 2012. Creating Value Through Business Model Innovation. *MIT Sloan Management Review*, 53(3), pp.41-49.

[42] Amit, R. and C. Zott, 2015. Crafting Business Architecture: The Antecedents of Business Model Design , *Strategic Entrepreneurship Journal*, 9(4), pp.331-350.

[43] Anthony, R. N., and V. Govindarajan. 2001，*Management Control Systems* 10th Ed. McGraw-Hill.

[44] Applegate, L. M., 2001. Emerging e-Business Models: Lessons from the Field. HBS No. 9-801-172, Harvard Business School.

[45] Auer, C. and M. Follack, 2002. Using Action Research for Gaining Competitive Advantage Out of the Internet's Impact on Existing Business Models. BLED 2002 Proceedings, 45.

[46] Baden-Fuller, C. and S. Haefliger, 2013. Business Models and Technological Innovation. *Long Range Planning*, 46(6), pp.419-426.

[47] B., Paul., 1998. A Taxonomy of Internet Commerce. *First Monday*, 3(10).

[48] Benghozi, P. J. and I. Lyubareva, 2014. When Organizations in the Cultural Industries Seek New Business Models: A Case Study of the French Online Press. *International Journal of Arts Management*, 16(3), pp.6-19.

[49] Blank, S., 2013. Why the Lean Start-up Changes Everything. *Harvard Business Review*, 91(5),pp.63-72.

[50] Bohnsack, R., J. Pinkse and A. Kolk, 2014. Business Models for Sustainable Technologies: Exploring Business Model Evolution in the Case of Electric Vehicles. *Research Policy*, 43(2), pp.284-300.

[51] Bonaccorsi, A., S. Giannangeli and C. Rossi, 2006. Entry Strategies under Competing Standards: Hybrid Business Models in the Open Source Software Industry. *Management Science*, 52(7), pp.1085-1098.

[52] Brettel, M., S. Strese. and T. C. Flatten, 2012. Improving the Performance of Business Models with Relationship Marketing Efforts – An Entrepreneurial Perspective, *European Management Journal*, 30(2), pp.85-98.

[53] Bourreau, M., M. Gensollen and F. Moreau, 2012. The Impact of a Radical Innovation on Business Models: Incremental Adjustments or Big Bang? *Industry & Innovation*, 19(5), pp. 415-435.

[54] Bogers, M., B. Bogers and S. Hollensen, 2015. Managing Turbulence: Business Model Development in a Family-owned Airline. California Management Review, 58(1), pp. 41-64.

[55] Chesbrough, H., 2010. Business Model Innovation: Opportunities and Barriers. *Long Range Planning*, 43(2/3), pp.354-363.

[56] Chesbrough, H., 2007. Why Companies Should Have Open Business Models. *MIT Sloan Management Review*, 48(2), pp.22-28.

[57] Chesbrough, H. and R. S. Rosenbloom, 2002. The Role of the Usiness Model in Capturing Value from Innovation: Evidence from Xerox Corporation's Technology Spin-off Companies. *Industrial and Corporate Change*,11(3), pp. 529-555.

[58] Cucculelli, M. and C. Bettinelli, 2015. Business Models, Intangibles and Firm Performance: Evidence on Corporate Entrepreneurship from Italian Manufacturing SMEs. *Small Business Economics*, 45(2), pp. 329-350.

[59] Casadesus-Masanell, R. and F. Zhu, 2013. Business Model Innovation and Competitive Imitation: The Case of Sponsor-based Business Models. *Strategic Management Journal*, 34(4), pp. 464-482.

[60] Casadesus-Masanell, R. and J. Tarziján, 2013. When one Business Model isn't Enough. *Harvard Business Review*, 90(1/2), pp. 132-137.

[61] Casadesus-Masanell, R. and J. E. Ricart, 2011. How to Design A Winning Business Model. *Harvard Business Review*, 89(1/2), pp. 100-107.

[62] Casadesus-Masanell, R. and J. E. Ricart, 2010. From Strategy to Business Model and onto Tactics. *Long Range Planning*, 43(2/3), pp. 195-215.

[63] Chesborugh, H. and R. S. Rosenbloom, 2002. The Role of the Business Model in Capturing Value from Innovation: Evidence from Xerox Corporation's Technology Spin-off Companies. *Industrial and Corporate Change*, 11(3), pp. 529-555.

［64］Christensen, C. M., R. Alton., C. Rising and A. Waldeck, 2011. The New M&A Playbook. Harvard Business Review, 89(3), pp. 48-57.

［65］Clark, T., 2009. Evaluating International Business Model Portability: A Framework for Integrating Economic, Strategic, and Cultural Perspectives. In PICMET-2009 Portland International Conference on Management of Engineering & Technology, pp. 143-151.

［66］Coombes, P. H. and J. D. Nicholsonl, 2013. Business Models and their Relationship with Marketing: A Systematic Literature Review. *Industrial Marketing Management*, 42(5), pp. 656-664.

［67］Colvin, G., 2011.*The Upside of the Downturn: The Opportunity*. Hachette UK.

［68］DaSilva, C. M. and P. DaSilva, 2014. Business Model: What it is and What it is Not. *Long Range Planning*, 47(6), pp. 379-389.

［69］Davila, Tony, Marc J. Epstein and Robert D. Shelton, eds., 2006. The Creative Enterprise: Managing Innovative Organizations and People. Greenwood Publishing Group.

［70］Dijkman, R. M., B. Sprenkels, T. Peeters and A. Janssen, 2015. Business Models for the Internet of Things. *International Journal of Information Management*, 35(6), pp. 672-678.

［71］Dubosson-Torbay, M., A. Osterwalder and Y. Pigneur, 2002. e-Business Model Design, Classification, and Measurements. *Thunderbird International Business Review*, 44(1), pp. 5-23.

［72］Dreisbach, C., 2000. *Pick a Web Business Model that Works for You*. Staff Writer.

［73］Elliott, S., 2002. *Electronic Commerce: B2C Strategies and Models*. John Wiley & Sons, Inc..

［74］Faber, E. et al., 2003. Designing Business Models for Mobile ICT Services. Workshop on Concepts, Metrics & Visualization, at the 16th Bled Electronic Commerce Conference eTransformation, Bled, Slovenia.

［75］Frankenberger, K., T. Weiblen and O. Gassmann, 2014. The Antecedents of Open Business Models: An Exploratory Study of Incumbent Firms. *R&D Management*, 44(2), pp. 173-188.

［76］Gerasymenko, V., D. D. Clercq and H. J. Sapienza, 2015. Changing the Business Model: Effects of Venture Capital Firms and Outside CEOs on Portfolio Company Performance. *Strategic Entrepreneurship Journal*, 9(1), pp.79-98.

［77］Giaglis, G. M., D. A. Papakiriakopoulos and G. J. Doukidis, 2002. An Analytical Framework and a Development Method for Inter-organisational Business Process Modelling. *International Journal of Simulation*, 2(2), pp. 5-15.

[78] Girotra, k. and S. Girotra, 2013. Business Model Innovation for Sustainability. *Manufacturing & Service Operations Management*, 15(4), pp. 537-544.

[79] Gordijn, J., H. Akkermans and H. Van Vliet, 2000. Business Modelling is not Process Modelling, In International Conference on Conceptual Modeling Springer, Berlin, Heidelberg. pp. 40-51.

[80] Hamel, G., 2000. *Leading the Revolution*. Harvard Business School Press.

[81] Hawkins, R., 2001. The Business Model as a Research Problem in Electronic Commerce. STAR (Socio-economic Trends Assessment for the Digital Revolution) IST Project, Issue Report, 4.

[82] Horowitz, A. S., 1996. The Real Value of VARS: Resellers Lead a Movement to a New Service and Support. *Marketing Computing*, 16(4), pp. 31–36.

[83] Huarng, K., 2013. A Two-tier Business Model and its Realization for Entrepreneurship. *Journal of Business Research*, 66(10), pp.2102-2105.

[84] Huelsbeck, D. P., K. A. Merchant and T. Sandino, 2011. On Testing Business Models. *The Accounting Review*, 86(5), pp. 1631-1654.

[85] Johnson M. W., C. M. Christensen and H. Kagermann, 2008. Reinventing Your Business Model. *Harvard Business Review*, 86(12), pp. 50-59.

[86] Karan, G and N. Serguei, 2011. How to Build Risk into Your Business Model. *Harvard Business Review*, 89(5). pp. 100-105.

[87] KIM, S. and S. MIN, 2015. Business Model Innovation Performance: When does Adding a New Business Model Benefit an Incumbent. *Strategic Entrepreneurship Journal*, 9(1), pp. 34-57.

[88] Kohler, T., 2015. Crowdsourcing-based Business Models: How to Create and Capture Value. *California Management Review*, 57(4), pp. 63-84.

[89] Kodama, F., 2004. Measuring Emerging Categories of Innovation: Modularity and Business Model. Technological Forecasting and Social Change, 71(6), pp. 623-633.

[90] Lambert, S. C. and R. A. Davidson, 2013. Applications of the Business Model in Studies of Enterprise Success, Innovation and Classification: An Analysis of Empirical Research from 1996 to 2010. European Management Journal, 31(6), pp. 668-681.

[91] Lehoux, P., G. Daudelin, B. Williams-Jones, J. L. Denis and C. Longo, 2014. How do Business Model and Health Technology Design Influence Each Other? Insights from A Longitudinal Case Study of Three Academic Spin-offs. Research Policy, 43(6), pp. 1025-1038.

[92] Linder, J. and S. Cantrell, 2000. Carved in Water: Changing Business Models Fluidly. Accenture Institute for Strategic Change Research Report, 12, pp. 1-13.

[93] Lin, G., W. Wei and W. Zhu, 2015. The Principle of Profit Models. Springer.

[94] Markides, C., 1999. *All the Right Moves: A Guide to Crafting Breakthrough Strategy*. Harvard Business School Press.

[95] Mahadevan, B., 2000. Business Models for Internet-based e-Commerce: An Anatomy. *California Management Review*, 42(4), pp. 55-69.

[96] Mahadevan, B., 2004. A Framework for Business Model Innovation. IMRC Conference, Bangalore.

[97] Miles, R. E. et al., 1978. Organizational Strategy, Structure and Process. *Academy of Management Review*, 1(3), pp. 546-562.

[98] Morris, M., M. Schindehutte and J. Allen, 2005. The Entrepreneur's Business Model: Toward a Unified Perspective. *Journal of Business Research*, 58(6), pp. 726-735.

[99] Morris M et al., 2006. Is the Business Model a Useful Strategic Concept? Conceptual, theOretical, and Empirical Insights. *Journal of Small Business Strategy*, 17(1): 27-50.

[100] Morris, M. H., G. Shirokova and A. Shatalov, 2013. The Business Model and Firm Performance: The Case of Russian Food Service Ventures. *Journal of Small Business Management*, 51(1), pp. 46-65.

[101] Magretta, J., 2002. Why Business Models Matter. *Harvard Business Review*, 80 (5), pp. 86-92.

[102] Markides, C. and D. Oyon, 2010. What to do Against Disruptive Business Models. *MIT Sloan Management Review Summer*, 51(4), pp. 25-32.

[103] Markides, C. and D. Constantinos Charitou, 2004. Competing with Dual Business Models: A Contingency Approach. *Academy of Management Perspectives,* 18(3), pp. 22-36.

[104] Markides,C., 2013. Business Model Innovation: What can the Ambidexterity Literature Teach Us. *Academy of Management Perspectives*, 27(4), pp. 313-323.

[105] Osterwalder, A., Y. Pigneur, M. A. Y. Oliveira and J. J. P. Ferreira, 2011. Business Model Generation: A Handbook for Visionaries, Game Changers and Challengers. *African journal of Business Management*, 5(7), pp. 22-30.

[106] Osterwalder, A. and Y. Pigneur, 2013. Designing Business Models and Similar Strategic Objects: The Contribution of IS. *Journal of the Association for Information System*, 14(5), pp. 237-244.

[107] Osterwalder, A., Y. Pigneur and C. L. Tucci, 2005. Clarifying Business Models: Origins,

Present, and Future of the Concept, *Communications of the Association for Information Systems*, 16, pp. 1-25.

[108] Papakiriakopoulos, D., A. Poulymenakou, G. Doukidis, 2001. Building e-Business Models: An Analytical Framework and Development Guidelines, In the Proceedings of 14th Bled Electronic Commerce Conference, June 25-26, Bled, Slovenia.

[109] Petrovic, O., C. Kittl and R. D. Teksten, 2001. Developing Business Models for e-Business, available at SSRN 1658505.

[110] Rai, A. and X. Tang, 2014. Information Technology-enabled Business Models: A Conceptual Framework and a Coevolution Perspective for Future Research. *Information Systems Research*, 25(1), pp. 1-14.

[111] Rappa, M., 2002. *Managing the Digital Enterprise – Business Models on the Web*. North Carolina State University Press.

[112] Rappa, M., 2003. Business Models on the Web, available at Managing the Digital Enterprise website: http://digitalenterprise.org.

[113] Saebi, T. and N. J. Foss, 2015. Business Models for Open Innovation: Matching Heterogeneous Open Innovation Strategies with Business Model Dimensions. *European Management Journal*, 33(3), pp. 201-213.

[114] Sinkovics, N., R. R. Sinkovics and M. Yamin, 2014. The Role of Social Value Creation in Business Model Formulation at the Bottom of the Pyramid–Implications for MNEs. *International Business Review*, 23(4), pp. 692-707.

[115] Smith, R. S., M. Thompson and M. Speaker, 2000. The Complete Idiot's Guide to e-Commerce, Que Corp.

[116] Stähler, P., 2002. Business Models as an Unit of Analysis for Strategizing, in International Workshop on Business Models, Lausanne, Switzerland, 45(7), pp. 2990-2995.

[117] Stewart, David W. and Qin Zhao, 2000. Internet Marketing, Business Models, and Public Policy. *Journal of public policy & marketing*, 19(2), pp. 287-296.

[118] Sorescu, A., R. T. Frambach., J. Singh., A. Rangaswamy and C. Bridges, 2011. Innovations in Retail Business Models. *Journal of Retailing*, 87(1), pp. s3-s16.

[119] Suarez, F. F., M. A. Suarez and S. J. Kahl, 2013. Services and the Business Models of Product Firms: An Empirical Analysis of the Software Industry. *Management Science*, 59(2), pp. 420-435.

[120] Tapscott D, D. Ticoll, A. Lowy, 2000. The Rise of Business Webs. *Ubiquity*, 3(2), pp. 2-7.

[121] Timmers P., 1998. Business Models for Electronic Markets. *Electronic Markets*, 8(2),

pp. 3-8.

[122] Timmers P., 1999. *Electronic Commerce*. John Wiley & Sons, Inc..

[123] Tongur, S. and M. Engwall, 2014.The Business Model Dilemma of Technology Shifts. *Technovation*, 34(9), pp. 525-535.

[124] Teece, D. J., 2010. Business Models, Business Strategy and Innovation. *Long Range Planning*, 43(2/3), pp.172-194.

[125] Venkatraman, N. and J. C. Henderson, 2008. *Four Vectors of Business Model Innovation: Value Capture in a Network Era*. Springer.

[126] Voelpel, S. C., M. Leibold and E. B. Tekie, 2004. The Wheel of Business Model Reinvention: How to Reshape Your Business Model to Leapfrog Competitors. *Journal of Change Management*, 4(3). pp. 259-276.

[127] Viscio, A. J. and B. A. Pasternack, 1996. Toward a New Business Model. *Strategy & Business*, 20(2), pp. 125-134.

[128] Wang, L., P. Jaring and A. Wallin, 2009. Developing a Conceptual Framework for Business Model Innovation in the Context of Open Innovation, in 2009 3rd IEEE International Conference on Digital Ecosystems and Technologies, pp. 453-458.

[129] Wei, W., W. Zhu and G. Lin, 2012. Approaching Business Models from an Economic Perspective. *Springer Science & Business Media*.

[130] Wei,Z., D. Yang, B. Sun and M. Gu, 2014. The Fit Between Technological Innovation and Business Model Design for Firm Growth: Evidence from China. *R&D Management*, 44(3), pp. 288-305.

[131] Weill, P., T. W. Malone and T. G. Apel, 2011. The Business Models Investors Prefer. *MIT Sloan Management Review*, 52(4), pp. 17-19.

[132] Weill, P. and M. Vitale, 2001. *Place to Space: Migrating to e-Business* Models. Harvard Business Press.

[133] Willemstein, L., T. van der Valk and M. T. Meeus, 2007. Dynamics in Business Models: An Empirical Analysis of Medical Biotechnology Firms in the Netherlands. *Technovation*, 27(4), pp. 221-232.

[134] Wirtz, B. W., A. Pistoia., S. Ullrich and V. Göttel, 2015. Business Models: Origin, Development and Future Research Perspectives. *Long Range Planning*, pp. 1-18.

[135] Yovanof, G. S., G. N. Hazapis, 2008. Disruptive Technologies, Services, or Business Models? *Wireless Personal Communications*, 45(4), pp.569-583.

[136] Zott, C., R. Amit and L. Massa, 2011. The Business Model: Recent Developments and

Future Research. *Journal of Management*, 37(4), pp. 1019-1042.

[137] Zott, C. and R. Amit, 2007. Business Model Design and the Performance of Entrepreneurial Firms. *Organization Science*, 18(2), pp. 181-199.

[138] Zott, C. and R. Amit, 2008. The Fit between Product Market Strategy and Business Model: Implications for Firm Performance. *Strategic Management Journal*, 29(1), pp. 1-26.

[139] Zott, C. and R. Amit, 2010. Business Model Design: An Activity System Perspective. *Long Range Planning*, 43(2/3), pp. 216-226.

[140] Zott, C. and R. Amit, 2013. The Business Model: A Theoretically Anchored Robust Construct for Strategic Analysis. *Strategic Organization*, 11(4), pp. 403-411.